弥生時代 渡来人から倭人社会へ

片岡宏二

雄山閣

口絵 1

吉武高木遺跡指導者層の墳墓群（写真は福岡市教育委員会提供）
吉武高木遺跡は、弥生時代前期末〜中期初頭の墳墓群で、一定区画の中にある甕棺墓・木棺墓のうち 11 基から銅剣、銅戈、銅矛などの武器、多鈕細文鏡、玉類などの副葬品が多数出土し、この区画の被葬者たちが、早良平野の指導的立場にあった集団であることを示している。

吉武高木遺跡から出土した副葬遺物（写真は福岡市教育委員会提供）
中央上段が多鈕細文鏡、中段が銅釧、下段が管玉と勾玉、両脇に並ぶのが銅剣・銅矛・銅戈

諸岡遺跡から出土した朝鮮系無文土器（福岡市教育委員会所蔵、写真は著者撮影）
土器の口の部分が丸く作られるのが最大の特徴で、こうした技法は弥生土器にはない。

大型青銅器を作るための連結式鋳型（写真は春日市教育委員会提供）
春日市岡本の熊野神社に保存されている２つの鋳型。両方を接合すると１本の広形銅矛の鋳型になる。

口絵3

Ⅰ-1(1)

Ⅰ-1(6)

Ⅰ-2(15)

Ⅰ-2(17)

Ⅱ-1(2)

Ⅱ-1(3)

Ⅱ-2(9)

Ⅱ-3(18)

原の辻遺跡出土の朝鮮系無文土器・擬朝鮮系無文土器（長崎県教育委員会所蔵、写真は著者撮影）
写真右下の番号は分類（土器番号）を示す。

石ノ瀬遺跡出土朝鮮系無文土器
（宇土市教育委員会所蔵）

護藤遺跡出土朝鮮系無文土器
（熊本市教育委員会所蔵）

上高橋遺跡出土擬朝鮮系無文土器（熊本市教育委員会所蔵）

護藤遺跡出土朝鮮系無文土器
（熊本市教育委員会所蔵）

宇土城跡出土擬朝鮮系無文土器
（宇土市教育委員会所蔵、口絵４の写真はいずれも著者撮影）

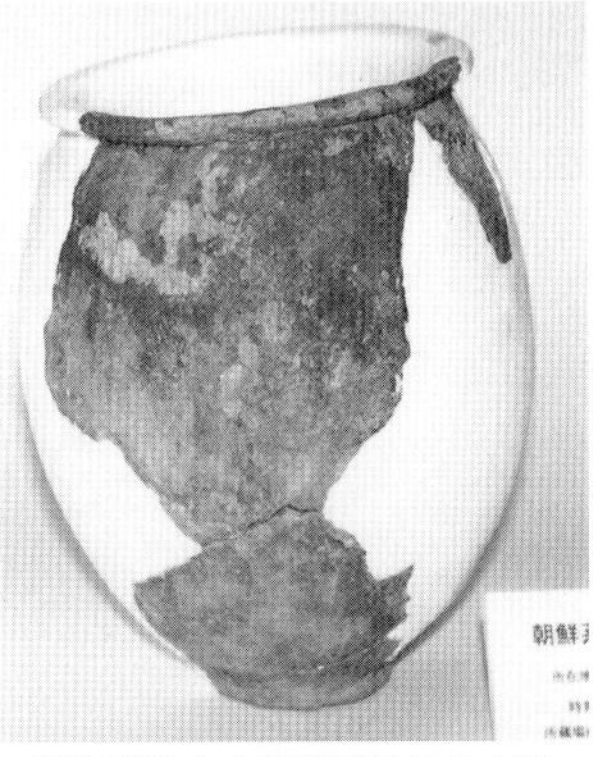

護藤遺跡出土擬朝鮮系無文土器
（熊本市教育委員会所蔵）

口絵 5

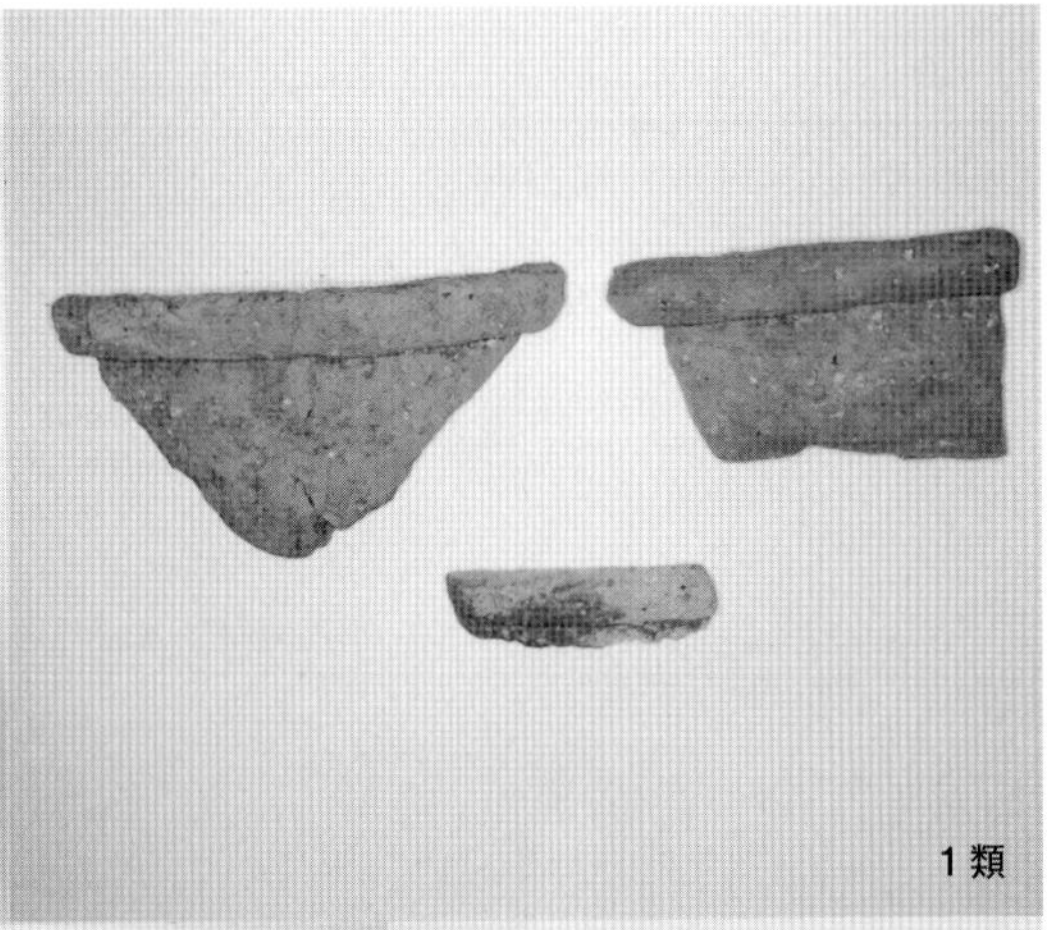

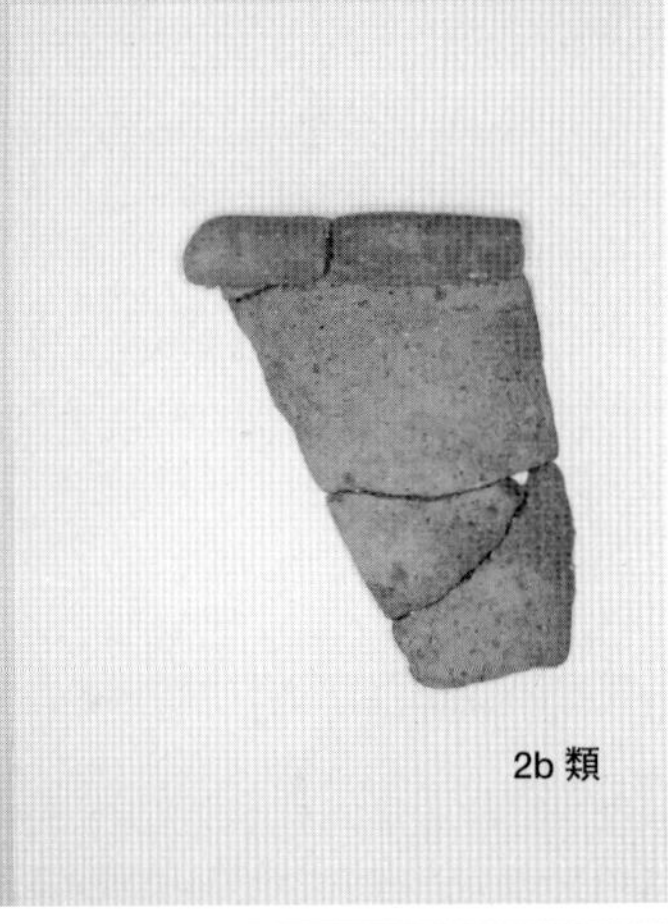

山口県吉永遺跡出土朝鮮系無文土器・擬朝鮮系無文土器
（山口県教育委員会所蔵、写真は著者撮影）

山口県中村遺跡出土擬朝鮮系無文土器
（山口県教育委員会所蔵、写真は著者撮影）

香川県高松市奥の坊遺跡出土擬朝鮮系無文土器
（1～5・7は高松市教育委員会提供、6は著者撮影、3aと3bは同一個体）

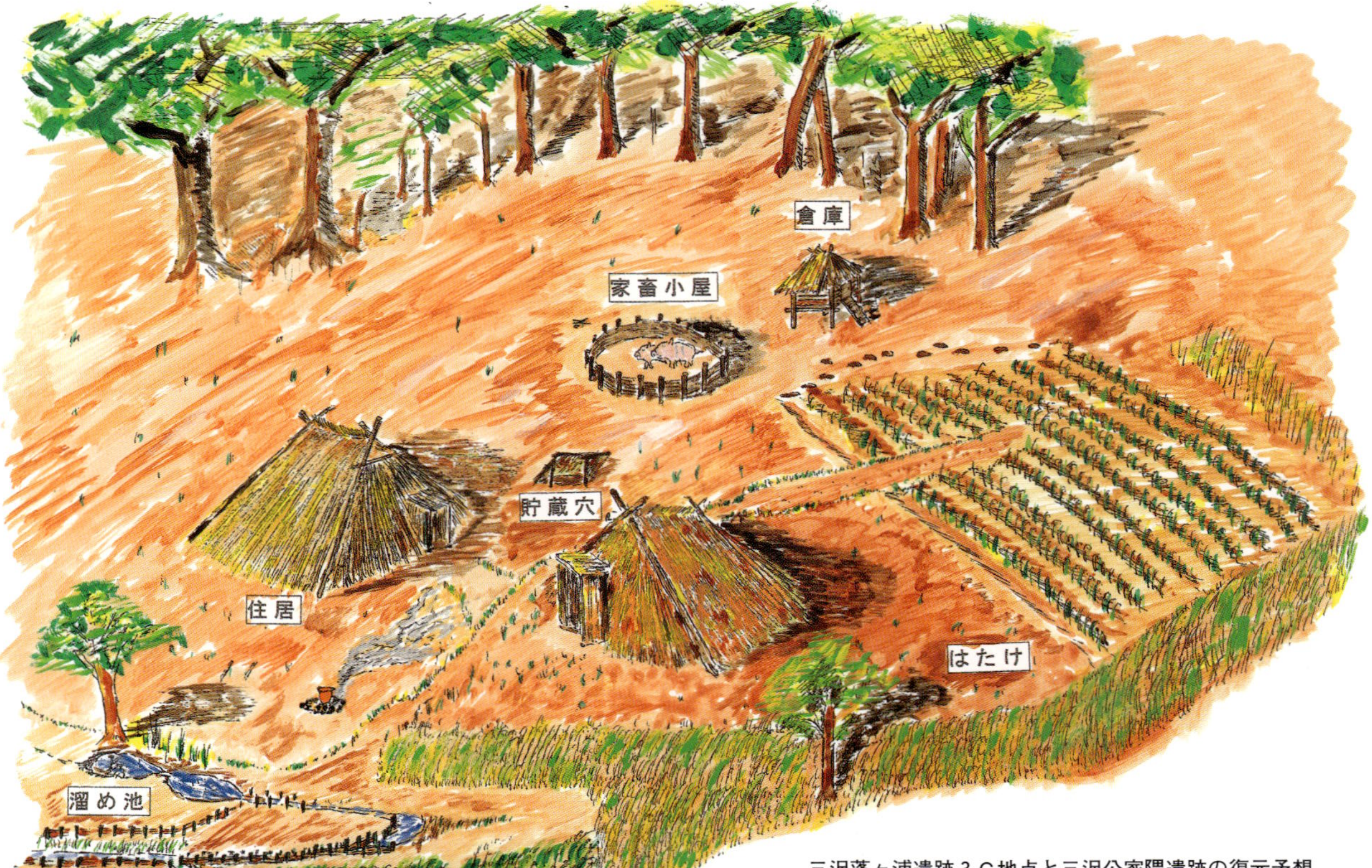

三沢蓬ヶ浦遺跡 3 C地点と三沢公家隈遺跡の復元予想

発掘成果に基づいて、当時の景観を復元した。谷に面した南向きの緩い丘陵傾斜地に集落が作られている。1・2軒の住居に付随して、常畠・家畜小屋・倉庫・貯蔵穴がある。常畠は傾斜方向に畝が掘られ、陸稲を植えていた。水や堆肥を入れた穴もある。住居下の谷には水田があった。湧水を溜めて水路で田に引き入れていた。　（著者原画）

三沢北中尾遺跡の１地点環濠と集落を北側から見た復元予想

東西に伸びた丘陵の先端付近に環濠が掘られている。環濠は一様の高さでなく、丘陵の傾斜のとおり東側に低くなっている。環濠の中には約 50 基の貯蔵穴が作られているが、1 時点では 10 基程度が営まれていたと考えられる。環濠の西側部分に集落につながる陸橋がある。ここは一回掘削した後埋め戻されていた。西側に連なる丘陵に住居跡が作られている。この住居群のさらに西側は谷に落ちるが、その境に多くのピットがあって、柵のようなものが作られていたと推定される。（著者原画）

板付遺跡の復元・整備パース（パースは福岡市教育委員会提供）

この整備では、環濠の内側に住居が復元して建てられている。

序文

著者の片岡宏二氏は、すでに一九九九年『弥生時代 渡来人の土器・青銅器』を公にされている。本書は、内容的にも、いわばこれの続編として位置づけられてよく、ご覧のように、今回はとくに弥生時代における渡来集団それ自体をめぐって縦横に論じられている。

すでに前著において著者は、弥生時代前期から中期を中心に、北部九州に渡来した集団の動向について、彼らを特徴づける朝鮮系無文土器の分析を通して検討されているが、今回は、それを承ける形で、大きく三つの方向で論が展開される。

まず第一章では、弥生時代の根幹をなす農耕文化の初期段階ではもとよりのこと、これを各地に伝え定着させていったのも、よく言われるように在来の縄文人ではなく、じつは渡来人じしんではないか、という基本的視点が強調される。第二章では、朝鮮系無文土器、擬朝鮮系無文土器の分布を手掛かりに、北部九州周辺の各地に渡来人の足跡を求め、彼らがどのように拡散したかを具体的事例の中に探求する。

そして第三章では、著者が長年フィールドとしてきた筑紫平野北部、三国丘陵での農耕文化の定着過程について、著者自ら調査した遺跡の分析を通じて詳細に論ずる。ここは、自然人類学の研究成果も利用しつつ、少数の渡来集団がその地域の農耕文化の担い手に成長する過程を追った意欲的な部分といえる。

本書で展開される論は、具体的資料に基づき実証的、説得的ではあるが、それでもなお、批判は少なくないのであろう。なお、本書は、著者が二〇〇四年に早稲田大学に提出した文学博士学位請求論文の一部である。著者の弥生文化研究の、もう一つの重要な柱である青銅器研究については、改めて近い将来纏められるとのこと、研究の発展を期待したい。

二〇〇六年二月六日

早稲田大学考古学研究室 教授　菊池徹夫

はじめに

本書のテーマは、表題のとおり『弥生時代　渡来人から倭人社会へ』である。倭人と呼ばれた弥生時代の人々は、朝鮮半島から移住した渡来人が、この地で急激な人口増加を果たしたものと考えるので、こうしたテーマを設定するに至った。昔から倭人の成り立ちには大きく二つの考えがある。渡来人が主体をなすのか、縄文人が主体をなすのかである。著者は前者の立場である。もちろんすべての地域を対象にしているのではない。北部九州の限られた地域であるが、それでもそこで根付いた文化が弥生文化として日本を席巻する。であるから、この地での人種・文化の問題は弥生文化研究において重要な意味を持つ。

本書は、前作『弥生時代　渡来人の土器・青銅器』（一九九九年刊）の続編である。そこで積み残した問題をその後に研究して発表したものと、以前に発表した成果をさらに発展させて研究したものを集成して、この一冊にまとめたものである。

最初の著作を刊行して、すでに七年が経過した。その間、私のテーマとしていた弥生時代前期における渡来人移住の痕跡を示す直接的証拠となる朝鮮系無文土器・擬朝鮮系無文土器の発見事例も徐々に増え、自分自身の研究の進展も図ることができた。そして、渡来人移住の問題は、いやおうなしに弥生文化・農耕文化の開始と定着に関わっていくことになった。

著作の構成を述べるには、まず以前の著作の内容を簡単に整理しておく必要がある。以前の著作では、北部九州における弥生時代の朝鮮系無文土器を中心に据え、その前段階にあたる孔列文土器・松菊里型土器の流入も合わせて、渡来人の流入とその定着の実態を検討した。また、もうひとつの柱として、青銅器生産開始の問題を擬朝鮮系無文土器の流入問題と併せて検討し、日本における青銅器生産開始と渡来人集落が密接に関係している点を強調した。

こうした問題を扱いながら、その時点ではいちおう完結したが、研究にいくつか発展の余地を残した。その後に残された問題は、大きく二つに分けると、（一）北部九州以外の地域の朝鮮系無文土器・擬朝鮮系無文土器の出土状況は、その地に移住してきた人々、渡来人がどのような性格を持っていたのかという点をどこまで反映し、突き止めることができるのかという問題、（二）弥生時代の開始に渡来人が具体的にどのように関わったのか、具体的に換言すると、弥生時代の農耕文化を開始し、定着させることに渡来人がどのくらい、そしてどの程度関わっていたのかという問題であった。前者については、本書の第二章で述べ、後者については第三章で詳しく検討している。

第二章の個別の問題に入る前に、第一章で「渡来文化と渡来人」として、第一節「海から来た人と文化」で北部九州、とりわけ対外交渉の窓口になった福岡平野が弥生時代全体を通してどのように大陸と関わっていたのかを総括的に述べ、次に第二節の「渡来人と農耕社会の拡散」では、地域単位の農耕開始を分析し、その具体的な人間の動きを検討し、農耕文化開始期の渡来系集団の移動とその後の移動にどのような違いがあるのか検討した。大陸から伝わった農耕文化は、ある程度の長い時間をかけて、しかし、歴史上の時間で見れば瞬く間に西日本全域に広がった。文化をもたらし、それを広めた主体は、言うまでもなく人間である。その人間は、農耕開始の初期段階は渡来系集団であったことに異論はないが、農耕文化が各地域へ普及する段階には、むしろ縄文人が主体になったとも言われてきた。この考えに対して、著者は少なくとも北部九州程度までの農耕文化普及の主体は渡来系集団と考え、後の章へつなぐこととした。

第二章の「渡来人の拡散と足跡」では、前著作で総括的に述べた朝鮮系無文土器・擬朝鮮系無文土器の流入と人の動きを資料の整った地域を中心に見ていくことにした。

このうち第一節の「海峡を往来する人と土器」では、一九九三年以後、継続的な調査が進められる壱岐原の辻遺跡の西北部低地から多量に出土した擬朝鮮系無文土器を通して、日韓交渉を担った集団の存在に言及した。原の辻遺跡は台地が環濠に囲まれるが、その西北側低地に重要な遺構は検出されないと考えられてきた。しかし、その地域の発掘調査で、台地とはまったく違った様相で、多量の朝鮮系無文土器や擬朝鮮系無文土器が出土し、それらが弥生時代前期末から中期前葉に継続していることがわかった。さらにここでは船着場も発見されている。そうしたことから、筆者はここに港市都市的な性格を求め、そこから出土する擬朝鮮系無文土器を持つ集団が、交渉の担い手になったと考えた。さらに、その擬朝鮮系無文土器と朝鮮半島側にある福泉洞萊城遺跡や金海大成洞焼成遺跡などの資料とを比較して、韓国側にも同じ様式の土器が存在することを指摘し、日韓両地域を往来する航海民の存在を提起した。

第二節の「中・南九州への渡来人の足跡」では、北部九州から熊本方面へ南下した朝鮮系無文土器の動きを取り上げた。いままで、北部九州以南の地域では、朝鮮系無文土器の出土状況の分析はほとんどなされていなかった。本論は九州西海岸沿いに北部九州から南下した熊本・鹿児島両県内の朝鮮系無文土器、およびその系統の擬朝鮮系無文土器の集成と分析を行ない、それらの土器を携えた渡来系集団が、弥生時代前期末には、その地の弥生社会と一線を画しながら集落を形成しつつも、やがて一部集落では、中期に入ると青銅器生産を開始し、弥生社会の在地集団の中に同化する動きが出てくる点について考察した。

第三節の「瀬戸内への渡来人の足跡」では、山口県と四国地方の擬朝鮮系無文土器を通して、農耕文化定着後に渡来系集団が他地域へ移動する例をみた。どの程度の規模を持った集団が、どのくらいの期間生活し、その後どうなったのか、それぞれの性格の違いについて検討した。

第四節の「山陰への渡来人の足跡」では、朝鮮系無文土器のうち内側から半貫通の刺突を行ない、表面にこぶ状の連続した隆起文を作る孔列文土器が山陰地方に集中するが、これらは朝鮮半島の孔列技術に近いもので、当地に朝鮮半島と直接的交渉があった可能性を示すものとして注目した。

次に第三章「農耕集落の開始と展開」では、三国丘陵を中心として、農耕文化開始・定着の問題を論じた。従来、弥生社会の始まりは少数の渡来人とその文化を受容した大多数の縄文人によって始められたとされている考えに対し、少数の渡来人が急激な人口増加を果たして、弥生社会を担った、その具体的な社会の動きを一地域の遺構から復元する論文をまとめた。以下、個別の各節ごとの内容を列記する。

第一節の「農耕開始期の研究と現状」では、大陸から伝えられた新しい農耕文化が、地域社会にどのように受け入れられ、根付いていったのかという問題を、筆者がフィールドとしてきた筑紫平野北部三国丘陵の弥生時代集落遺跡を通して研究した。研究の最初に、この地域で今までに発掘調査が行なわれた一〇〇ヵ所以上の遺跡の概要とそれをもとにした先行研究をふりかえり、問題の所在を明確にした。

第二節の「時期別変遷過程」では、縄文時代晩期から弥生時代中期初頭に営まれた、三国丘陵遺跡群に属す個々の遺跡を時期別に整理し、その変遷をまとめた。縄文時代晩期までは、丘陵内にはほとんど集落がないが、弥生時代前期（板付Ⅰ式期）に入ると、河川後背地に新たな集落が誕生する。その代表例として力武遺跡群の分析を行なった。その遺跡を営んだ集団は、高度な水田稲作技術を持ち、住居構造も従来にない松菊里型住居であるなど、それまで三国丘陵にいた縄文系集団とは異なった生活様式を持つ朝鮮半島からの渡来人系統の集団と考えた。食料獲得手段が限定されていた縄文時代には、三国丘陵の人口も抑制されていたが、新たに移住した集団は、水田稲作農耕や畠作農耕に適した、潜在的耕作地を次々に開発することによって、人口増加に対応した。分村造営は、潜在的耕作地である丘陵奥地に向かい、その分村の中からは、かつての母村と同じようにあらたな分村を生み出す準母村も出現し、この過程が弥生時代前期の間に繰り返されて、急激な集落の増加がもたらされたと考えた。

第三節の「視覚的・景観的構造」では、丘陵奥地に進出した集落が、谷間の水田稲作農耕だけでなく、最近の発掘調査で明らかになった畠作や陥し穴（落し穴）による動物資源獲得など、多様な食料獲得手段によって食糧生産の面から支えられていたことを述べた。今までの調査では検出が難しかった畠（畑）を、弥生時代前期の三沢蓬《ふつ》ヶ《が》浦《うら》遺跡の調査に基づいて再検討し、畠が各集落遺跡の住居の間隙にも存在したと考えた。同時期の三沢公家隈《こうけんくま》遺跡では、三沢蓬ヶ浦遺跡に隣接する谷部の水田遺構を検出したが、谷水田は従来考えられていたよりも規模が小さく、水田稲作農耕に依存する割合がそれほど高いものではないと考えた。そこで、水田と畠は、気候などの影響による収穫不足の危険を分散し、補完しあう生産母体であるという結論を得た。さらに、弥生時代集落を取り巻く周囲の丘陵を調査した、三沢北中尾遺跡の例をあげて、住居群や周囲の生産遺構の周辺に広がる丘陵一帯も、弥生時代には陥し穴などを作って、動植物資源の獲得に役立つ里山として集落経営に大きな役割を果たしていたと考えた。

第四節の「ムラ社会の構造」では、母村と分村を営む集団間のさまざまな関係について検討した。母村を構成する集団は、分村やさらにその分村を含めた大きな地域を指導・支配することになり、母村はその経済的優位を維持するために、母村が持つ生産地の確保と分村からの労働供与を受けたと考えた。母村と分村から成る集団を維持するための意思決定を行なったのは、母村構成員のうち、一定の年齢幅に所属する人間集団（年齢階梯集団）であったと考えた。北部九州では墳墓の調査によって、弥生時代前期に特定集団がその他の集団に対して優位な立場を築くことが明らかになっている。従来は、首長権の確立を、集落維持のために卓越した能力を持つ個人の出現に求めることが多かったが、筆者は、母村と分村の関係を軸に生まれる、母村内部の年齢階梯集団の出現が首長権確立に発展すると考えた。

第五節の「開発の再検討」では、渡来系弥生人だけが、高増加率を維持した理由を、考古学的に考察した。甕棺遺存人骨をもとにした人類学的考察によれば、弥生時代前期から中期にかけての三国丘陵の人口増加率は年率約一～三％であり、この数字は日本史の中でもかなり高率であるが、その人口増加分のほとんどは、高顔・高身長の渡来系弥生人で、全人口の八〇～九〇％を占め、低顔・低身長の縄文人を圧倒している。筆者は、渡来系弥生人の集団が移住してきて集落を形成し、そこを起点に分村化を繰り返したために、渡来系弥生人の比率が増加したと考えた。もともと三国丘陵に存在した縄文系集落は少数であったが、弥生時代前期後半まで渡来系弥生人と地域的に接触する機会が少なく、棲み分けが行なわれて、基本的に増加がなかったと考えている。最後に、環濠を通して、分村造営に母村がどのように関わったのかという問題を考えた。まず、弥生時代前期の環濠は、他集落との闘争を目的にしたものではないということを強調した。三国丘陵の例では、同じ谷に面して隣接する丘陵に作られている三ヵ所の環濠例は、いずれも丘陵先端側に環濠が掘られ、環濠外の丘陵側に住居が作られ、その配置は計画的である。環濠を含めた分村造営は、母村とそれから同じように分岐した他の分村とを含めて、大きな集団の中で営まれている。環濠は深いもので四mあり、幅も最大で五mを測る。これだけの土木工事が環濠周囲の住居構成員だけでなしえたとは考えられない。母村やそれから分岐したいくつかの分村群との同族関係による労働供与がなければなしえない点を強調した。

私は文化財技師として就職して二七年になる。その間、考古学を取り巻く環境は大きな変化を見せている。行政に携わるなかで、仕事として求められるものは発掘調査・整理から、今日では考古学を通した地域づくり、生涯学習、学校教育への参画など、要求は多岐にわたる。とても考古学的調査・整理で事足りる時代ではなくなった。若い職員は、かつては若いというだけでほぼ毎日現場作業と整理作業に終始していた。今ではそれだけではすまなくなってきている。発掘調査に民間業者が参入し、測量・写真撮影などは外部に発注するのが当たり前のようになった。その分の時間と労力を別方面で生かす動きが早まっているのであるが、逆に若いうちにしか学ぶことができない、フィールドワークの基礎知識を欠いたまま年齢を重ねていく専門職員が多くなりつつあるのは残念な事態でもある。

私はいい時期に文化財行政に携わることができたのかもしれない。ほとんど毎日現場に出ていても、それだけで仕事と認められていた時期が長かった。そのときは多少の不満もあったが、それでも毎日考古学に触れていられたのは幸せだった。このことは、今の研究の基礎になっていることに違いない。これから一生かかっても分析し終えるかどうかわからないくらいの膨大な分析資料の蓄積もこのときにできたものである。

本著作は、巻末の「あとがき」のところで述べているように、著者の学位論文『北部九州弥生社会の研究』の一部である。一部のみの掲載にいたった理由は、後段で述べているとおりである。

今回の出版にあたり、恩師である早稲田大学名誉教授桜井清彦先生、早稲田大学教授菊池徹夫先生、岡内三眞先生には本論文をまとめるにあたり、ご指導いただいた。学生時代から先輩として指導していただいた近藤二郎先生、高橋龍三郎先生には、今度は教官としても指導していただいた。また、暑さ寒さの中、発掘現場に立ち、資料を提供いただいた多くの同業の研究者の皆さん、研究のご指導をいただいている皆さん、とりわけ平素からさまざまな研究の指導を願っている福岡大学名誉教授小田富士雄先生、九州大学名誉教授西谷正先生に感謝いたします。さらに、本書の刊行に際しては、（株）雄山閣の宮島了誠さんには、難しい編集で前回に引き続きたいへんお世話になりました。感謝申し上げます。

目次

序　1
はじめに　3
第一章　渡来文化と渡来人　13
第一節　海から来た人と文化　13
第二節　渡来人と農耕社会の拡散　40
第二章　渡来人の拡散と足跡　51
第一節　海峡を往来する人と土器　51
第二節　中・南九州への渡来人の足跡　75
第三節　瀬戸内への渡来人の足跡　100
第四節　山陰への渡来人の足跡　110

第三章　農耕集落の開始と展開—三国丘陵を中心として—　121
第一節　農耕開始期の研究と現状　121
第二節　時期別変遷過程　141
第三節　視覚的・景観的構造　169
第四節　ムラ社会の構造　197
第五節　開発の再検討　212
あとがき　239

弥生時代　渡来人から倭人社会へ

第一章　渡来文化と渡来人

第一節　海から来た人と文化

はじめに

北部九州には、いつの時代にも大陸文化の影響を強く受けた遺跡が数多く残っている。その中で、とりわけ福岡平野には『魏志』倭人伝にも登場する奴国があり、伊都国とともに対外交渉の門戸となってきた。この地域において、いち早く開始された渡来文化の様相をつかむことは、その後の北部九州だけでなく西日本各地に広がる農耕文化のもともとの形を知るうえで重要である。各地域で農耕文化が受容され展開するが、それらはその地域で形を変えたもの、つまり日本ナイズされたものである。やがて各地域で農耕文化は発展し、社会もクニへと成長するが、その基点とし、対外交渉の門戸として活躍するこの地域の姿を述べることにした。

1　対外交渉の始まりと福岡平野

対外交渉の門戸になった福岡平野の地理的位置

この日本に過去から現在まで、海からもたらされた情報は膨大な量になる。時代をさかのぼればさかのぼるほど、その多くは、偶然の機会に日本へ漂着した人と物によってもたらされてきた。石井忠氏は海岸に漂着した文物から、まった

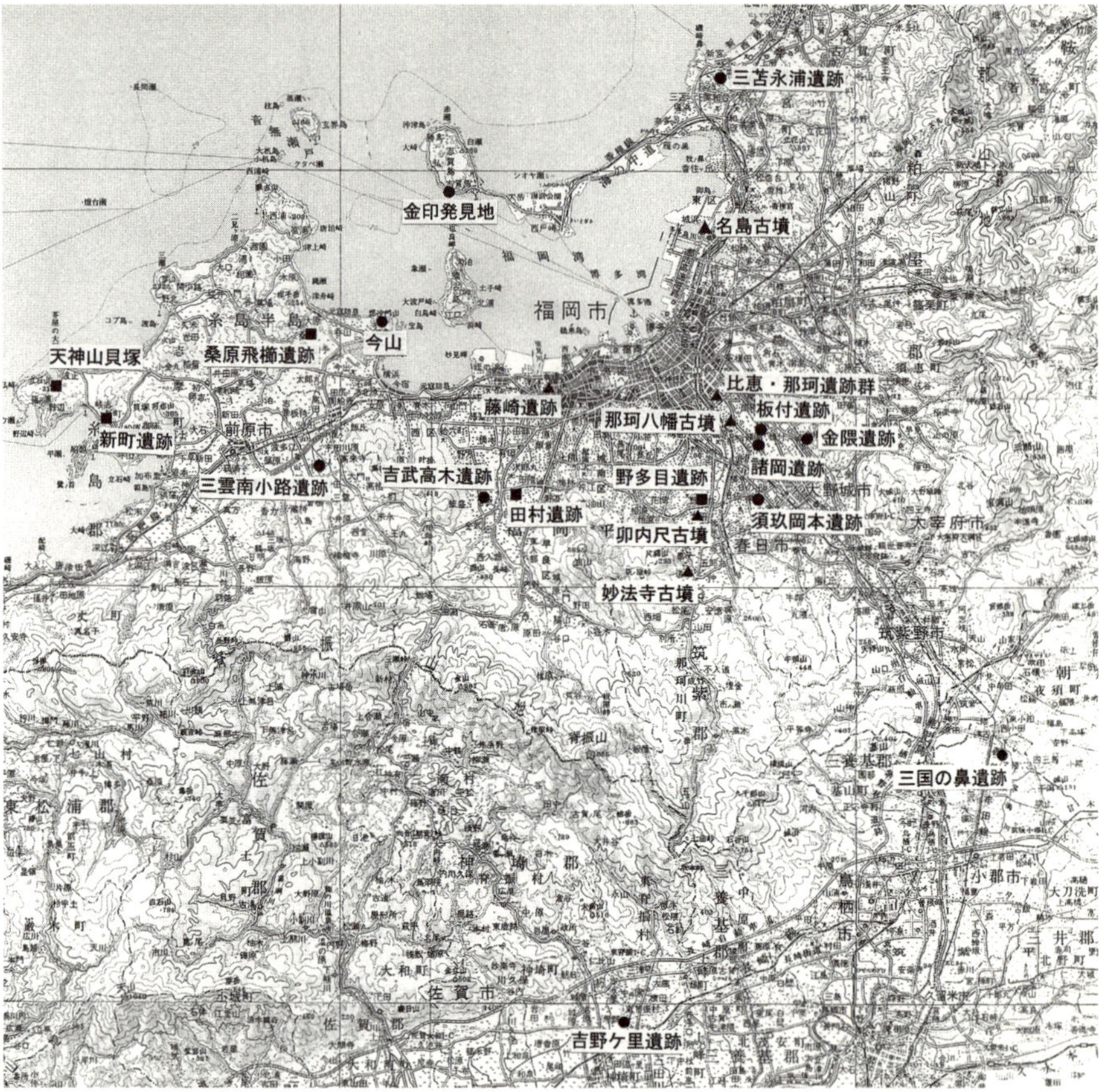

図１　本論に登場する主要な遺跡（■は縄文時代、●は弥生時代、▲は古墳時代の遺跡）

く新しい文化史の視点を切り開いた。石井氏がフィールドとした福津市（旧福間町と旧津屋崎町）付近の海岸には、対馬海流の影響を受けて中国や朝鮮半島などで捨てられたものや、海で投棄されたものが多数流れ着くことが知られている（註１）。

漁民が船で遭難して、遠く離れた場所に漂着した記録は古代にもたくさんあるが、言葉が通じず、風貌が違ったりすると、それは興味を呼ぶに違いない。後の時代には中央政府まで通達されて、正史に記録されることもあった。

福岡はとりわけ朝鮮半島に近いという地理的条件もあって、かなりの人が朝鮮半島から海を渡って来ている。航海術が発達していなくても、航海の中では朝鮮半島から日本へは比較的容易な渡航であったと思われる。航海を容易にした大きな理由のひとつに、壱岐・対馬といった中継の島があることがある。漁師が言うには、目的の陸地が海原に出ると見えなくても、陸地にある山からすでに目標が見定められるのとそうでないのとでは大きな違いがあるそうだ。事前情報の有無は航海の成否に関わることもある。朝鮮半島南部から壱岐・対馬、そして九州本土へつながる海の道は、大陸からの新たな文化情報を日本に伝える海上の道であった。

縄文時代の交渉—釣針・黒曜石—

時代をさかのぼればさかのぼるほど、偶然の漂着は多かったと思われるが、自ら進んで日本海を渡る行為が、まったくなかったわけではない。

今から一万三千年前にはじまる縄文時代は、狩猟と採集が経済の基本となった時代であるが、この時代の遺跡から出土した物の中には、明らかに朝鮮半島との関係を示すものがある。そのひとつは結合式釣針である。

この結合式釣針は、日本海を挟む両地域で発見されることから、日本と朝鮮半島の文化交渉を示す遺物として、古くから注目されてきたものである。釣針は、ふつう鹿の角や動物の骨を削って作る単式釣針が一般的であるが、この結合式釣針は別々に作った軸と先を結合させて作り、外洋の大型魚を狙った特殊な釣針としてこの地域で発展した。結合式釣針は、福岡平野周辺では福岡県志摩町にある天神山貝塚や福岡市西区大原川河口の桑原飛櫛遺跡からも出土している。結合式釣針として一括されるものでも、発掘による類例が増えていくつかのタイプがあることがわかってきた。その時代と分布状況は、朝鮮半島に発生して日本へ伝わった様子を示している(註2)。漁労を生業とする民が築いてきた先史時代の文化交流を象徴する遺物が結合式釣針であり、こうした交流はその後、農耕文化を受け入れる素地になっていった。

日本の縄文時代にあたる韓国の新石器時代の遺跡から出土する黒曜石も日本海を越えた交渉を示すものである。いまさらいうまでもないが、黒曜石は火山で噴出したマグマが急速に冷えてできたガラス質の石で、色調は濃淡あるが、半透明で、その割れ口もガラスのように鋭くなることから、石器にはうってつけの石材として珍重された。産地が限られることから、各地で発見される石器の産地同定が比較的早い段階から行なわれている。

朝鮮半島に限ってみると、黒曜石を産出する箇所はまだ南部では発見されていない。しかし、朝鮮半島南部のいくつかの新石器時代遺跡の貝塚からは、かなりの黒曜石が発見されていることから、その産地が問題にされた。朝鮮半島北部では咸鏡北道明川・吉州地帯で発見されているが、距離的には約六五〇㎞もあってかなり離れている。黒曜石を分析したところ、その成分は佐賀県有田町にある腰岳から産出する黒曜石に極めて近いことがわかり、釜山近郊の貝塚に持ち込まれた黒曜石は、腰岳産と考えられた（註3）。

新石器時代の代表的な貝塚である釜山市東三洞貝塚は、戦前に日本の考古学者が発掘調査を行なって、その当時から日本との関係が注目されていた遺跡であるが、最近、釜山市立博物館によって再調査され、調査を担当した河仁秀氏によると、そこから出土する土器の中にも、日本産の縄文時代前期から後期にかけての土器が含まれていることがわかった（註4）。土器は勝手に移動することはないから、人が移動したことを示すものである。特に土器の中でも、九州の縄文時代前期の曽畑式土器と朝鮮半島の櫛目文土器の関係は、その文様が類似していることから、その関係が注目されてきたところである。櫛目文土器は朝鮮半島新石器時代の土器で、その表面に平行した複数の沈線で幾何学文様が描かれている。一方、曽畑式土器は北部九州を中心とした縄文時代前期の土器で、櫛目文土器同様に複数の直線を組み合わせて幾何学文様が描かれている。

孔列文土器とその文化

最初は、たまたま偶然漂着した半農・半漁の漁民が、故郷に戻らず日本で農耕を開始したのかもしれないが、しかしそこで局地的に始まった農耕が、果たしてすぐに日本に根付くかというとそれは疑問である。

朝鮮半島では、畑（畠）作農耕を基盤とした文化が北側のほうから始まり、やがて朝鮮半島全域に及ぶが、このときに使われた土器である無文土器を基準として、その文化は無文土器文化と呼ばれている。この無文土器文化の影響は日本海を越えて西日本にも及んでいる。

日本でも、縄文時代晩期の遺跡から植物栽培種の発見が続いている。

日本の縄文時代晩期前半、およそＢＣ一〇世紀頃、朝鮮半島では甕や鉢などの口に連続的に穴が突かれている孔列文土器が使用されていた。この段階を前期無文土器という。これと同じ形態の土器が西日本各地で発見されている。しかし孔列文土器は一つの遺跡でも、多くても数個くらいしか発見されることはない。ほとんどの土器は日本の縄文土器である。

福岡市早良区田村遺跡から発掘された孔列文土器は、縄文土器深鉢の口縁部に内側から太い棒を刺突して連続的に穴を開けている。この田村遺跡からは孔列文土器は二点しか出土していないが、それでも朝鮮半島の文化が及んでいる証拠になっている。

孔列文土器はその施文技法の違いによって、いくつかの種類に分けられ、それらが地域性を持って分布している。孔列文土器の技法として、孔を内側から外側に向けて、完全に貫かないで途中で止めて、外側に瘤を作るものや、貫いてしまって太目の穴をあけるタイプのものが、対馬・玄海灘沿岸の遺跡から北九州・山陰方面に広がっている。先に述べた田村遺跡のものはこれに属している。このタイプは朝鮮半島の前期無文土器のなかで古いほうの部類に属すことが知られている。一方、外側から内側に向けて細い穴をあけるタイプのものがある。これは熊本から鹿児島・宮崎に集中する。このタイプは朝鮮半島では新しい段階のものと考えられている。

ここで注目したのは、まず古いタイプのものが出土する遺跡が、この次の段階で、水田稲作農耕を最初から受け入れる遺跡あるいは地域に重なるということ、そして新しいタイプの広がる地域は、この段階から畑作農耕が盛んになる地域に重なるということである。福岡市内では田村遺跡のほかに、南区の野多目遺跡、博多区板付遺跡などで発見されている。

偶然の機会に日本にたどり着いた人々には、この新天地で農耕技術を伝えた人もいた。彼らのもたらした農耕は、どこの遺跡や地域でも無条件に受け入れられたのではなく、局地的な広がりしかなかった。というのは、ほとんどの地域で孔列文土器が出ないからである。しかし、なかには農耕に興味を示した地域もあったと考えられる。北九州市貫川流域や出雲平野・松江平野などはそうした地域で、孔列文土器が比較的まとまって出土している。

一方で、広い地域で農耕を受け入れた地域もある。それは南九州である。この地域における孔列文土器の分布密度は異常に多いといえる。これだけ多いと、逆に漂着民がたくさんいたのではなく、その文化が農耕の普及とあいまって、広がっていったと考えるのが妥当であろう。特に孔列文土器文化は畑作文化を基盤としているので、畑作農耕の盛んな南九州には根付きやすい文化的土壌があった。

水田稲作農耕の開始とその年代

文字記録には残っていないが、日本に米作りの文化が入ってきたのも、最初はそうした偶然の漂着がきっかけだった。もちろん一度きりの漂着ではなく、何度かの漂着によってもたらされた米とそれを作る技術が、きっかけになったと考えられる。しかし、最新の米の遺伝子研究によると、古来日本で作られてきた米は、さまざまな品種の改良を行なって今日にいたっているが、元をたどれば、ほとんどそのミトコンドリア遺伝子が一致するという（註5）。ミトコンドリアというのは、細胞核以外に唯一ＤＮＡを持った特殊な小器官のことで、通常の遺伝子が父母両方の性質を受け継ぐのに対し、母親からの遺伝情報しか受け継がない。その塩基配列がらせん構造ではなく環状構造になっていて、塩基配列が置換する頻度が高く、塩基置換はミトコンドリアが核より五倍から一〇倍の速さで起きるため、それを応用した人口の研究などが始まっている。その研究の結果、最初は極めて少量の種籾がもたらされて、それがその後爆発的に普及したということである。米の世界のイブ（旧約聖書に出てくる、人類の祖先につながる一人の女性）が突き止められるかもしれない。

米作りの開始は、今まで紀元前四～五世紀頃だと考えられてきた。「今まで」というのは、最近それとはかけ離れた年代観が、国立歴史民俗博物館のチームによって提示され、大きな議論になっているからである。

その新しい考えは、ＡＭＳという分析方法に基づいている。有機物がもつＣ（炭素）の元素は通常12であるが、中には同位体が14のものがある。この元素は不安定なもので宇宙からの放射線によって破壊され、その量は約五五六八年で半分になることが知られている。このように有機質が活動を停止してから、Ｃ14が少なくなる性質を利用した年代測定法である。この方法によって、稲作農耕開始時期の甕の炭化物を分析したところ、その年代が実にＢＣ一〇世紀に遡るという思いがけない数値になってしまった。この結果、弥生時代の始まりが、五〇〇年もさかのぼってしまうことになった（註６）。

これに対して、九州大学のグループが、弥生時代の出土人骨一九体と鹿骨一点を同じ分析方法で測定した結果、従来の弥生時代早期（縄文時代晩期後半）の年代より若干さかのぼるものの、過去の研究の許容範囲内ともいえる結果を導き出し（註７）、ＢＣ一〇世紀開始説に反論するなど議論はまだ続いている。

それまで弥生時代の開始年代は、文字資料によって実年代がわかる中国の遺物が、日本や朝鮮半島に持ち込まれたり、その影響を受けたものを比較しながら、その年代を決める方法（クロスデイティング）が行なわれてきた。この方法は、数多くの考古学者が、長い年月をかけて積み上げてきたもので、それが今までの定説になってきた。

年代観が大きく書き換えられる可能性が出てきたのであるが、まだ疑問も多い。各方面から分析の結果を検討しなければならないというのが研究の現状である。

水田稲作農耕文化の始まり

一九七八年、福岡市の板付遺跡で縄文時代晩期の層から水田痕が発見された。ここから、日本の考古学界では論争が始まることになった。縄文時代晩期の中でも稲作農耕の存在が確認された段階は、もはや縄文時代ではないから弥生時代に含めよう、という改名派と、いやいくら農耕の存在が確認されたからといっても、時代を決める土器は変わっていないとする維持派である。改名派は、水田稲作農耕が社会の変革をもたらしたのだから、縄文社会もその存在をもって変化が始まっているとして、弥生時代早期論を展開した。一方、維持派はその変化が局部的におきた現象であれば、その時代に平行する少なくとも西日本地域全部を弥生時代早期に含めることはないと考えたのであった。

今までの研究では、水田稲作農耕はおよそ二〇〇年の間で、瞬く間に西日本一帯に広がったと考えられてきたが、日本における農耕開始の絶対年代が急激にさかのぼる議論とともに、時間をかけた緩やかな文化伝播が考えられるようになった。筑後川流域の筑紫平野は北部九州の主要平野のひとつではあるが、ここでさえ、水田稲作農耕の開始が確認されるのは、弥生時代前期からであり、しかもそこに到達するのにかなりの時間を要している。とするならば、果たして、唐津から糸島半島、福岡平野までの小さな範囲の局地的にしか出現しない、縄文時代晩期の水田稲作農耕をそこまで高く評価してよいのか、というのが私の疑問点である。私は現在少数派に落ちいりつつある側の維持派である。

弥生時代早期の呼称について、日本の歴史を体系的にまとめた佐原真氏は弥生時代早期と呼ぶのに積極的である（註8）が、いっぽうで最近、弥生時代をまとめた寺沢薫氏は、伝統的な言い方を尊重している（註9）。したがって、考古学の弥生時代概説書を読む際には、その著者が縄文時代晩期後半を「縄文時代晩期」と呼んでいるのか、「弥生時代早期」と呼んでいるのかその著者の弥生時代観をまず確認しておかなければならない。

2　農耕文化にともなう新たな文化とそれをもたらす渡来人

厚葬墓の始まり

農耕に伴ってさまざまな文化が大陸からもたらされた。墓制や新しい種類の石器・木器・金属器などもそうした文化の一つである。

墓制のうち、初期に栄えるのは支石墓である。朝鮮半島の青銅器時代に栄えた墓制である。墓の上に大きな石を置く構造だが、上石を支える下の石が大きく平たい石で内部を囲む構造になった北方式と、数箇所をくり石で支えて碁盤のようになった南方式の二系統があり、日本には南方式が入ってくる。大石を使用するが、特に上に載せる石はとても少人数では抱え切れない巨大な石を使用している。

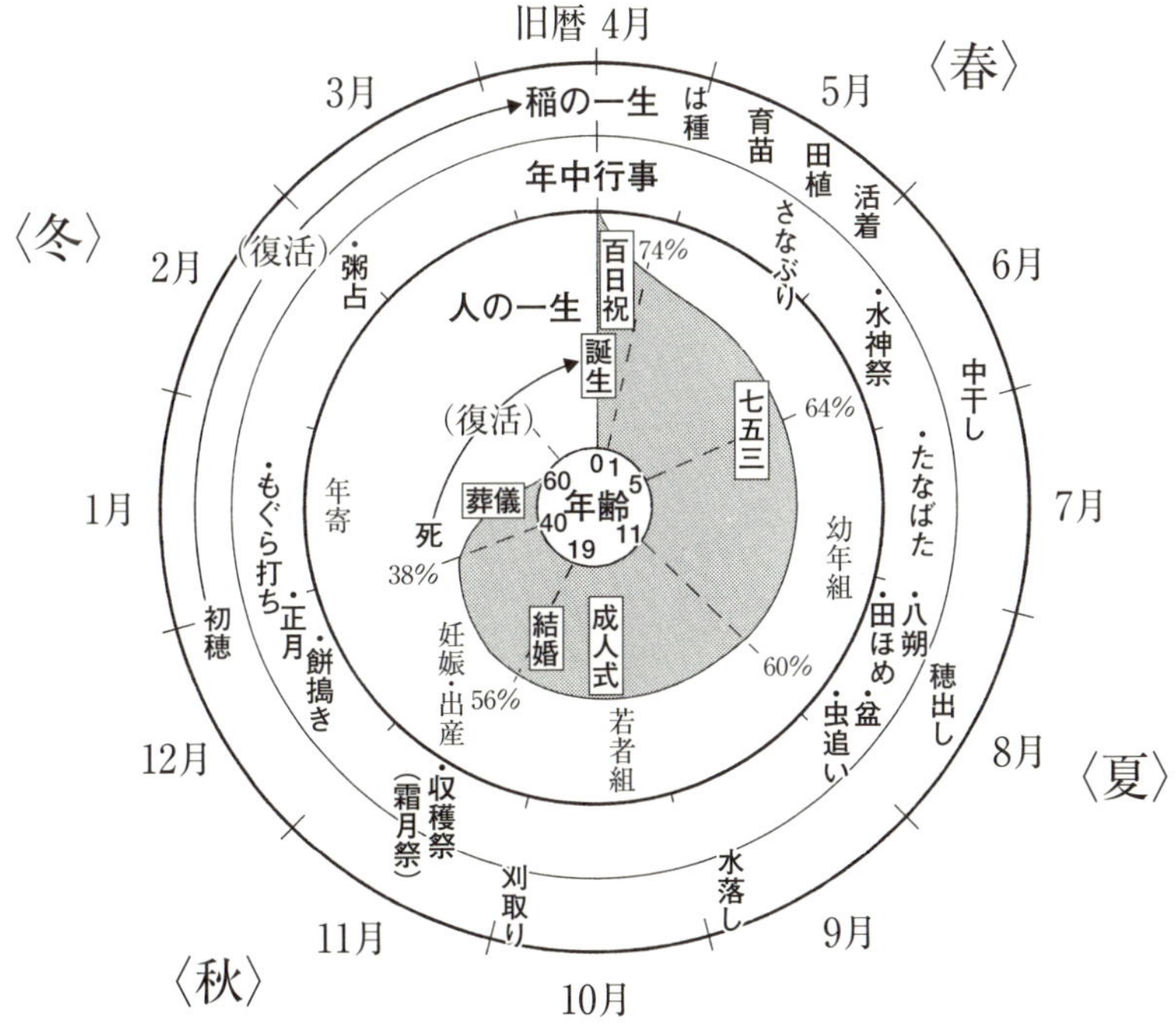

図２　農耕のサイクルと通過儀礼のサイクル（1年の稲の成長と人間の成長を対比すると、農耕が農耕民の人生観に大きな影響を与えていることがわかる。）

稲の一生は福岡県の昭和30年頃の一般的なものを使用。年中行事は佐々木哲哉の研究を基に作成（佐々木哲哉『福岡の民俗文化』九州大学出版会、1993）。アミで示した生存率は中橋孝博の研究を基に作成（中橋孝博・永井昌文「3．寿命」『弥生文化の研究　1　弥生人とその環境』1997）。

支石墓は玄海灘沿岸部から佐賀・筑後の有明海沿岸部まで広がりを見せている。そこで、この新しいタイプの墓の被葬者は、大陸から移住してきた渡来人ではないかと想像されたこともあった。ところが、支石墓から人骨を出土した代表例である佐賀県唐津市（旧呼子町）大友遺跡では、調査された八基の支石墓のうち人骨が出土した六基の支石墓の人骨は、それまでの低顔・低身長の縄文時代人の特徴を持った人たちで、高顔・高身長の渡来系弥生人ではないことが判明した。また、福岡県志摩町新町遺跡の支石墓でも、骨が残っている一例は縄文人であった。つまり、新しい墓制を採用したのは、今までそこに住んでいた縄文人だということになる。

墓の構造ばかりでなく、葬送に関係する儀礼も農耕文化が導入されたこの段階に大きく変わる。縄文時代の墓制というと、せいぜい土壙墓や日常容器の深鉢を用いた小規模な甕棺くらいしか目につかないが、この時代には先の支石墓をはじめ、木棺墓や箱式石棺墓、埋葬用に専門に作られた壺・甕を使用した甕棺墓が急速に普及する。

死者を手厚く葬るこのような厚葬の考えは、農耕という新しい生業体系の普及と密接につながっている。柳田民俗学は、一年を周期とした穀霊の復活・再生が、年中行事・通過儀礼・祖先崇拝などさまざまな日本文化の基盤になっていることを明らかにした（図2）。前年に収穫された種籾から次の年の米ができ、それが実ってその稲が再び翌年の種籾になるという繰り返しは、死者の魂が再生することを願う儀礼、そして祖霊を敬うという思想につながっていく。

弥生時代に入って死者を手厚く葬るためのもろもろの施設である木棺墓や箱式石棺墓、甕棺墓は、死体を長く保たせたり、動物などの危害から守るという役割を果たした。方形周溝墓など、周りに溝を掘るのは、その区画内を聖域化するという思想と同時に内部の死者を外部からの危害から守るという意志の現われである。

群集した墓があるとその配置や副葬品の質から見て、祖先の墓を大事に扱っていることもわかる。弥生時代の代表的な墓のひとつである吉野ヶ里遺跡墳丘墓を見ても、数個ある甕棺のうち、中心にある1006号甕棺は、その甕の形式が周囲の甕に比べて最も古い形式である。おそらくこの墳丘墓最初の埋葬者であり、吉野ヶ里発展の礎を築いた人物の墓であろう。

福岡市にも早良区の吉武高木遺跡で弥生時代前期末に多数の副葬品を有した墓が発見されている（口絵1―上・下）。ここでは全部の墓にではなく、大型の木棺墓と甕棺墓が集中した区画があり、その中の墓にだけ青銅器などの宝器が収められている。副葬された銅剣などの武器は朝鮮からもたらされたものが多く、今でも舶来品がステータスになるように、当時も舶来品が社会的身分の優位を示していた。集団の中に、指導的かつ富を他の構成員より多く受ける階層が出現していたことがわかる。

大陸系磨製石器

農耕文化に伴って日本に導入された重要なものに石器がある。石器は、当時の生産活動に欠かせない主要な道具であり、それを大量に生産するために、日本にもたらされ生産技術が日本独自の生産体系に変化した。

石器は土器に比べて実用性の高い道具である。「土器には遊びはあるが、石器には遊びがない」と言われている。この場合、遊びというのは、文様や形など個人の嗜好が反映するという意味である。もし、木を切ったり、削ったり、動物を刺したり、捌《さば》いたりする道具を、個人の好みで形を変えると、石器そのものの役割が果たされなくなるわけで、石器はあくまでそれが果たす役割に最も適して機能的な形に作られる。

農耕に入る以前の石器には、狩猟用の鏃や槍先、木を伐採する石斧などがあった。このような組み合わせは、農耕段階に入ると大きく変化する。栽培植物を収穫する収穫具として石包丁・石鎌、大きな木を伐採する石斧（太型蛤刃石斧）、道具を加工するための小さな斧や鑿など（扁平片刃石斧・石鑿など）が加わる。直接生産に関わるものや、農耕段階に入って本格的な集落造営のために使用される石器である。さらに人間との争いに使う武器（石鏃・石剣）なども出現する。石器は農耕文化がもたらす社会の変化を見事に映し出している。

福岡市西区の四箇団地のある一帯は、農耕が始まる前までは、その時期の土層から採取された花粉の分析によって照葉樹林だったことがわかっている。しかし、農耕が始まると人々は定住して集落を作り、農地を作るために木を伐採した。その結果、この照葉樹林は衰退して、赤松などに変わったことが知られた。森林の伐採に大型の石斧が活躍したことは、集落からこの石斧の割れたものがたくさん出てくることからわかっている。福岡平野では、四箇遺跡のように、各所において農耕集落の進出に伴って森林の開発が進んでいった。もし、環境破壊の歴史を論じるならば、農耕文化の開始こそがまさに現代につながる環境破壊の原点ということができるだろう。

弥生時代初期の石器の中には、その石材から見て、朝鮮半島から持ち込まれたものもあるが、すべての石器を輸入することは不可能である。必要な量を補うために、すぐに地元の石材を使ってその模倣品が作られ、その石器文化は日本に定着することになる。

弥生人の石材の良し悪しを見分ける感覚は、現代人と比較にならないほど鋭いものであった。石斧に使われる硬くて加工しやすい石は、福岡市西区にある今山の玄武岩露頭で発見された。玄武岩は火山のマグマが噴出して地表近くで固まった火山岩の一種で、強固で衝撃に強いため石斧の材料となった。今山産玄武岩を素材とした石斧は、まずその場で粗く割られ、ある程度完成品に近い加工がなされて、そこから各地に供給されるが、極端に言うならばその範囲は北部九州全体に運ばれている。そこで、その広がりは、弥生社会における北部九州の各地域の経済交流を知る手がかりとして研究されてきた。

土器から証明する渡来集団

今まで述べてきたのは、文化の伝播であって、そこに具体的な人間の動きがあったことを証明することは難しい。しかし、弥生時代の前期の終わりには、実際に渡来人が住み着いたことが証明された集落が発見されている。東に御笠川支流諸岡川が北流する台地上にある福岡市博多区諸岡遺跡は、渡来人が住んだ代表的な遺跡である。

そこからは、当時朝鮮半島の一般的な土器である無文土器が多量に発見された（口絵2－上）。まさにその地で朝鮮半島の生活そのものが行なわれていたことを示す遺跡である。

普通、見よう見まねで土器を作ることはあっても、まったく同じに作ることはできないし、作ったとしても、その種類の全部が当時の朝鮮半島様式の土器になることは考えられない。基盤となる弥生文化の生活様式がある以上、突然まったく別の生活様式が始まることはないからである。つまり、そうした朝鮮半島の土器を使った集団がいたということは、そこに朝鮮半島からの渡来集団がいたということの証明になる。

このように日本国内で出土した朝鮮半島の無文土器と区別がつかない土器を朝鮮系無文土器という。以前、日本国内に無文土器の発見例が少ないときには、朝鮮半島から持ち込まれたのだろうと考えられたこともあった。ところが、次々に北部九州で朝鮮系無文土器が発見されるにおよび、朝鮮半島から来た人たちが、そこで生活をはじめて、そこで作ったものだろうと思い描かれるようになった。

今は、科学的な分析技術が進んで、土器に使用された土を分析することによって、その産地がわかるようになった。

そこで分析したところ多量に出土した朝鮮系無文土器は日本で作られたことが明らかになった。渡来人が、住み着いたこの地の粘土を使って土器を作っていたのである。

渡来集団はなぜ日本にきたのか

無文土器が日本で作られたということは、渡来人たちがどういう集団だったのかを考える大きなヒントになる。世界史的に見ても、日常に使用する土器作りは女性の仕事である。なぜなら、家事道具としての土器は、家事を掌握する女性がその生活様式に合せて作るものだからである。ということは、日本で無文土器を作ったのは女性を含む集団だということになる。

女性を含む集団とは、いったいどのような集団だったのだろう。近年女性の海外進出が目覚しい。現代的感覚ではあたりまえであるが、海を渡る技術も発達していない時代、女性が海を渡って日本にくるということは、よほどのことと思われる。

大きく分けると、他国から日本へわたってくる人々には、合法的な手段で入国する集団と不法に入国する集団がある。合法的な入国となると、その目的は外交であり、交易ということになる。公的ともいえる外交・交易に多くの女性が関わったということはあまり考えられない。とすると女性を含んだこの集団はどういう集団だったのだろう。思い起こされるのは、今でも不法に日本に入ってくる、出稼ぎの労働者、あるいは政治的迫害を逃れる難民などである。

朝鮮半島の故事をまとめた『三国史記』という書物がある。これは古代朝鮮の歴史書であるが、後世に書かれたものなので、どの程度の歴史的史実であるのか疑問な部分が多いのだが、その中に衛満朝鮮の伝説がある。紀元前一九五年ころに、当時朝鮮半島北部を治めていた、其氏朝鮮の王である準が、中国の北東部を治めた燕国の将軍衛満に攻められて滅び、その衛満が北部朝鮮に衛満朝鮮を建国したというものである。朝鮮半島でもこのような戦乱は幾度となくあったであろう。衛満朝鮮の物語が、朝鮮半島から日本に多数の渡来があったこととどのように結びつくのかわかっていないが、こうした混乱は、多くの難民を生み出し、その影響は南部朝鮮にも及んだことであろう。北部朝鮮から移動せざるを得ない難民は南部に移動し、南部の住人は玉突き式にさらに南、日本へ移住したと考えられる。

縄文人と弥生人

大陸から伝えられた新たな農耕文化は、北部九州の地に定着する。それでは、実際に農耕文化を伝えた人は、どのような人だったのかを考えたいと思う。

歴史的に形成された、現代日本人の体の特徴が大きく分けて二つの要素から成り立っていることは、最近でもよく知られるようになった。ひとつは、縄文人的形質、もうひとつは弥生人的形質である。縄文人的形質は簡単に言うと、顔の高さが低く幅広で（低顔）、低身長という特徴である。これに対し弥生人的形質は、顔は面長（高顔）で、眼窩が丸みを帯び、身長が高く、のっぺりとした顔つきが特徴である。現在では縄文的形質を持った人は、南九州・沖縄と東日本にも多く存在する。北部九州から離れるにつれて、その割合は増加する。一方、弥生人的形質を持つ人は、もとをたどれば朝鮮半島・中国大陸に行き着くが、日本で多く分布する地域は北部九州から近畿地方で、東に行くにしたがって、その割合は減少する。

形質分布の地域から考えると、日本本土には、もともと縄文人的な形質を持っていた人が数多くいて、弥生時代の始まりとともに、大陸から多くの渡来人が日本に渡ってきたため、縄文人が周囲に押しやられたのではないかという考えもあった。これではとてつもなく多人数の渡来人が来なければ説明がつかなくなる。

そこで近年では、中橋孝博氏の研究が脚光を浴びている。北部九州では、今まで住んでいた縄文人の一部をとり込みながら、大陸から渡来した人々が主体となって急激に増加して多数を占め、さらに縄文人とも混血を繰り返して、弥生人的形質が強く打ち出たために、現象的に見ると弥生人が北部九州で多数を占めたのではないかという意見である（註10）。中橋氏はそうした渡来人的形質を持った人たちを「渡来系弥生人」と呼んでいる。

甕棺出土の人骨

弥生時代に渡来系弥生人が人口の多数を占めたことは、甕棺から出土する人骨によって知ることができる。

福岡空港のすぐ東側の丘陵上に国の指定史跡になっている金隈《かねのくま》遺跡がある。そこには甕棺が発掘されたままの状態で、展示されているのだが、この金隈遺跡の甕棺内に多量の人骨が残っているのがわかったのは一九六八年である。その後、一九八二年まで調査が行なわれ、一三六体もの人骨資料が調査された。それを分析したところ、その人骨が渡来系弥生人特有の特徴を持っていることが判明した（註11）。近年大規模な甕棺墓の調査がいたるところで実施され、埋葬された集団の人骨分析がごく当然に行なわれているが、金隈遺跡の分析はそうした調査の始まりであった。甕棺は、遺体を丁重に扱うという発想から生まれたもので、外気が入らず密閉された状態になっているため、人骨も残りやすく、弥生人は人骨研究にはまたとない環境を残してくれた。

金隈遺跡の甕棺は、弥生時代前期末に始まり、後期前半で終わるが、基本的には弥生時代中期、つまり紀元前二世紀から紀元前後までの人骨である。金隈遺跡に代表されるとおり北部九州の甕棺は、そのほとんどが甕棺の流行する弥生時代中期から後期前半段階のものである。

そうするとここに大きな問題が出てくる。北部九州には縄文時代晩期に、大陸から渡来人が入ってきたことはわかっているが、それにしても、今まで住んでいた縄文人を圧倒するほどの数ではなかったであろう。しかし、甕棺の調査によって弥生時代中期には、人口比率の実に八～九割を占めるほどに、渡来系弥生人の割合が増えている。

それでは、今までいた縄文人はどうなったのであろう。渡来系弥生人だけが、縄文時代晩期から弥生時代中期の間に、なぜ急激な増加を遂げたのだろうか。この時期の福岡平野にいったい何が起きたのだろう。

農耕集落の発展

この疑問を解く鍵は、やはり集落遺跡にある。その代表的な板付遺跡を見てみよう。

板付遺跡で発見された水田の跡は、水路を堰き止めて水量を調節しながら一定方向に水を流す施設を作っている。これは縄文人が見よう見まねで新しい技術を学んだようなものではなく、最初からその技術を持っていた人がいたとしか考えられないほど、当時にあっては、高度で革新的なものであった。

板付遺跡から発見される土器には、縄文土器系統の土器と弥生土器系統の土器が混在している。そこで、この集落を営んだ集団は、渡来人集団ばかりではなく、縄文系弥生人も関わっていたと考えられてきた。仮に板付遺跡に代表されるように、水田稲作農耕開始期の集落がもともと縄文系弥生人を含んでいたとすると、前述したように、縄文系弥生人も渡来系弥生人も同率で増加していくわけだから、渡来系弥生人だけが、急激な増加を見せるというのは理解できない。なぜ、渡来系弥生人だけがその人口を増加させたか。

もともと縄文系弥生人がその生業に必要な範囲は、丘陵部を中心にした広い地域であった。その集落は丘陵の奥で、住居は規模が小さく、住居の数も多くない。これは狩猟や採集に重きをおいた結果であるから当然の生活環境である。一方、渡来系弥生人は、農耕を生業としたため狭い範囲で食料を調達できる。その生活の舞台となるのは、丘陵と湿地の境付近である。水はけのよい丘陵側に集落を作り、そこから流れ出す水を調整して水田を営む。住居は大きく、数も多いのが特徴である。耕作地に変えることができる可能性のある土地は手付かずの状態でたくさん残っていて、そこを開拓すればどんどん集落を増やすことが可能だった。

渡来系弥生人は、もとはといえば、朝鮮半島に近い玄海灘沿岸で農耕を始めた人たちの子孫である。縄文系弥生人と渡来系弥生人は、最初はあまり人的交流、特に婚姻を結ぶことなく、その集落を維持していたのであろう。そのため、渡来系弥生人集落だけが、急速にその人口を増やしていったと想像される（註12）。

環濠の役割

吉野ヶ里遺跡で有名になった環濠は、一般的に外敵からの防御施設と考えられている。その外敵というのは、普通はよその集落や部族を考えるが、実態はどうだったのだろう。

環濠の最も早い例は、福岡市博多区那珂遺跡にある。ここの環濠は、縄文時代晩期（弥生早期）に作られたもので、円形に周回する可能性が高いとされている。環濠は五～六mの間隔を保って二重にめぐり、直径が約一五〇mの円形をしている。

環濠の代表的なものが、福岡市博多区の板付遺跡である。その規模は南北一一〇m、東西八五mで、楕円形をした環濠であるが、環濠の一角を区切るように溝があって、この内側に貯蔵穴が集中していることから、ここが次段階で貯蔵穴だけを囲む環濠へと発展する可能性が高いとされてきた（註13）。

今までは、環濠と同じ前期の住居跡が検出されていないのは、中央部が削平を受けているためで、ほんらいは中央部に住居があったであろうとされてきた（口絵8－下）（註14）。そのためか、今現地に行くと竪穴住居が復元されている。発掘調査では住居跡は斜面の弥生時代後期だけの住居跡が確認され前期の住居跡は確認されていない。後期の住居跡が残って、前期の住居跡だけがなくなることがあるのだろうか。私はそれに疑問を持っている。

北部九州で、農耕が始まった頃の環濠を調べてみると、環濠の内側に住居が営まれている例はまずない。肝心の守るべき集落が環濠に囲まれていないとはいったいどういうことなのだろう。

どの環濠でも、その内側には多数の貯蔵用の穴があって、貯蔵穴の中には食料を蓄えているのだが、これらを狙うものは、人間ばかりではない。まだ自然環境が豊かに残っていた当時では大小の動物がいた。私は環濠の目的を「話せばわかる」人間が対象でなく、「話してもわからない」動物が対象だと考えている。

なくなられた弥生時代研究の第一人者でおられた佐原真氏は、著者の環濠の内側には住居はないという主張に耳を傾けてくれて、このように書いている。「福岡市板付で、環濠の中に竪穴住居がないのを当時の地表面から深く削りとられてしまったからだ、とみていたのは誤りだったのか。」（註15）

3　青銅器生産の始まり

農耕文化とともに入ってきた青銅器文化

青銅製武器は、戦いの道具として朝鮮半島から農耕文化と一緒に入ってきた。武器であるから当然刃は鋭利である。この先が折れた状態で甕棺の中から出てくることから、実際の戦闘で使われたことがわかっている。いっぽうで武器は、権力の象徴でもあった。そのため、持ち主と思われる人物といっしょに墓に副葬される。

弥生人はこの青銅製の武器がのどから手が出るほど欲しかったに違いない。北部九州では、朝鮮製青銅器がたくさん出土している。しかし、一歩内陸に入ったところでは、欲しい分だけ、青銅器が手に入ったとは考えられない。そこで、内陸の民はどうしたかというと、もともとそうした青銅器生産の技術を持った工人を朝鮮半島から呼び寄せ、そこで青銅器生産をはじめることにした。

青銅器生産と渡来人

朝鮮系無文土器については前述したが、それは世代が変わって何代もたつと徐々に日本の弥生土器の影響を受け、その作り方が変わってくる。こうした土器を擬朝鮮系無文土器とよぶが、それといっしょに鋳型が出てくるのである。擬朝鮮系無文土器の定義は、前の著作『弥生時代 渡来人の土器・青銅器』の中（一二～一三ページ）で詳細に述べたが、かいつまんで言うと、朝鮮半島にある本来の無文土器製作技術の影響を受けて作られた土器といえる。そこで青銅器を作る工人は、朝鮮からの渡来人集団の中で、青銅器の生産に関わっていたことがわかった。

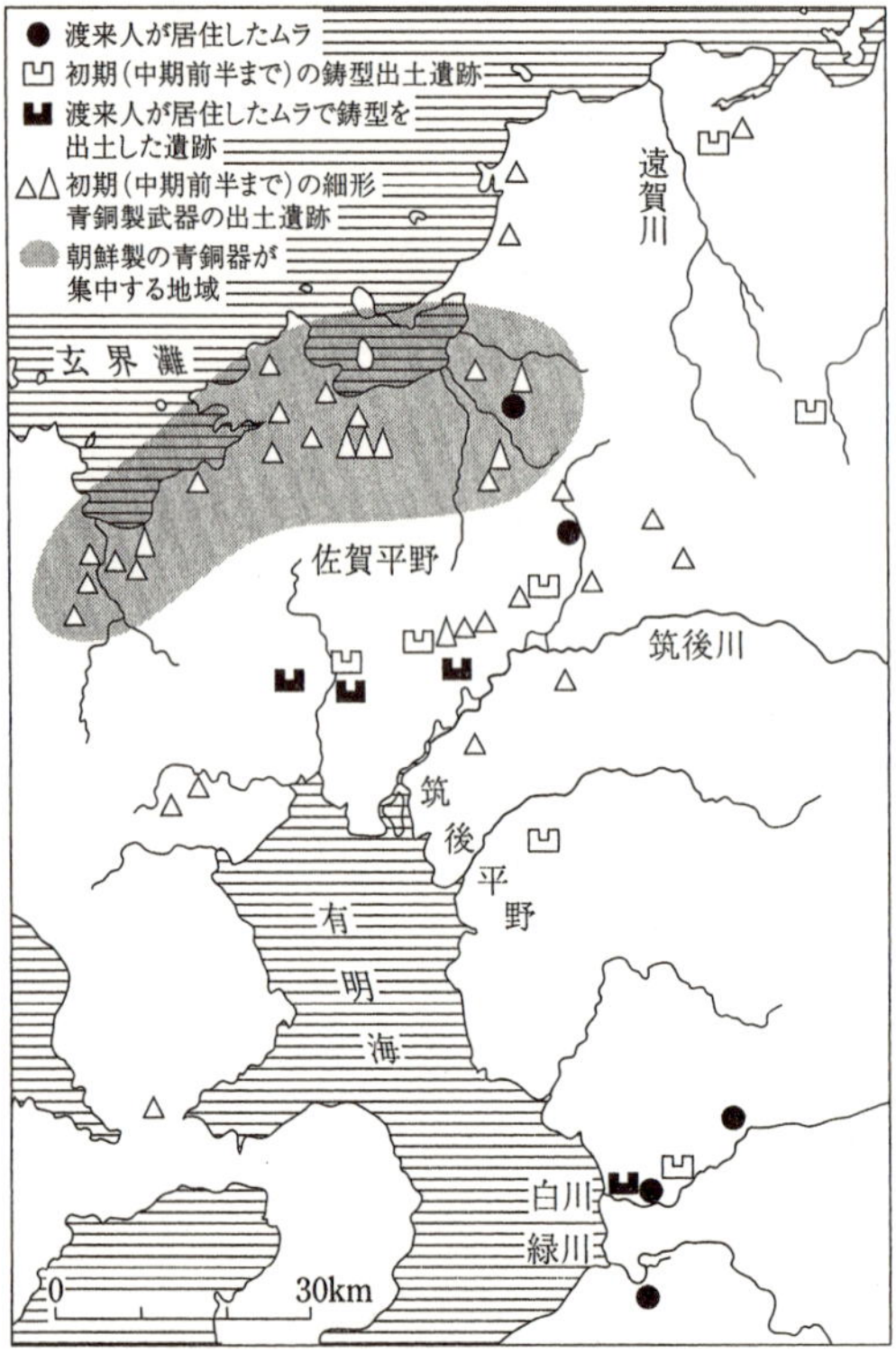

図3　青銅器と青銅器鋳型の出土状況

玄界灘沿岸部では製品を入手しやすかったため、製品が多く出土するが、有明海沿岸では入手が困難だったため、独自に生産を開始し、鋳造関連製品が多く出土する様子がわかる。それに重なって、渡来系集落が多く分布することもわかる（寺沢薫『王権誕生』日本の歴史 02, 2000 の 53 ページ図を一部改変・転載）。

青銅器の生産が最も盛んに行なわれたのは、筑紫平野西部の佐賀平野である。佐賀平野では、渡来人の集団が定着し、徐々に弥生文化に同化していく様子もわかっている。そうした中で、青銅器工人が生活している。

青銅器の国内生産がどうして、福岡平野ではなくて、佐賀平野で始まったのだろうか。それは、福岡平野は大陸に近く、早くから交渉が盛んで、青銅器も数多く入手できたからであるが、一方の有明海沿岸の佐賀平野では福岡平野の仲介が無ければ大陸との交渉はできない地理的な環境にあったので、青銅器本体を入手するのではなく、いち早く国産を考えたのであろう（図3）。

青銅器生産の変化

青銅器の生産は、弥生時代中期後半に入ると、徐々に限られた地域に集中していく。その中心が奴国の春日丘陵一帯である。弥生時代後期に入ると、北部九州全域を見渡しても、春日丘陵一帯における青銅器鋳型出土量は卓越しており、独占的な生産を行なっていたことがうかがえる。

最初は完全な武器だったものが、武器としての役割を果たさない大型の製品に変わり、刃も無くなり、突き刺すことができなくなる。基本形だけを踏襲した祭祀用の道具に変化する。青銅器は、日本独自の進化を遂げていく。

青銅器の大型化は、言うまでもなく日本弥生社会の変化を物語っている。実用的な武器は鉄に変わり、青銅器は個人が持つ武器から、ムラ全体が持つ祭器へと変わる。青銅器の大型化は、新たな技術を生み出すことになる。大きな製品を作るために、製品の大きさにあった石材を持ってくることは限界になる。そこで、小分けした石材を持ってきて、それを組み合わせて鋳型を作る、いわゆる連結式鋳型の技術が生まれる（口絵2－下）。こうした技術は朝鮮半島にはない、倭の開発した技術である。

今までは、青銅器の大きさに合せてその大きさの石材を準備していた。しかし、この技術が生まれることによって、さらに大きな製品の製作が可能になった。世界に冠たる日本工業技術の原点を見る思いがする。

4　奴国の誕生と対外交渉

最初の文字記録とその時代

当時の日本「倭」のことが、文字となって最初に記録されているのは、前漢の時代の史書である『漢書』地理志である。

「樂浪海中倭人有り。分かれて百餘國と爲る。歳時を以って來たり献見すと云う」（『漢書』地理志）

短いこの文章にはいろいろな問題があるが、対外交渉という点でこの記事に注目したいのは、倭が自ら進んで朝鮮半島を渡って朝貢したという点である。つまり、高度の文明を持った漢が、その出先機関である楽浪郡から出向いたのではなく、あるいは呼びつけたのではなく、倭が進んで朝貢したところに意味がある。倭人が新しい文化を積極的に、そして主体的に求めたというところである。この文章は、紀元前二〜一世紀ごろのことである。日本では弥生時代中期段階に相当する。

弥生時代中期前半は、先の吉武高木遺跡や、著名な吉野ヶ里遺跡の墳丘墓ができる時代である。少なくとも、集団間に格差が生まれ、有力な集団は吉武高木遺跡のように豊富な副葬品を持ち（口絵1）、一般の墓とは別に墳丘墓に埋葬されるようになる。こうした集団指導体制をもとにした地域的なまとまりができたのであろう。そのまとまりを『漢書』地理志では「分かれて百余国」と表現したのだと解釈される。この福岡平野でも、室見川流域の早良平野、春日市から、福岡市博多区・南区を中心にした那珂川・御笠川流域、東側の志免川流域など、川の流域を単位とした小さなまとまりが誕生していたことがわかってきた。

王の誕生と王墓の発見

次に出てくるのは、はっきりと倭とは書いていないのだが、『漢書』王莽伝に現われる。

「東夷の王、大海を度りて、国珍を奉ず」（『漢書』王莽伝）

時代は前漢（ＢＣ二〇二〜ＡＤ八）の末期、平帝の西暦五年である。この東夷は「大海を度《わた》りて」とあるので、倭以外にないと考える説と、前後の文脈から、具体性のない修飾的な言葉とする説もあり、それが倭という確証がないため、教科書などでは、倭に関する文献からはずされて扱われないことが多い。

私は次の点に注目した。この文章と『漢書』地理志の中で違う点といえば、『漢書』地理志が朝貢したのは「倭人」であるのに対して、『漢書』王莽伝では「東夷の王」となっている点である。『漢書』地理志段階ではまだ王の存在が無く、集団指導体制であったのが、『漢書』王莽伝段階では、指導するものが王という個人に発展したのだと考えている。

この王莽時代（ＡＤ八〜二三）は、日本では弥生時代中期末から後期初頭に考えられる。少しさかのぼる弥生時代中期後半の遺跡からは、過去にすばらしい副葬品を持った甕棺が発見されていて、それは王墓と呼ばれている。

春日市須玖で、明治三二年、大きな石の下から大きな合せ口の甕棺が発見されて、その甕棺には前漢で作られた三〇面近い鏡が入っていた。なかでも三面の草葉文鏡は前漢の時代でも少し古く、紀元前二世紀後半に作られたもので、その他の二三面の鏡は紀元前一世紀前半に作られた鏡である。作られてから日本に渡り、副葬されるまでの間に約半世紀の時間が経過したことになる。三面の草葉文鏡は作られた時代はもっと古いので、大切に伝世されたものと思われる。

この須玖遺跡の甕棺は、古代この地域にあった「奴」というクニの王の墓と考えられている。

この記事が倭に関するものならば、王莽時代直前に、『漢書』王莽伝にある「王」と呼ばれる個人の指導者が誕生したことが、こうした王墓の出現につながる具体的な記述になる。

「奴」の朝貢と金印

その奴国が、当時の漢に使者を送っていた記録が次の後漢時代（ＡＤ二五〜二二〇）を記録した史料に残っている。

「建武中元二年、倭の奴國、奉貢朝賀す。使人自ら大夫と稱す。倭國の極南界なり。光武、賜うに印綬を以ってす。」

（『後漢書』東夷伝・倭）

建武中元二年は西暦でＡＤ五七年にあたる。ここにおいて、福岡平野の奴国が、中国との外交に大きな役割を持って

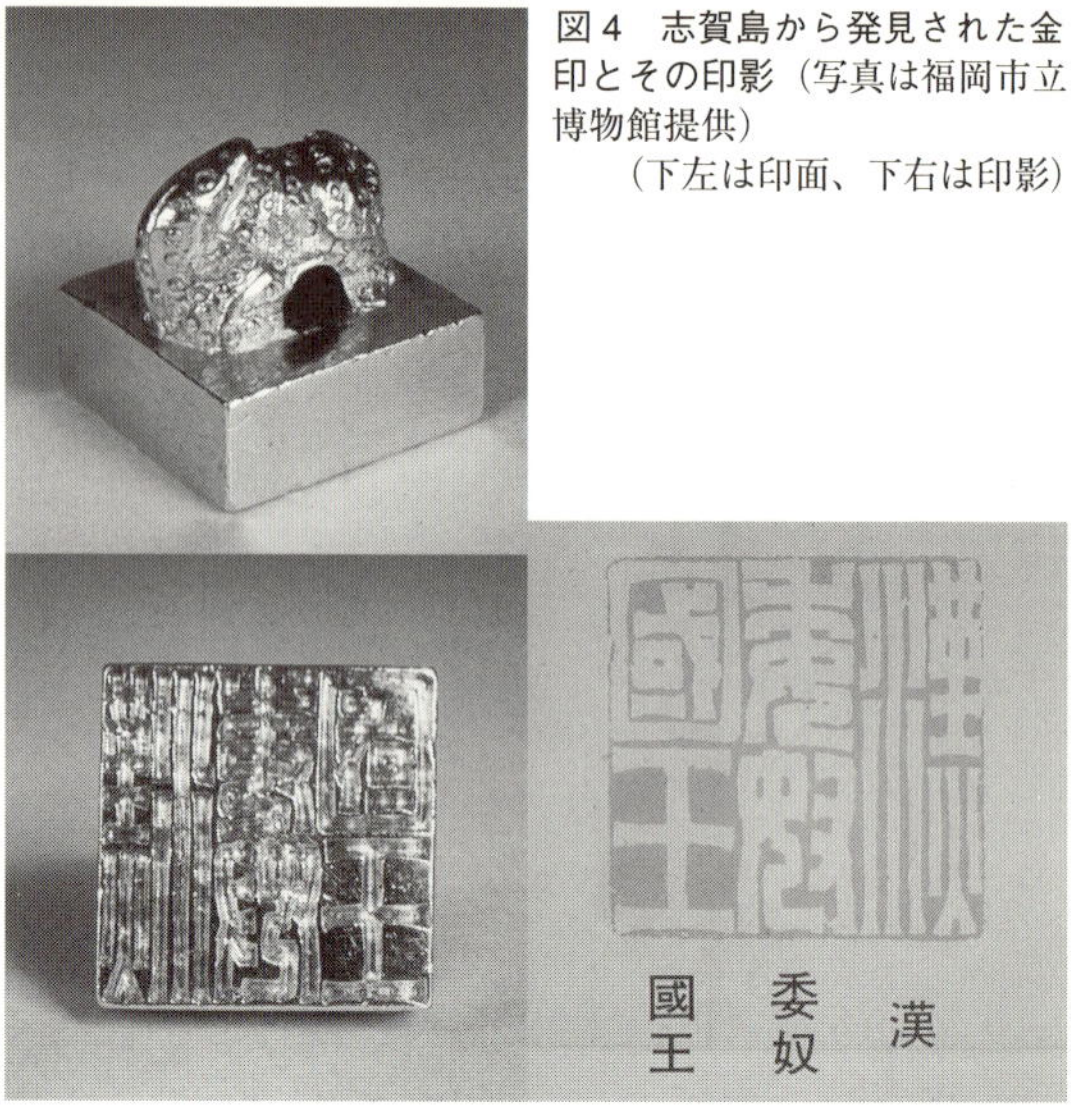

図４　志賀島から発見された金印とその印影（写真は福岡市立博物館提供）
（下左は印面、下右は印影）

きたことがわかる。

それを証明するものが、一七八四（天明四）年、当時はまだ島だった志賀島の南岸から発見された「漢委奴国王」と彫られた金印である。まさに中国の歴史書に書かれた金印である（図４）。一般的には「かんのわのなのこくおう」と読むのであるが、この読み方には異論もある。

建武中元二年は、弥生時代後期前半頃と考えられるが、そうするとこの段階の王墓は未発見ということになる。

倭国王帥升の朝貢

建武中元二年の五〇年後、再び日本からの朝貢記事がある。

「安帝の永初元年、倭の國王帥升等、生口百六十人を献じ、請見を願う」（『後漢書』東夷伝・倭）

安帝の永初元年はＡＤ一〇七年にあたり、この時代は弥生時代後期中葉頃になる。ここにある「倭国」というのが、昔から問題になっているところである。

建武中元二年の記事からの続きとして、「倭国」を「奴国」とする説、すでに畿内に政権が固まっていて、これを畿内邪馬台国とする説、「伊都国」とする説などである。最後の伊都国説は、後に書かれた『翰苑《かんえん》』に引く『後漢書』に「倭面土国王師升」とあって、この「面土」をイトと読むことに根拠がおかれている。

また、国王の名らしき「帥升」というものが出てくるが、これに続く「等」を根拠に奴国が主導する連合政権を考える説もあるなど、文献史学では百家争鳴の態である。

この西暦一〇七年頃の弥生時代後期中葉頃は、福岡平野では遺跡数が衰退する傾向が見られる。中には、この現象を疫病の発生などと解釈する説もあるが証明する手立てはない。ともかくそういう解釈が出されるように、遺跡数が減る傾向があるという事実がある。

しかし、奴国の中枢部では、逆にこの頃青銅器生産が独占的に行なわれる体制が整っている。遺跡数の増減は、必ずしも国の衰退とは結びついていない。

北部九州のクニの中で、奴国と伊都国にだけ王墓が出現するのは理由がある。この両方のクニが具体的なクニの支配体制を整備していく中で、対外交渉を通じて中国という国の存在を知り、中国を頂点とする東アジア社会の秩序を理解していた。国づくりという明確なイデオロギーを持ち、それを進める地位の人間が生まれたのであろう。

邪馬台国の登場

有名な『魏志』倭人伝には、邪馬台国について多くの記載がある。その位置から始まり、国の組織や習俗に至るまで、そこに書かれた文字は当時のさまざまな情報を伝えている。

奴国についてもそこに記述がある。

「又一海を渡ること千餘里、末盧國に至る。四千余戸有り。（略）東南陸行五百里にして、伊都國に至る。（略）都使の往來常に駐《お》る所なり。東南奴國に至る百里。（略）二萬余戸有り。東行不彌國に至る百里。（略）南投馬國に至る水行二十日。（略）南、邪馬壹國に至る、女王の都する所、水行十日陸行一月。」（『三國志・魏書』東夷伝・倭人、以下『魏志』倭人伝とする）

邪馬台国がどこにあるのかは、江戸時代以来の論争が続いていることはいまさら述べることもないが、少なくとも対馬国に始まり、一支国―末盧国―伊都国、そしてこの奴国までの位置に異論を唱える人は少ない。奴国はこの福岡平野でほぼ決着を見ている。

卑弥呼が登場する前には、次のように書かれている。

「其の國、本亦男子を以って王と爲す。住《とど》まること七、八十年。倭國亂れ、相攻伐すること歴年」（『魏志』倭人伝）

つまり、倭国では男子をもって王として、七、八〇年の間経過したが、それから、相攻伐する状態になったというのである。また、後に書かれた『後漢書』倭伝にも「桓《かん》・霊《れい》の間、倭国大いに乱れ、こもごも相攻伐し、歴年主なし」とある。いわゆる倭国大乱である。ここにある「桓・霊の間」というのは、桓帝・霊帝の在位した西暦一四六年から一八九年を示すので、その期間に大乱があったことになる。

西暦一四六年から一八九年は、弥生時代後期後半にあたる。福岡平野を南に抜けて筑紫平野の入り口にあたる場所で、この時期の環濠集落が調査されている。福岡県小郡市三国の鼻遺跡である。水田からの比高二五mの高台にあって、福岡平野から狭い二日市地峡を筑紫平野に抜けてくるときに、どうしても通らなければならない交通の要衝である。ここには全長四〇〇mを越す環濠があり、眼下に二日市地峡帯を見渡せる。いわば、戦乱時の要塞である。

環濠こそないが、これと同じような高台の遺跡が、福岡市東部、志賀島の付け根にあたる三苫永浦遺跡で発見された。これは弥生時代中期の遺跡である。眺望がよく、玄海灘から奴国の出入りを監視しているようである。この遺跡の出現は奴国の対外交渉と無関係ではないだろう。

奴国勢力の末裔

こうして栄えた奴国はその後どうなったのだろう。その勢力は、中枢部では北上して那珂遺跡・比恵遺跡周辺に拠点を置いたと思われる。これまでに福岡市教育委員会の調査によってわかった、那珂遺跡・比恵遺跡の質の高さは驚くものがある。また一方では、奴国は古墳時代になって那珂川流域に移動して、そこに拠点を築いたという考えもある。

確かに古墳時代に入ると、かつて春日丘陵を中心として繁栄した奴国の遺跡は減少し、代わって那珂・比恵台地や那珂川町の安徳台周辺に大きな集落ができる。

那珂には、那珂八幡神社をまつる那珂八幡古墳がある。一九八五年に福岡市教育委員会によって発掘調査され、社殿脇の地下にあった割竹形木棺の主体から三角縁神獣鏡が出土した。この三角縁神獣鏡は、同じ種類の鏡に書かれた年号から見るとちょうど邪馬台国の卑弥呼が、魏に使いを送った景初三年・正始元年（二三九・二四〇）前後に鋳造されたものが多い。このことから、「卑弥呼の鏡」などと呼ばれているものである。三角縁神獣鏡は、古墳時代の初めに各地に忽然と出現する大古墳に納められていて、その中心がヤマトにある。これを根拠に邪馬台国が畿内にあって、各地の大古墳は、邪馬台国と同盟関係を結んだ各地域の首長が築いたもので、三角縁神獣鏡はその証として配布されたものであるという有名な同笵鏡理論が生まれた（註16）。

古墳時代前期の古墳

福岡平野最古の古墳として一躍有名になったこの那珂八幡古墳の主は奴国の末裔で、大和を中心とした連合政権の中に組み込まれたと考えるのが妥当である。発掘された主体部よりもさらに大きな墓がその下にあったが、社殿の下になるために発掘しなかった。おそらくもっと豪華な副葬品があるのだろうが、すべてを発掘するのがわたしたちの役目ではなく、未来に残すことも重要な仕事である。

このような大きな古墳がある一方で、那珂川町に妙法寺古墳という小規模な前方後方墳がある。全長約一八m程度の古墳なのだが、その内部からも三角縁神獣鏡が発見された。それから、名島古墳・卯内尺古墳でも三角縁神獣鏡が出土するが、どれも他地域のように三角縁神獣鏡を持つ大きなクラスの古墳ではない。この妙法寺古墳をはじめとする福岡平野の三角縁神獣鏡出土古墳は、全国的な三角縁神獣鏡出土古墳の規模から見ると、どれも小さいものばかりである。福岡平野で三角縁神獣鏡を出土したもうひとつの遺跡、藤崎遺跡にいたっては周囲に四角い溝をめぐらせた方形周溝墓である。ここは、いわゆる土を盛り上げた古墳でもない一般にランクが落ちると考えられる墳墓である。現在は地下鉄の藤崎駅になっているところである。これも三角縁神獣鏡の出方としては異例である。

なぜ、かつての奴国の領域である福岡平野では、このような規模の小さな古墳やランクが落ちる墓から三角縁神獣鏡が出てくるのだろうか。それはヤマト王権にとって、奴国は対外交渉という点で、その地理的な位置は無視できないからであろう。いつの時代にも外交の一元化を果たすためには、玄海灘沿岸地域、当時にあっては奴国を掌握しなければならない。しかし、当地の在地勢力を無視するわけにも行かない。そうした特殊な要因があって、本来三角縁神獣鏡を配付される階層ではない地域豪族にも三角縁神獣鏡が配布されて、大和政権への懐柔を図った結果が、このような鏡の出土になったと思われるが、いかがなものだろうか。

まとめ

福岡平野は大陸から伝わるさまざまな文化をまず最初に国内で本格的に受け入れて、消化する地域であった。それは農耕文化の受容でも同じである。平野が大きく、一方的な受け入れや通過ではなく、それを咀嚼する余裕を生み出したのである。それと同時にその地理的環境を最大限利用して、中国の政権との交渉を積極的に行ない、倭において重要な地位を占めてきた歴史がある。それが「奴国」という政治体として結実し、弥生時代を代表するクニへと発達を遂げていく。さらにそこには、中国をはじめ東アジア社会との交渉によって培われたクニつくりの理念があり、北部九州の中でも一段進んだ弥生文化を発展させた。

註

（1）石井　忠『海辺の民俗学』新潮選書、一九九二年

（2）山崎純男「西日本の結合式釣針」『考古論集（河瀬正利先生退官記念論文集）』二〇〇四年

（3）西谷　正「朝鮮半島の黒曜石について」賀川光夫先生還暦記念論集、一九八二年

（4）河仁秀「東三洞貝塚浄化地域発掘成果」『第二三回韓国考古学全国大会　考古学を通じてみた加耶』一九九九年

（5）佐藤洋一郎「ＤＮＡ考古学からみたイネの起源と日本列島への渡来・展開」『日本の歴史 原始・古代七　稲と金属器』週刊朝日百科三七、二〇〇三年

（6）春成秀爾・今村峯雄編『弥生時代の実年代　炭素14年代をめぐって』学生社、二〇〇四年

（7）田中良之・溝口孝司・岩永省三・Tom Higham「弥生人骨を用いたＡＭＳ年代測定（予察）」『九州考古学会・嶺南考古学会第六回合同学会　日・韓交流の考古学』二〇〇四年

（8）佐原　真「一　弥生文化の比較考古学―総論」『古代を考える　稲・金属・戦争―弥生』二〇〇二年

（9）寺沢　薫『王権誕生』日本の歴史02、二〇〇〇年

（10）中橋孝博「Ⅵ　倭人の形成」『倭国誕生　日本の時代史一』二〇〇二年

（11）中橋孝博・土居直美・永井昌文「金隈遺跡出土の弥生時代人骨」『史跡　金隈遺跡　発掘調査及び遺跡整備報告書』一九八五年

（12）片岡宏二「三国丘陵における農耕文化の開始と定着に関わる諸問題」『三沢北中尾遺跡Ⅰ（環濠）』小郡市文化財調査報告書第一八五集、二〇〇三年　本書第三章に一部修正して再録。

（13）山崎純男「環濠集落の地域性　九州地方」『季刊考古学』第三一号、一九九〇年

（14）福岡市教育委員会『国史跡板付遺跡環濠整備報告書』福岡市文化財調査報告書第三一四集、一九九二年

（15）註（8）と同じ

（16）小林行雄「同范鏡論」『古墳時代の研究』青木書店、一九六一年

第二節　渡来人と農耕社会の拡散

はじめに

考古学の世界で、これだけ毎日のように新しい事実が出てくると、それを整理・分類し、あらためて大きな概念で括るという反復作業が大事になっている。

最近の文化財保護行政では、今まで蓄積した考古学的成果の活用が重視されている。入門者や市民にとっては考古学への入り口として、わかりやすい説明はありがたいのであるが、概念化というのと簡略化を混同してしまっている節がある。個別の事象が、一般的なものなのか、特殊なものなのかを噛み砕いて解説することなく、安易に話してしまっているのである。概念化という作業は、個々の事例をよく分析した上で行なうことであって、安易にまとめる方法ではない。そうした点で、個々の遺跡が持つ複雑な内容を検討する作業とそれを概念化する作業は、表裏一体の関係で、同時に行なわれなければならないことである。

一般的に朝鮮系無文土器・擬朝鮮系無文土器の出土は、その地に渡来人およびその子孫など何らかの関係を持った集団が移住してきた証拠とされてきた。著者も同様の観点から今まで研究してきた経過がある。特に農耕文化の開始と渡来人の関係は切り離せないものである。しかし、渡来人であるという証明を遺物・遺構の検討からは充分になし得ていない。農耕文化の開始に渡来人集団がどのように関わったのか、その問題を考えてみたい。

1　農耕文化を伝えた主体者

農耕文化が日本に導入された具体的な姿は、間違いなく水田経営の技術を持った人や集団が水田を作ったところから始まる。水田稲作農耕技術を持った人は、日本に米という作物をもたらしたわけではないようだ。なぜなら、その米は現在、水田稲作農耕が開始されたと考えられている縄文時代の晩期（ここでは弥生時代早期も含む）より以前に日本に入ってきたことがほぼ間違いない状況になったからである。九州地方だけでも縄文時代晩期後半に先行する段階に米があった証拠はすでに一〇例を超えている。

農耕文化開始は弥生時代開始の時期区分論とともに議論されてきた。森本六爾氏の「一粒の籾もし地にこぼれ落ちたならば、遂にただ一粒の籾に終わらないであろう。」（註１）という聖書から引用した有名な言葉は、社会を一変させた水田稲作の本質を突いた言葉としてあまりに有名である。森本氏は農耕の開始を新時代到来の画期に位置づけた。その後、九州地方を中心に弥生時代の遺構・遺物の様相が明らかになるにつれ、農耕文化の内容も明らかになった。森貞次郎氏をはじめ、多くの研究者は大陸からの影響を示す遺物を複合的に組み合わせて、弥生時代開始をとらえようとした。農耕文化の開始が大きなテーマになってきたことは、日本考古学協会の中に弥生式土器文化総合研究特別委員会ができ、各地で農耕文化開始の指標となる遺跡の調査が行なわれたことからもわかる（註２）。

高度成長にともなう相次ぐ発掘調査は、歴史記述を書き換える成果をもたらした。

一九七八年、福岡市博多区板付遺跡の縄文時代晩期夜臼式土器単純層（板付Ｇ－７ａ区下層）から水田の痕が発掘されて、縄文時代にさかのぼる農耕の開始が確認された（註３）。

また、その翌年には唐津平野西側の低丘陵地谷部にある唐津市菜畑遺跡でも、縄文時代晩期後半の層から灌漑施設と水田、農耕に伴う石器・木器が発掘された（註４）。さらに、福岡県糸島郡二丈町曲り田遺跡では、縄文時代晩期後半の集落が発掘され、そこでは石器や土器など農耕に関わる多くの証拠品を出土した（註５）。このような相次ぐ発見は、今までの縄文時代と弥生時代の時代区分論に大きな議論を巻き起こした。弥生早期論である。

調査事例の増加は、遺構の上からも新時代の社会像を明らかにしている。住居跡においてはその構造として、松菊里型住居が注目され（註６）、掘立柱建物は江辻遺跡第２・３地点の例が注目された。それらを総合して武末純一氏は、社会構造の変化が集落の環濠に顕在化すると考え、環濠の出現を農耕文化開始の契機として重視した（註7）。集落論からの新しい着眼である。

複合的な新しい文化要素を持って渡来し、玄界灘沿岸部で最初に農耕文化を定着させた集団がいたことは明らかである。問題は、それから先に移動することによって農耕と農耕文化をその地に運んだ集団の性格である。農耕文化の主体は、その文化を身につけた縄文人だとする考えが強く出された時期もあった（註8）が、果たしてそうであろうか。時間の経過とその移動の距離に比例して縄文人が関与する割合が高くなるのは当然であるが、最初の渡来系集団がどの時代にどの範囲まで、農耕文化を運ぶ主体者なのかという点は明らかになっていない。

残念ながらそうした渡来集落は、渡来という証拠をあまり多くは残していない。磨製石器にしても、その製作者が渡来人か縄文人かという区別はつかない。土器にしてもなかなか難しい。曲り田遺跡では、朝鮮系無文土器の壺が出土している。壺の量は全体からすれば少量であるが、これをもって曲り田遺跡における渡来人の存在をほとんど認めない意見（註9）もあれば、製作技術の内傾接合から外傾接合への変化を重視して、人口比を三割近く認める意見（註10）もある。福岡平野では、甕の組成比率に基づいて縄文人＝狩猟採集民が農民化する過程を想定し、渡来人の割合を一割程度と見る意見（註11）もある。

いずれも土器を材料に渡来人の割合を想定したものであるが、逆に新町遺跡のように支石墓や朝鮮半島系譜の壺に納められた人骨が縄文人的形質であった（註12）ことでわかるように、渡来系の土器や墳墓の形式がそのまま人間の出自・系統と結びつくとは限らない。

著者は、先の曲り田遺跡や板付遺跡、あるいは農耕を始めたほとんどの集落の構成員は渡来人の子孫が主体となる渡来系集団と理解している。この場合、縄文土器の系譜をひく甕が主体となるという問題についていえば、最初から甕は在地土器を使用した原因があったと考えざるをえない。むしろ壺では、無文土器の系統にあたる壺しか存在しない点を重視すべきと考えている。

2　農耕文化の展開と渡来人の役割

弥生時代早期論では、その開始を従来の縄文時代晩期後半に相当する山ノ寺式土器段階から始まるように考えている。藤尾慎一郎氏は菜畑遺跡における山ノ寺式と板付遺跡における夜臼Ⅰ式を系統差として同時に見る（註13）。そうであれば、この段階を画期にとらえることに矛盾はない。しかし、山ノ寺式を夜臼式よりも古くとらえる伝統的な考え方も根強い。最近の調査では福岡平野で山ノ寺式土器が夜臼式土器の下層にあることも確認され、山ノ寺式土器と夜臼式土器の開始に時間差を設ける考えは補強されつつある。

そうすると、少なくとも菜畑遺跡を唐津平野における農耕の最初の遺跡、そして板付遺跡を福岡平野における農耕の最初の遺跡とした場合、両者に時間差が生じることになる。

また、かつては板付Ⅰ式土器系統の土器出現は、その地における農耕文化開始と関連づけられてきたが、逆に九州地方でも玄界灘から離れた地域、たとえば筑紫平野南部のように、板付Ⅰ式土器系統の出現が農耕に直接つながらない点も明らかにされつつある。土器文化として弥生土器系統の土器の出現を見ながらも、いまだに水田の検出ができていない地域のほうがはるかに多いのである。

農耕文化の伝播は、一部に中国大陸から南島を介して九州に伝わるルートや、江南地方から有明海側に伝わるルートもあったであろうが、基本は朝鮮半島から北部九州へ伝わるルートである。その拠点となる地域は、後の『魏志』倭人伝に記載された「国」に重なる。まず対馬国、そして一支国、末盧国、伊都国、そして奴国に至る。

対馬は『魏志』倭人伝に「良田なく海物を食いて自活し」とあるように平野自体は狭い。しかし、それは農工具が発達して平野を開拓できる段階での話であって、初期の水田経営には必ずしも不具合の場所ではない。井手遺跡第Ⅳ包含層（7・8層）からは、孔列文土器と丹塗磨研土器も出土している（註14）。また同じ谷の隣接した所にあって、最近調査された三根遺跡群山辺遺跡でも弥生時代前期前半の遺物がかなり発見されていて、対馬における縄文時代晩期の水田

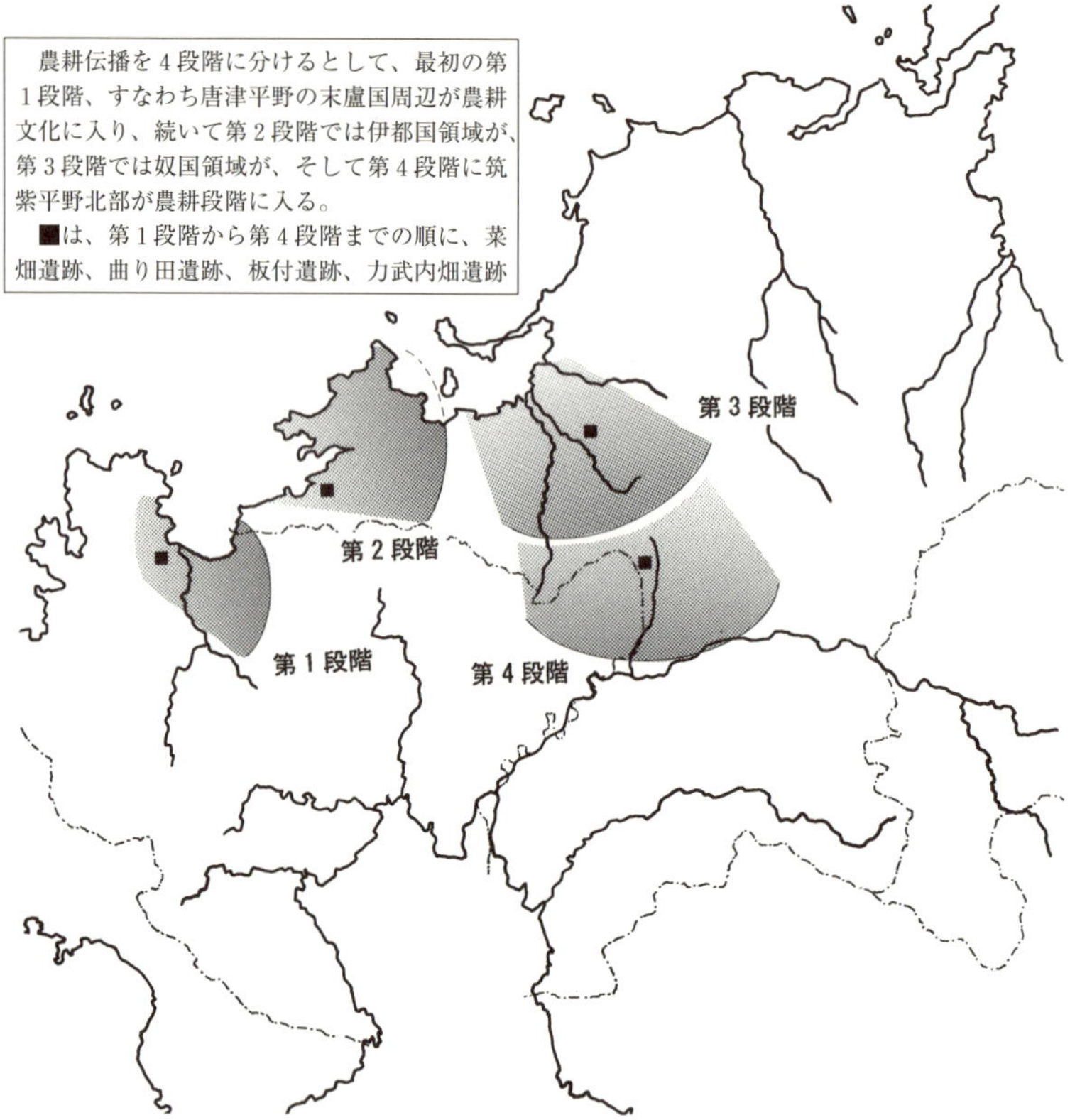

農耕伝播を4段階に分けるとして、最初の第1段階、すなわち唐津平野の末盧国周辺が農耕文化に入り、続いて第2段階では伊都国領域が、第3段階では奴国領域が、そして第4段階に筑紫平野北部が農耕段階に入る。
■は、第1段階から第4段階までの順に、菜畑遺跡、曲り田遺跡、板付遺跡、力武内畑遺跡

図5　農耕文化波及の各段階

発見の期待が高まる。

壱岐は原の辻遺跡の調査が進展しているが、農耕文化開始期の遺跡はよくわかっていない。縄文時代晩期の遺跡は郷ノ浦にある鎌崎遺跡とその南にある名切遺跡が知られるが、現在までには農耕につながる痕跡は見つかっていない（註15）。

次に九州本土を見ると、最初に足を踏み入れるのが唐津市を中心とした唐津平野で、ここには菜畑遺跡がある。菜畑遺跡水田遺構は縄文時代晩期後半でも早い段階の「山ノ寺式土器」である。次に伊都国の領域に入るが、ここには曲り田遺跡がある。曲り田遺跡では山ノ寺式土器に対応する曲り田式土器（古）段階に農耕集落の造営が始まる。最後に奴国の領域に入ると板付遺跡をはじめ、縄文時代晩期夜臼式の単純段階、すなわち夜臼Ⅰ式から始まる水田遺構が発見されている。

『魏志』倭人伝に描かれる奴国から、

さらに南に目を転じると、奴国から狭い地峡帯を越えて筑紫平野に入ったところにひとつの文化圏がある。筑後川以北の筑紫平野と言える。この地域では小郡市力武内畑遺跡、筑前町（旧夜須町）大木遺跡などがある。いずれも板付Ⅰ式と夜臼Ⅱb式土器が共伴する段階である。図5は北部九州の農耕文化の展開・拡大を示したものである。

厳密に見ると、第1段階は末盧国周辺以外では弥生時代早期に入っているとはいえないことになる。また第2段階までは、伊都国以西しか弥生時代早期に入ってないことになる。文化段階を見ると、新しい文化の始まりに傾斜があることは当然である。それを極言するならば、遺跡ごとに農耕に入る段階が違うので、そのような議論は成り立たないと見る向きがあるかもしれないが、農耕文化の特質のひとつとして、平野単位、水系単位で氏族社会から世帯共同体、農業共同体へ発展し、政治・経済・文化、さまざまな面で地域という概念が明確になる点がある。そうした点から、少なくとも平野単位くらいのまとまりをもって、農耕文化の導入をとらえ、その導入の差によって農耕文化開始期に差をつけてとらえるべきではないのだろうか。著者が、この文章で今までのところ、その場に応じて縄文時代晩期後半と表現したり、弥生時代早期と表現したりしてきたのは、一律に縄文時代晩期後半をもって、弥生時代早期と呼ぶことに抵抗があったからである。以後は、縄文時代晩期後半の名称で統一する。

縄文時代から弥生時代への転換は、米が存在したかどうかではなく、水田という生産母体があり、その米を栽培する技術を持った人・集団がいたかどうかということである。この場合、その集団が自ら米を持って来なくとも、すでに日本にあった米を使って、それを栽培することを始めればよいわけである。朝鮮半島からわざわざ農耕具・生活道具を持ち込まなくても身一つ、知識一つあれば農耕は開始できるのである。各地域における農耕文化の開始に、その技術を擁した渡来人が関わったとすれば、少なくともどこでも最初の段階から完成された姿の灌漑農耕技術を擁していたことを説明することに無理はない。

その場合、渡来人がその主体となったことを証明するのに、充分な遺物が出土していないというのが問題になる。最初に玄界灘沿岸部で農耕集落を営んだ集団が渡来系集団であるならば、菜畑遺跡の出土遺物に無文土器をはじめ渡

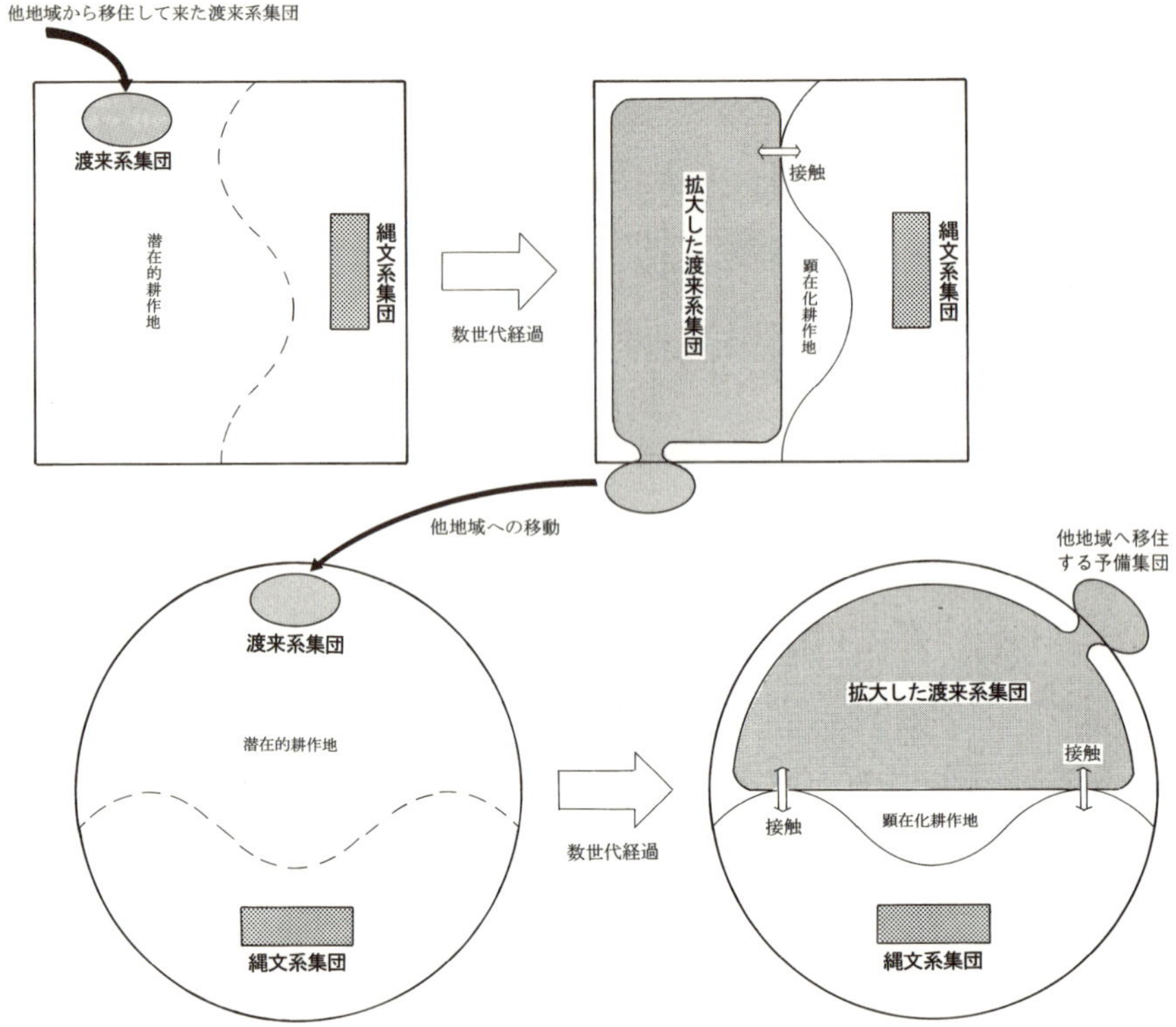

図６　渡来系集団移動のモデル図

来系文物がもっと出土してもよいはずであろうが、主体となる土器群はやはり縄文土器系統の土器で無文土器は検出されていない。最初からその出土遺物にほとんど渡来的要素を持ち合わせないのに、それから内陸に伝わる次の段階以後の農耕集落でそれ以上の渡来的要素の強い遺物の出土を期待するのはもともと難しいだろう。ということになれば、農耕開始段階の渡来系集落と朝鮮系遺物の量の多少とは必ずしも関連しないということになる。

著者は、農耕をもたらした渡来系集団がその生活用具、特に土器においては、在地土器をそのまま使用せざるを得ないような人員・年齢・性別構成の集団、そして、その後の渡来系弥生人の人口比率を飛躍的に伸ばすために、渡来系弥生人の血を強く残すことが可能な集団の存在を考えたい。具体的には女性は土器製作技術を伝承するほどの多さではないが、混血によることなくその子孫を増やすことができるほどの人数の女性を含む集団である。となると、そういう集団は、多数の男性と少数の女性で構成された集団ということになる。

こうした集団でも、一時的に一妻多夫制による婚姻を行なうことによって集団を維持する例が民族例にもある。それは限られた最初の段階だけでよい。というのは、女性が出産する男女比率は、約1：1であるから、次の段階からは一夫一妻制に移行できる正常な男女比を示す。こうして、まずは第1段階に充てられた地域において、潜在的可耕地の開発にかかるが、それが飽和した段階になって、初めて第2段階へと進出を開始するのであろう。それにはどれくらいの時間がかかるかわからないが、五～一〇世代、七五～一五〇年は充分にかかると考えてよいだろう。同様にして、第2段階、すなわち糸島平野でも最初の渡来系集団の子孫が入ってきて、潜在的可耕地の開発を始める。すでに第1段階で人口の急激な増加を見たとはいえ、それでも糸島平野とその周辺の潜在的可耕地を農地に代えて、飽和状態に至るまでにはかなりの時間を要したであろう。仮にこれを三～六世代、四五～九〇年とする。次に第3段階、福岡平野である。ここは前二つの平野よりもはるかに広い。ここではこの平野に最初に入ってきた板付遺跡や野多目遺跡、十郎川遺跡のように、縄文時代晩期に農耕が始まる遺跡ばかりではない。板付遺跡群の多くの地域がそうであるように、板付I式段階から農耕に移行する遺跡も多く見られる。このようにして平野を全体的にほぼ開発し終わるまでに、かなりの時間が求められる。農耕文化は福岡平野を基点として、東へ伸びる動きと南へ伸びる動きがある。このようにして、渡来系集団は進出・飽和・分化そして再び進出を繰り返して弥生文化を西日本各地に急速に広げていった（図6）。

福岡平野を飽和状態にした渡来人集団は南へ進出し、筑紫平野北部三国丘陵に至るが、福岡平野へ最初に進出したときからここまで進出するにも相応の時間がかかったと考えられる。

3　渡来人と朝鮮系無文土器

水田稲作農耕の技術を伝え、運んだのはやはり渡来人であったであろう。たとえば三国丘陵では、力武内畑遺跡のように、突然、整然と区画された水田、灌漑施設、松菊里型住居、収穫具などが板付Ⅰ式段階に整う。これは、福岡平野で飽和状態になって飛び出してきた渡来人集団と思われる。そこに定着した子孫はその文化とともに三国丘陵に拡散していく。彼らが渡来人集団の末裔であったことは、人類学的に弥生時代中期の三国丘陵甕棺墓群人骨の八割が渡来系弥生人であることが証明している。どのように集団を増加・分化させていったのか、その具体的な姿は本書の第三章で述べているので割愛するが、ここでは各地域における農耕文化の担い手が渡来人集団であることを強調したい。

しかし、そうした農耕文化の担い手になった集団が渡来系であることを示す証拠はほとんどないのが現状である。したがって前述したように、その集団が早くから渡来的な遺物を残さなかったと考えるよりほかはない。

そうした中で、渡来集団がどのように移動したのかという問題を考えるヒントになるのが、朝鮮系無文土器・擬朝鮮系無文土器の動きである。土器は祭祀的な遺物とは違って生活に密着する道具である。この存在は、渡来した人間の移動を素直に示している。渡来人およびその子孫の文化・社会などを朝鮮系無文土器・擬朝鮮系無文土器に絡ませて語ることができるのは、朝鮮半島の前期無文土器段階からである。

前期無文土器文化の孔列文土器は、朝鮮半島に見る孔列文土器の様式に近いものが、朝鮮半島に近い玄海灘沿岸を中心に広がり、形が崩れていった新しいものが、周辺地域に拡散することは、かつて論文でも述べたところである（註16）。その段階の渡来人は確かに朝鮮半島の先進的な食糧生産技術を伝えたが、それは水田稲作農耕ではなく畠作だったと考えられる。米もその中で栽培したと考えるのが妥当であろう。各地から出土する米のプラント・オパールもそうして広がった畠作による陸稲の可能性が高い。

朝鮮半島で中期無文土器と呼ばれる松菊里型土器段階が日本における縄文時代晩期から弥生時代前期前半のまさしく農耕文化開始期に重なりを見せる。それをもたらす渡来人が携えた食糧生産技術は水田稲作農耕である。

前期・中期無文土器に共通することは、朝鮮半島から直接もたらされたと考えられるものと朝鮮半島から来た渡来人が作ったであろうと思われるものが玄海灘沿岸部でごく少量認められ、いちばん多いのは、無文土器の擬化したもので、その土器は近畿地方にまで及んでいる。

日本出土の朝鮮系無文土器を見ると、前期・中期の段階でその流入が止まるのではなく、むしろそれ以後の後期に入るとその流入はもっと増加している。松菊里型土器段階の流入に農耕技術を伴っていたことが、日本の社会に大きな変化を与える結果になったが、その後の土器文化にもそれぞれ新しい文化が伴って流入している。一例として後期無文土器段階における青銅器・鉄器生産などである。

幸い後期無文土器段階の朝鮮系無文土器と擬朝鮮系無文土器は、豊富に残っているので、それを頼りに渡来人の動向を見ることができる。

註

(1) 森本六爾『日本原始農業』一九三三年
(2) 日本考古学協会『日本農耕文化の生成』一九七二年
(3) 福岡市教育委員会『板付周辺遺跡調査概報―板付周辺遺跡調査報告書(5)一九七七～八年度』一九七九年
(4) 唐津市教育委員会『菜畑遺跡』唐津市文化財調査報告書第五集、一九八二年
(5) 福岡県教育委員会『石崎　曲り田遺跡―Ⅲ―』今宿バイパス関係埋蔵文化財調査報告第一一集、一九八五年
(6) 中間研志「松菊里型住居―我国稲作農耕受容期における竪穴住居の研究―」『東アジアの考古と歴史』中、岡崎敬先生退官記念事業会、一九八七年
(7) 武末純一『弥生のムラ』日本史リブレット3、二〇〇二年
(8) 大阪府立弥生博物館『弥生文化の成立』一九九五年
(9) 橋口達也「日本における稲作の開始と発展」『石崎　曲り田遺跡Ⅲ』所収、一九九五年
(10) 家根祥多「遠賀川式土器の成立をめぐって」『論苑考古学』所収、一九九三年
(11) 藤尾慎一郎「福岡平野における弥生文化の成立過程　狩猟採集民と農耕民の集団関係」国立歴史民俗博物館研究報告第

七七集、一九九九年
(12) 中橋孝博・永井昌文「福岡県志摩町新町遺跡出土の縄文・弥生移行期の人骨」『新町遺跡』志摩町文化財調査報告書第七集、一九八七年
(13) 藤尾慎一郎「水稲農耕と突帯文土器」『初期弥生文化の成立』一九九一年
(14) 下條信行「井手遺跡」『原始・古代の長崎県』資料編一、一九九六年
(15) 安楽　勉「七五　鎌崎遺跡」「七六　名切遺跡」『原始・古代の長崎県』長崎県教育委員会、一九九六年
(16) 片岡宏二「日本出土の前・中期無文土器」第三回 九州考古学会・嶺南考古学会合同学会発表要旨、一九九九年

第二章　渡来人の拡散と足跡

第一節　海峡を往来する人と土器

はじめに

学史に名高い原の辻遺跡は、平成三年度から長崎県、旧芦辺町、旧石田町（現在は壱岐市）各教育委員会の合同調査によって本格的な調査が実施されている。調査では多数の朝鮮系無文土器・擬朝鮮系無文土器が出土するが、それらの土器が遺跡の特定個所に集中し、国内では珍しく「後期後半」の擬朝鮮系無文土器が存在するなど、その土器を保持する集団が果たしたであろう、日韓交渉の問題を考えるうえで注目すべき点が明らかになった。

まず、日本側の資料として、原の辻遺跡の擬朝鮮系無文土器について検討してみた。続いて原の辻遺跡から出土する擬朝鮮系無文土器と交渉の対象地である韓国側嶺南地方の泗川市勒島遺跡や釜山市福泉洞萊城遺跡などから出土した「弥生系土器」との類似性に注目してみた。それらの比較検討を中心に、両地域にまたがる共通する土器文化の存在について検討することが本論の主旨である。

1　壱岐島と朝鮮系無文土器の調査・研究史

壱岐島は玄海灘に浮かぶ起伏の少ない島である。対馬まで北西へ五〇㎞、本土の東松浦半島までは南南東へ二五㎞の

図7　原の辻遺跡の位置（対馬海峡全域と壱岐島）

距離である（図7）。この島の南東、幡鉾《はたほこ》川流域平野に原の辻遺跡はある。原の辻遺跡は『魏志』倭人伝に記される一支国の中心地と目され、記載された国々の中ではその中心が最もよくわかっている遺跡である。

原の辻遺跡は大正から昭和初期に地元の松本友雄氏の研究（註1）、それに続く鴇田《ときた》忠正氏の研究（註2）以来、多くの調査成果が公表されている。一九五一年から六四年までの間に前後四回にわたって九学会と東亜考古学会によって行なわれた調査では、貨泉などとともに断面三角形口縁甕が発掘されている（註3）。また一九七四年には長崎県教育委員会によって調査された中に一点の断面円形口縁の朝鮮系無文土器が含まれていた（註4）。韓式土器も各調査時に多数出土している。

近年の調査で、弥生時代の壱岐島には原の辻遺跡以外に旧郷ノ浦町車出遺跡と旧勝本町カラカミ遺跡の二つの拠点的な集落遺跡がわかっている（図8）。カラカミ遺跡は一九七七年の調査によって後期前半〜中葉にかけての弥生土器とともに瓦質土器や楽浪系の土器が発掘されている（註5）。この両遺跡は主体が中期後半以後にあって、いずれもそれ以後に大陸系遺物が目立つが、それ以前の段階では出土遺物に卓越したものが見当たらない。小規模な集落として島の北端に旧勝本町天ヶ原遺跡がある（註6）。砂州にできた小集落であるが、ここからは後期前半無文土器段階の土器が発掘されている。

原の辻遺跡は幡鉾川流域の沖積平野にある舌状台地とその周囲の水田に約一〇〇haの広がりを持つ。台地を囲む多重環濠とその内部の大型高床建物などが確認され、発掘調査は継続中である。

図8　壱岐島内の主要弥生遺跡

一九九三年度の調査では台地北東側高元地区の内環濠と台地西側八反地区の環濠から出土した朝鮮系無文土器が武末純一氏の考察を踏まえて報告された（註7）。

一九九四～六年度には台地北側を流れる幡鉾川旧河道の津合橋より西側の遺物堆積層から多量の朝鮮系無文土器が発見された。各地区・遺構の時期は表1のとおりである。遺物量は膨大で、土器以外にも建築部材などの木製品やココヤシ製の笛、石製把頭飾、細形銅剣破片など注目すべき遺物が含まれている。またこの河川改修箇所の南西に接した不條地区で圃場整備の溜池造成に伴う発掘調査が一九九七年に実施され、ここからも多量の朝鮮系無文土器が発掘され、報告によれば総数一一二二点にも及ぶ（註8）。このように朝鮮系無文土器が集中して出土する地域は生活に適

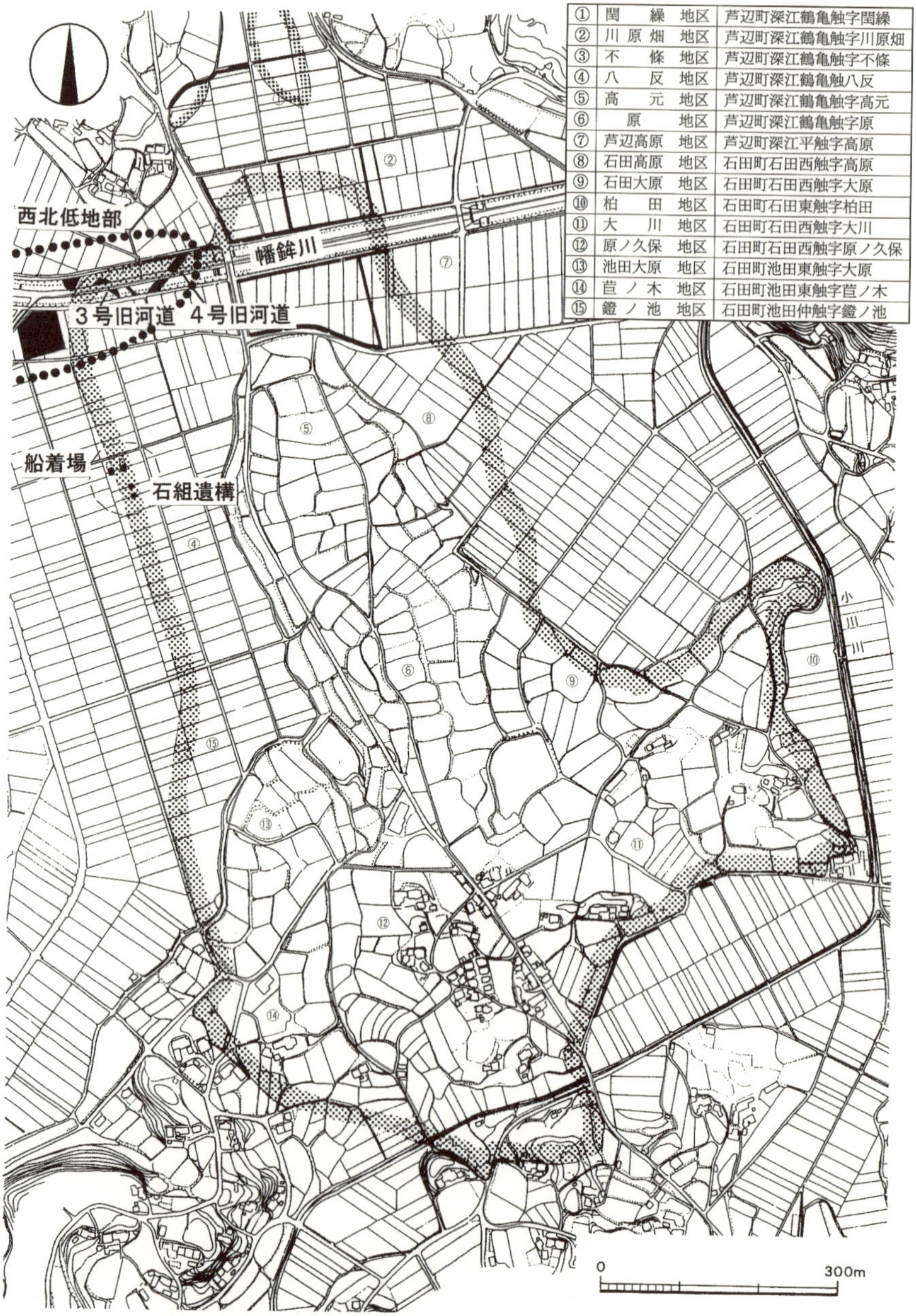

①	閏　　繰　地区	芦辺町深江鶴亀触字閏繰
②	川 原 畑　地区	芦辺町深江鶴亀触字川原畑
③	不　　條　地区	芦辺町深江鶴亀触字不條
④	八　　反　地区	芦辺町深江鶴亀触八反
⑤	高　　元　地区	芦辺町深江鶴亀触字高元
⑥	原　地区	芦辺町深江鶴亀触字原
⑦	芦辺高原　地区	芦辺町深江平触字高原
⑧	石田高原　地区	石田町石田西触字高原
⑨	石田大原　地区	石田町石田西触字大原
⑩	柏　　田　地区	石田町石田東触字柏田
⑪	大　　川　地区	石田町石田西触字大川
⑫	原ノ久保　地区	石田町石田西触字原ノ久保
⑬	池田大原　地区	石田町池田東触字大原
⑭	苣 ノ 木　地区	石田町池田東触字苣ノ木
⑮	鐙 ノ 池　地区	石田町池田仲触字鐙ノ池

図9　原の辻遺跡とその中で朝鮮系無文土器・擬朝鮮系無文土器の集中する地域
(註 27 第 2 図を基に作成)

表1　旧河道地区と時期の対照

出土地区	時　　期
2号旧河道	弥生前期末～後期前半
3号旧河道	前期末から中期後半までであるが須玖Ⅱ式古段階は少なく、須玖Ⅱ式新段階までの土器が多い
4号旧河道CC	須玖Ⅰ式新段階～須玖Ⅱ式古段階
同C　3・4区	前期末～須玖Ⅰ式新段階
同CD4・5区	前期末～中期初頭

した台地上ではなく、むしろ低湿地に近い台地西北側の台地縁辺部である点が注目される。報告書でも「朝鮮半島系の無文土器などは、ため池造成工事の際にも多く出土していて、3号旧河道・4号旧河道に囲まれた地域に半島系の人々や子孫たちが集中して雑居していたことを物語っている」（註9）と指摘されている。図9ではこの地域を黒丸連鎖で囲んで示している。

2　原の辻遺跡の朝鮮系無文土器・擬朝鮮系無文土器の分類・特徴

図10・11にあげた土器は、西北部低地の1～4号旧河道および1号溝出土の資料である。この地点からはまとまった数量で擬朝鮮系無文土器が出土している。まず大きく時期を基準に分けると、「後期前半」無文土器およびそれに対応する段階（Ⅰ類）と「後期後半」無文土器およびそれに対応する段階（Ⅱ類）に分けることができる。そしてⅠ類はそれぞれ朝鮮半島で見られる無文土器そのものから、弥生土器の影響を受ける程度の差によって1～3類に分類し、さらにそのうちの「3類」に分類したものをやはり弥生土器化の程度によってA～Cに三細分した。またⅡ類もⅠ類と同様にほんらいの形状から擬化の進行度合によって1～3類に分けることにした。

〈Ⅰ－1類〉　朝鮮半島からの搬入品か、無文土器を製作し慣れた工人によって製作されたものである。1・6の鉢に見られる外面の縦方向の緻密なミガキは無文土器によく見る特徴的な調整である。口縁の粘土帯には、その成形時の指痕をかすかに残すが、意識としては指痕を残さず断面円形に仕上げている。粘土紐を擬口縁に接合する方法は4・5に見られるように、下端の一ヵ所を指で押圧する方法である。9・10は高杯の杯部であるが、いずれも無文土器の杯部と脚部の接合法をよく示している。つまり無文土器脚はまず棒状のものから裾を広げ、その上端側面から杯部をつけて

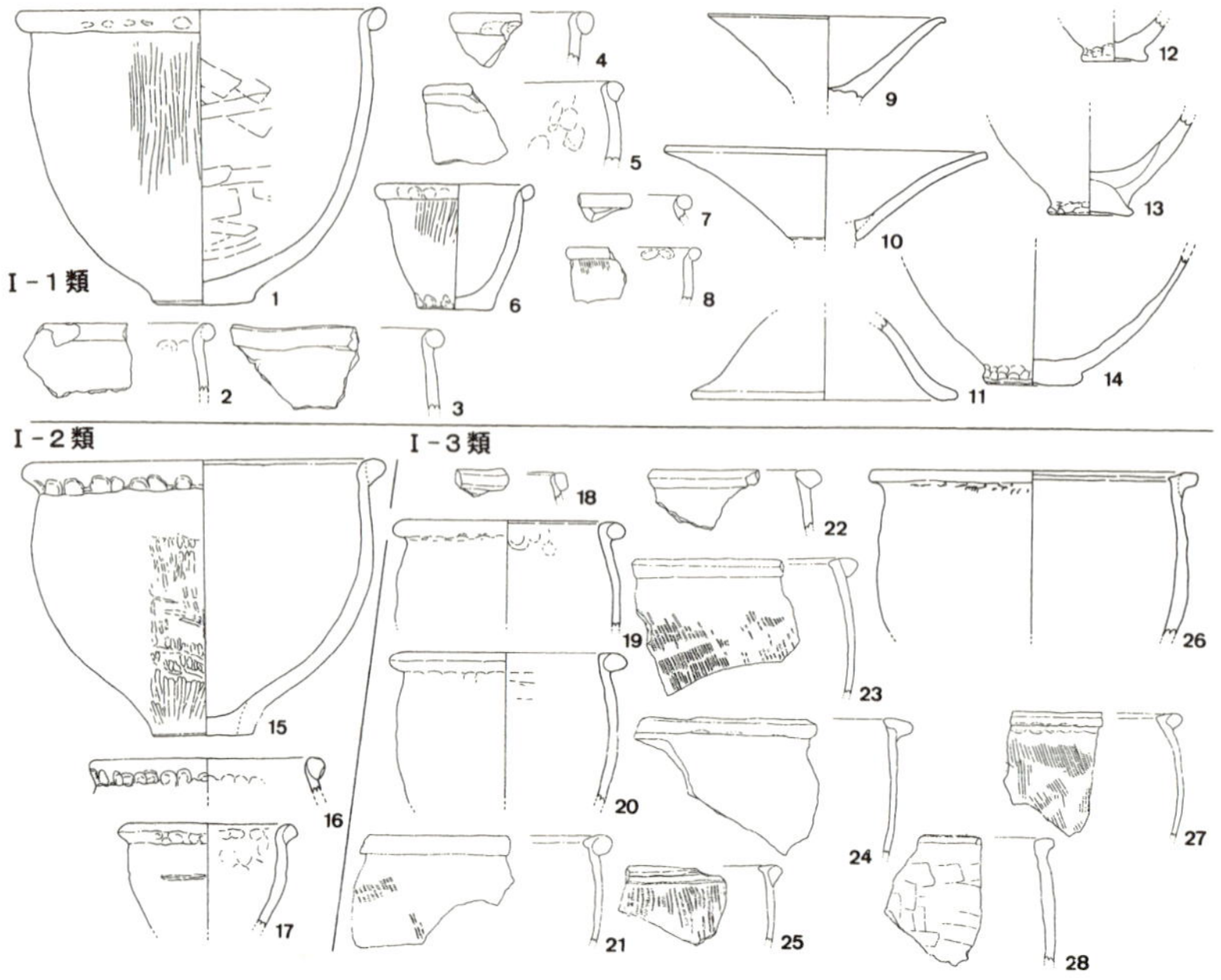

図 10　原の辻遺跡出土朝鮮系・擬朝鮮系無文土器Ⅰ類（1/8）
出土地点　1・3・4～13・15・17・18・26～28（3 号旧河道Ｃ 7・8 区）、14（3 号旧河道Ｂ 8・9 区）、2・16（2 号旧河道）、19～25（4 号旧河道ＣＤ 4・5 区）（土器図は各報告書より転載）
分類　1～14 = 1 類、15～17 = 2 類、18～21 = 3A 類、22～24 = 3B 類、25～28 = 3C 類

いくが、その部分でうまくはずれている。11は土生遺跡などにもある蓋の裾と考えられる。口径も一九㎝弱で無文土器甕に合い、甕口縁と接する箇所の焼け具合や器面が荒れているのと関係があるのだろう。高杯杯部と同じつくりではあるが、内側にびっしりススが付着していて、高杯のような繊細な調整ではないので、それからも蓋と考えた。図示できなかったが、組合式牛角把手も出土している。これは「後期前半」無文土器にしか見られない。把手を接合する際に器面に孔を開けて根元を差し込む痕跡をよく残している。12～14は底部のみの資料であるが、いずれもまず指押さえで裾を少し長めに作り、それから端部を押圧する方法で、これは無文土器に特徴的な技法である。

〈Ⅰ－2類〉　このⅠ－2類をプライマリーな無文土器から弥生土器の影響を受けて擬朝鮮系無文土器への道を踏み出す第一歩と見ることができる。15～17に共通することは、器形・器面調整・粘土帯の接合法いずれをとっても無文土器の技法と全く同じであるが、唯一粘土帯下端を連続的に押圧して粘土紐接合の補強を行なうという点に違いが見られる。無文土器の中にもこのような技法を持つものを見たこともあるが、一般的には認められない技術である。

〈I－3類〉　A：18～21は、明らかに粘土紐接合を行ないながら、その下端の処理が弥生土器のように念が入ったものではないことから擬朝鮮系無文土器の範疇に入れられる。器面の調整も21に一部ハケの使用が認められるが、基本的にはナデ、そして回転台未使用で成形される。大きさ、器形とも無文土器と同じである。粘土紐の上端面を強くヨコナデしているが下端の処理はしない。これらの朝鮮系無文土器はすでに無文土器文化を離れ、かといって弥生土器文化の地域色や特別な発展ともみなしがたく、こういう土器群だけで系列をなす、弥生土器化第一段階の土器と思われる。

B：22～24は、いずれも擬口縁形成後、粘土紐貼り付けが明瞭な一群であるが、A類に比較して、口縁全体のヨコナデが強くなり、口唇内側への凸起もある。これは弥生土器で言えば、中期初頭から前半の城ノ越式～須玖I式土器あたりの影響と見ることができるだろう。この土器群は擬朝鮮系無文土器のうちでも弥生土器文化の影響がやや強く反映する段階と解してよさそうである。

C：25～28は、確かに粘土紐を外側から接合するのにちがいないが、粘土紐下端の接合はやや雑で、すでに口唇も水平に平たくなり、胴部調整にはハケが使用されるなど、朝鮮系無文土器の伝統もかなり失われている。しかしながら、やはり在来の弥生土器とは一線を画すべきものである。下端の処理が未熟な点や、口縁成形時の粘土紐の痕跡を残すなど城ノ越式土器に見られる逆L字状口縁の成形法とは明らかに違っている。これらの土器群は弥生土器製作技術上にありながら、無文土器製作技術の影響を間接的に受けたものと理解している。

以上のI－3類は、その無文土器的要素と弥生土器的要素の融合の度合いから、三細分できるが、それらを時間経過としてとらえるよりも、同時期に土器製作技術の影響力の差が出たもので、その背景には、それを製作する人間集団の性格が反映されているとみられる。

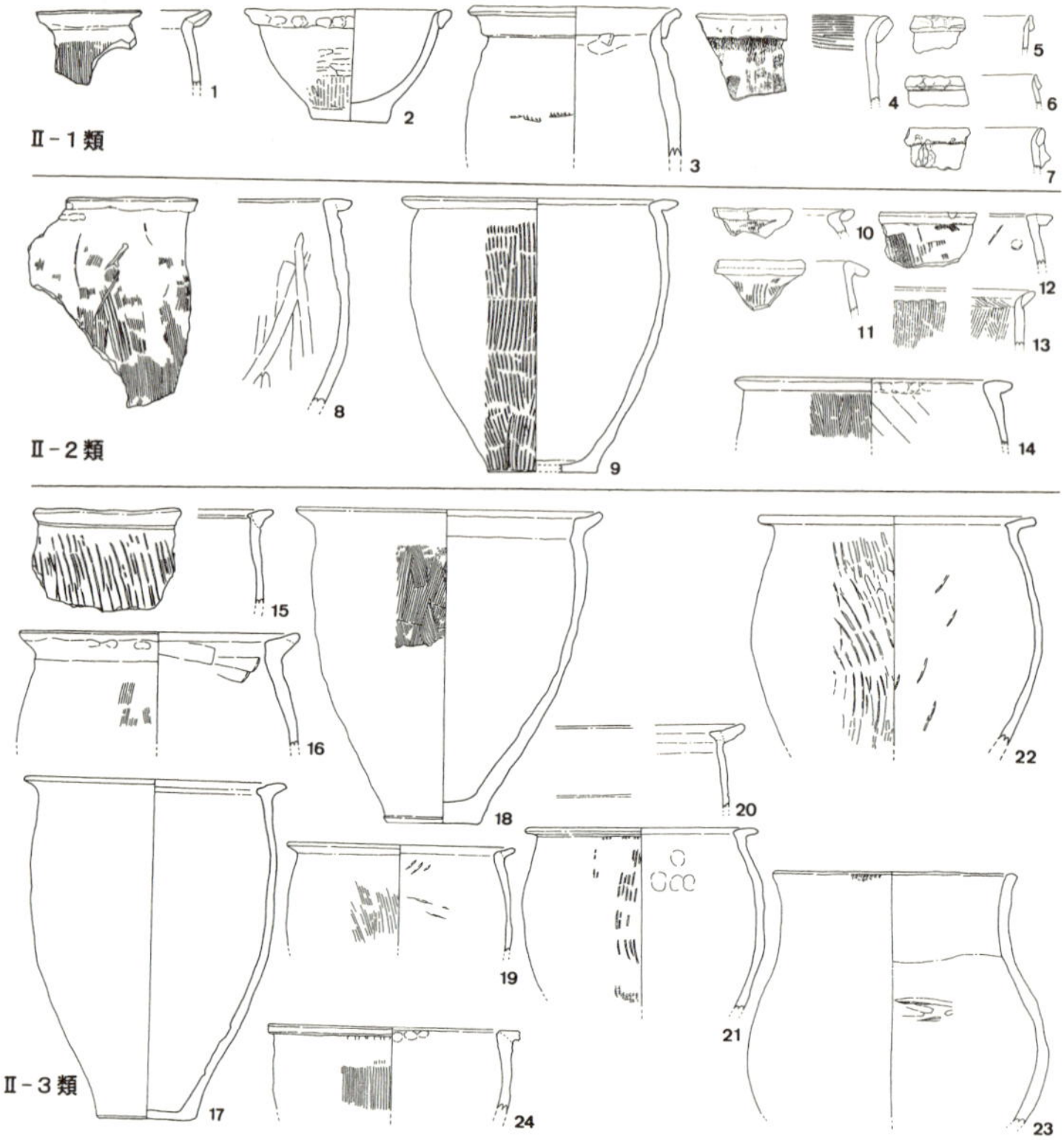

図11　原の辻遺跡出土朝鮮系・擬朝鮮系無文土器Ⅱ類（1/8）

出土地点　1・8・9・15・16・18（1号旧河道土器溜）、2・4・10・11・13・14・22（3号旧河道C 7・8区）、3・24（3号旧河道B 8・9区）、5～7・19～21（4号旧河道C D 4・5区）、12（2号旧河道）、17（1号溝）、23（4号旧河道C 6区）（土器図は各報告書より転載）

分類　1～7＝1類、8～14＝2類、15～24＝3類

Ⅰ類土器は、その形状から抽出したに過ぎず、それが出土する各地点の時期は次に記すとおりである。いずれの出土地点も上限が前期末まで上るという範囲で押さえられるにとどまり、出土遺物が短期間に限定される良好な条件を持つものはない。

Ⅱ類を説明する前に出土地点について確認しておこう。ここでは調査地点ごとに共伴する弥生土器によって時期幅が押さえられる。3号旧河道は弥生前期末～中期後半（須玖Ⅱ式古段階）、4号旧河道は弥生前期末～中期末（須玖Ⅱ式新段階）、1号旧河道は中期後半～後期初頭、また一九九六年度調査の1号溝は弥生時代中期後半～後期初頭となる。ここでは、所属時期が中期後半～後期初頭に限定された1号旧河道と1号溝出土の資料から先に述べていくことにする。
〈Ⅱ－1類〉 本来の「後期後半」無文土器がこの1類に該当する。時期が限定される土器は1のみである。焼成も赤褐色に堅緻で弥生土器とは異質な感じもする。粘土帯貼り付けはやや貧弱で、粘土帯貼り付けの下端の処理がややきついが、この程度の崩れなら朝鮮半島の中でも見ることができるので、ここでは1類に分類しておく。
〈Ⅱ－2類〉 「後期後半」無文土器疑化の第一段階のものである。ここでは8・9が該当する。いずれも粘土帯を外側から貼り付けた下端の処理がまだ未熟である。Ⅰ－2類にもこのように口唇が短いものもあるが、それよりも上端の平面がはっきりしてくる。時期も前述のように限定される共伴資料から「後期前半」の時期まで上がるとは考えられず、「後期後半」無文土器の要素が入ったものと考えた。
〈Ⅱ－3類〉 無文土器の要素がまだかなり残されているⅡ－2類段階よりもさらに弥生土器との融合が進行した段階のものである。15～18が該当する。17は、内側への突起もあり鋤先状口縁をなすが、幅が狭く傾斜も急である。15・16・18は、いずれも口唇下端がヨコナデで調整されてしまって、図化しただけでは、無文土器との共通点がわかりにくいが、外側からの粘土帯貼り付けが断面観察でわかり、その接合方法と調整方法も特徴がある。口唇は全体に短く、斜め上方向に先端が尖りぎみになる。これらは定型化する須玖Ⅰ式土器甕の口縁整形にあっては、かなり特殊で、極端に違う時期の土器の混ざり込みでない以上、どうしても無文土器との接触で生まれたものとしか理解できない。
このようにして、弥生時代中期後半から後期初頭の時期に限定された資料の中に「後期後半」無文土器の擬化したものが存在することが明らかになれば、次に時期的に明瞭でない資料のうちにも、そうした資料が含まれていないか、再検討する必要が出てくる。旧河道のうち2号旧河道は弥生時代前期末～後期前半、3号旧河道は弥生時代前期末から中期後半までであるが須玖Ⅱ式古段階は少なく、須玖Ⅱ式新段階の土器が多いとされ、4号旧河道はC2区が須玖Ⅰ式新段階～須玖Ⅱ式古段階、C3・4区が弥生時代前期末～須玖Ⅰ式新段階、CD4・5区は弥生時代前期末～中期初頭とされる。したがって2～4号旧河道は「後期後半」無文土器段階に相当する弥生時代中期前葉から後葉以外の時期も含まれているので、土器の器形などをみて抽出することになる。それらの遺構から出土した土器を先のⅡ－１～３類に対応させてみよう。

〈Ⅱ－１類〉まず２・３は間違いなく「後期後半」無文土器で朝鮮半島のものと差がない。いずれも「後期後半」無文土器の特徴をよく示している。５・６は薄手の小型品で直径は一〇㎝を少し越す程度になるだろう。甕ではないが鉢や壺把手も出土している。

〈Ⅱ－２類〉こうしたプライマリーな無文土器に引き続いて10～14のようなものが現われる。これは、時期の確定できる８・９と同系統のもので、上端は須玖式土器の影響を受けて平らに整形する意識が現われるが、接合部下端の調整が未熟で須玖式土器ほどていねいなものでない。

〈Ⅱ－３類〉そして最後の段階である。19～22は前述したとおり下端の処理もていねいになっているが、幅広い平坦面をなすことはなく、先端が尖りぎみに作られ、粘土紐接合とその成形によるつくりが認められるものである。20のように、内側の凸起を意識しているものもある。これは須玖Ⅱ式土器の模倣であろう。甕ではないが23に図示したような壺がある。把手はないが、その器形は無文土器のものである。組合式にならない把手が別に出土していて、こうした壺に付くものである。

この他に24のような口唇端を水平に近く小さなコ字状に整形し幅の狭い平坦面をなし、口唇端も平らに整形されるものがある。この土器の焼成・色調は灰褐色を呈し、異質な感じを受ける。この特徴は原の辻遺跡からも出土している楽浪系土器口縁にも似ることから、その影響も考えられるので、今後注意を喚起したい。

従来日本国内では断面円形口縁に代表される「後期前半」無文土器の擬化が認められるものは多いが、弥生時代中期前半から後半に併行する「後期後半」無文土器が弥生土器との接触によって変化した擬朝鮮系無文土器の存在は認められていなかった。そういう点では、原の辻遺跡ではこの「後期後半」無文土器段階の擬化した資料が抽出でき、現在のところ、国内でも唯一その段階の擬朝鮮系無文土器が確かな形で認められる点で注目される。

3　原の辻遺跡出土擬朝鮮系無文土器の特徴

以上のように朝鮮系無文土器の擬化について探ってきたが、擬化の過程は規則性が認めにくく、必ずしも一様ではない。これらの土器群が必ずしも共通の製作技術を持って作られているとは見なしがたい。土器製作が社会規範に制約された弥生社会にあっては特殊なことである。どうして原の辻遺跡では一見奔放なようにも見える、こういう現象が起こるのか、その理由を考えると次のようにまとめられる。

（1）朝鮮系無文土器の情報が刻々と伝わっているためにベースとなる無文土器が一定しない。

（2）前段の擬朝鮮系無文土器製作技術の伝統も残っていて、技術的系譜が錯綜している。

（3）受け入れる原の辻遺跡側の弥生土器の基盤がしっかりしていない。北部九州の弥生土器文化をベースにしながら東九州や瀬戸内からの影響も見られる。

朝鮮系無文土器の擬化は「後期前半」段階のものが弥生時代中期初頭から前葉にかけて佐賀平野で顕著に認められるが、佐賀平野でのその変化が段階的にスムーズであるのとは対照的な変化である。代表的な例として土生遺跡と比較すれば、その違いはより明確になる。

土生遺跡では、「後期前半」無文土器流入後、無文土器に関する情報は無いか極めて少ないので、変化の基になる朝鮮系無文土器が「後期前半」期のものとはっきりしているうえに、土生遺跡周辺の佐賀平野では在地弥生土器に対して周辺地域からの影響が比較的小さく、朝鮮系無文土器と対比する弥生土器の編年が一貫したものである（註10）。

このような理由から原の辻遺跡において、「後期後半」段階の擬朝鮮系無文土器を土生遺跡のように系統だって説明することはむつかしい。これは原の辻遺跡が各時期を通して朝鮮半島からの土器文化の影響を常に受けていて、その特異な立地環境にあるゆえに起こる問題であり、その背景に玄海灘を越えた人間の移動が継続的にあったことを考えておかなければならないだろう。

原の辻遺跡からこの擬朝鮮系無文土器とともに出土する弥生土器はその形態から見ると、地理的に最も近い糸島半島・唐津周辺といった玄界灘沿岸部のものに似たものであることは当然といえるが、そうした土器の多くが島の中で生産されていたことは、その出土量から見れば疑いない。このことは壱岐島が基本的には弥生土器文化の一角をなしていたことを示している。そういう意味ではいくら量が多いとはいえ、やはり擬朝鮮系無文土器は異質な土器文化の産物であったと考えてよいであろう。

それでは、擬朝鮮系無文土器を営んだ集団はどのような性格を持った集団であったのであろうかというのが、次のテーマである。

4　朝鮮系無文土器・擬朝鮮系無文土器からみた原の辻遺跡の対外交渉

圧倒的に朝鮮系・擬朝鮮系無文土器の出土が多い西北低地部の性格を考えてみたい。「後期前半」段階の朝鮮系無文土器が集中する場所は、溜池とその北の4号旧河道である。出土土器には明らかに朝鮮系無文土器に含まれるものもあればその擬化第一段階のもの、そしてその影響が薄れていく様々な過程のものも含まれる。器種として鉢、壺、高杯、椀、蓋など各種が揃い、朝鮮半島土器文化の影響を強く受けていることが窺える。4号旧河道と東隣りの3号旧河道からは、続いて「後期後半」無文土器も出土し、擬化されたものも多い。これらの朝鮮系無文土器に共伴する弥生土器の幅は弥生時代前期末から中期後半が主体である。前期末前後に渡来した人々の居留地がこの周辺にあったこと、そこに一時的ではなく継続的に居留地が営まれていたことを示している。環濠に象徴される内部の中心集落に対し、この一画は原の辻遺跡の首邑とは一線を画した地区と見ることもできる。この居留地はある時点までは交渉の拠点、さながら港市都市のような場所になっていたと考えられる。西北低地部の南にはその時期の船着場も発見されている。一方、環濠およびそれに囲まれた内部の中心集落でもまばらに無文土器が出土することが知られているが、これはその集団が本体の弥生集落に依存し、そこと交渉を持ちながら暮らしていたことを示す。弥生時代には壱岐島を舞台として、九州から朝鮮半島を交易圏として活動する集団がいたことが想像されるが、そうした集団こそ原の辻遺跡西北低地部に集住し、朝鮮系無文土器および擬朝鮮系無文土器を日常的に使っていた集団ではないだろうか。

原の辻遺跡で朝鮮系・擬朝鮮系無文土器が出てくる段階、すなわち弥生時代中期初頭から後半にあたる時期に、韓国泗川市勒島遺跡や釜山市福泉洞莱城遺跡などで弥生土器系統の土器が多量に出土する。その土器はそれぞれ、弥生時代中期初頭〜後半、弥生時代中期初頭〜前葉に相当する段階の土器である。韓国側研究者からは、無文土器化した弥生土器で、日本からの移住者の土器とする考えも示されている。今回明らかになった原の辻遺跡出土の擬朝鮮系無文土器はそれらの土器に酷似している点が注目される。朝鮮半島側でも日本海峡を舞台にその交渉に関わった集団がいたであろう。そうした遺跡から出土する土器が、弥生土器と無文土器の双方からの土器製作技術を絶えず受けるため独自の様式を確立できず、そのためどちらの土器文化にも系統づけられない土器になったことは想像に難くない。

この交渉の場となったであろう地区は、弥生時代中期末〜後期の始まりを境に衰退する。このことは対外交渉の実際を担った集団が環濠内にとり込まれたとも、あるいは実際の担い手が直接環濠内の集団に移ったとも考えられる。いずれにせよ弥生時代中期中頃以後、原の辻遺跡における交渉の仲介者たちが果たした日韓交渉の質は、政治的干渉の少ない未熟な経済交渉のレベルからクニ外交を背景にした経済交渉へと変化していったのではないだろうか。原の辻遺跡内部でのこうした動きが、交渉の質の変化を物語るものと理解してはどうだろうか。

5　韓国嶺南地域弥生系土器との関連

弥生時代中期初頭から前葉は、朝鮮半島南部の無文土器時代「後期前半」から「後期後半」への移行期に相当する。この段階に日本の弥生土器系統の土器（以下「弥生系土器」という）が多量に出土している。現在までに知られているそうした弥生系土器は何度か集成・報告されてきた（註11）。弥生系土器の出土遺跡は、慶尚南道の釜山広域市を中心として、北は梁山下北亭遺跡、西は泗川市勒島遺跡におよぶ一五遺跡を把握している。

これらの遺跡から出土する弥生系土器のうち、原の辻遺跡との関係から注目される泗川市勒島遺跡と釜山市福泉洞萊城遺跡、金海大成洞焼成遺跡の例を具体的に見てみよう。

まず、泗川市勒島遺跡であるが、この遺跡は二〇〇四年から二〇〇五年にかけて、島を結ぶ架橋建設に伴って、大規模な発掘調査が行なわれている。その成果の中には多量の弥生系土器出土もあるが、その新資料も徐々に公開されるであろう。それ以前の調査でも日本との土器文化の交渉を知るうえで多大な成果が得られている。古くは、申敬澈氏により紹介された表採資料（註12）があり、その後釜山大学校によって一九八五年と一九八六年に発掘され、一九八九年に『勒島住居址』として正式報告（註13）された資料に多量の弥生系土器の含まれている点が注目された。同じ調査のⅡ地点の資料は、Ⅴ層を中心にその一部が徐姈男氏によって発表されている（註14）が、ここでは層位による分類が可能となる。

勒島遺跡Ⅱ地点は傾斜角一八度程度の貝塚で、その岩盤の上に腐植土層・混貝土層などが六層にわたって堆積している。図12は出土した土器のうち弥生系土器を土器形式と出土層位の関係で図化したものであり、その上層から出土した土器のうち公表されていない資料を図化・公表させていただく機会を得たものである（註15）。図の層位がわかりづらくなっているが、これは土器の注記をそのまま横並びにしたもので、細かいところでは層の検討が必要ではあるが、基本的な層序が変わることはない。

このうち図12－1・7はすでに徐姈男氏により公表されている（註14の図面Ⅱ2・3）ものである。7は後に筆者が傾きに問題があると指摘したもので、口縁が水平になる須玖Ⅰ式土器の可能性が高いと指摘していた（註11イ）が、ここでは原図ではなく、許可を得て、筆者の修正した図として掲載しておく（原報告では層位をローマ数字で表わすが、ここでは普通の数字で示している）。

このⅤ層については、安在晧・徐姈男氏により、出土する無文土器の報告と分析が加えられた。共伴する断面円形無文土器と断面三角形無文土器との諸要素に共通性が認められ、両者の継続性を認めながら、同時にそれが弥生土器編年

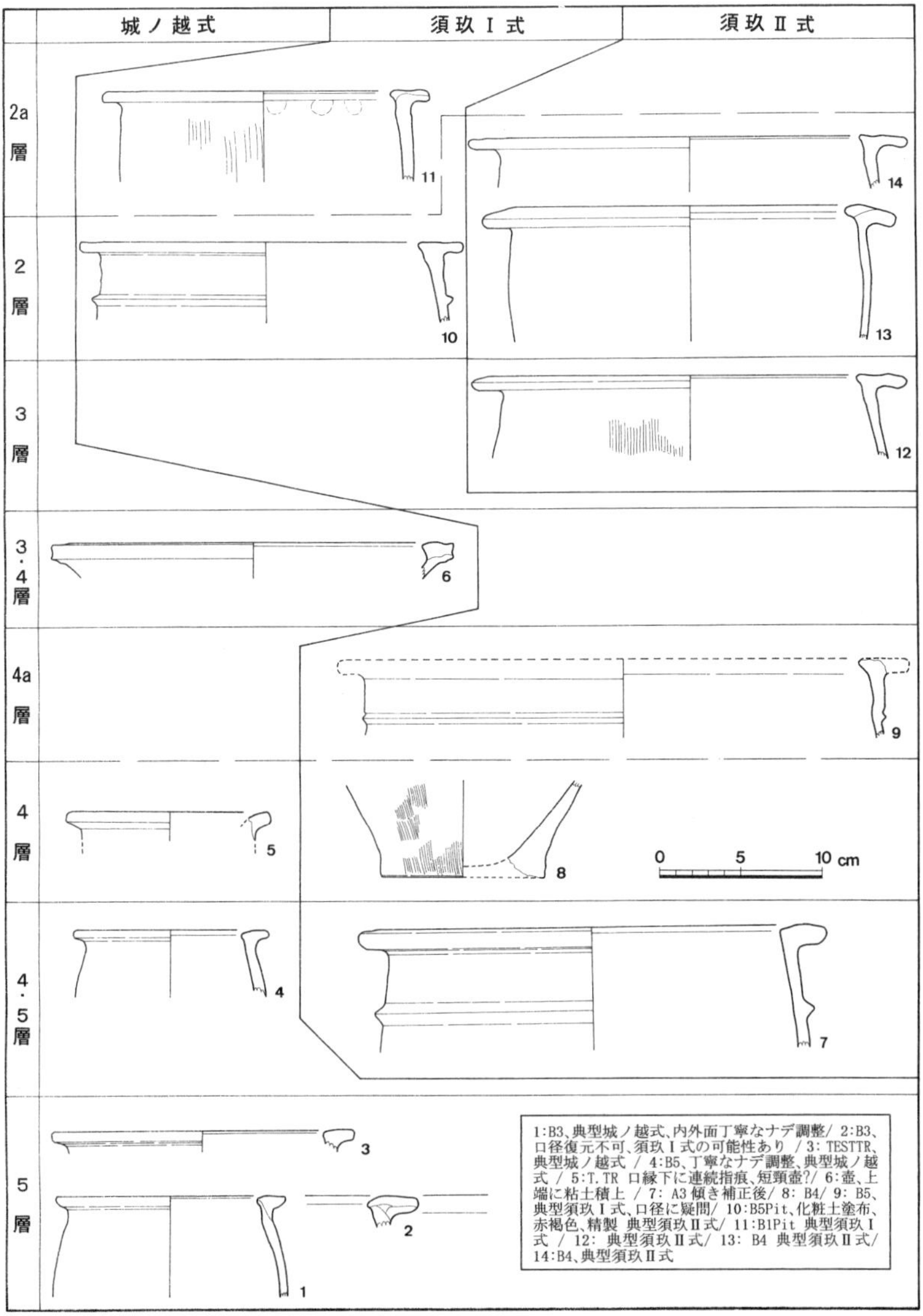

図12　勒島遺跡Ⅱ地点出土弥生系土器と層位の関係
（土器図は片岡実測・作図）

上の中期初頭城ノ越式土器段階にあたり、その時期に三角形粘土帯土器（「後期後半」）が出現しているとする（註16）。著者はこの意見に対して、7の土器をもって須玖Ⅰ式段階まで幅を広げたほうがよいと考えた（註17）のであるが、図のように7の土器がⅤ単独層ではなくⅣ層にまでかかった出土地点であるとなると、元に戻ってⅤ単独層は城ノ越式土器段階とする点に問題はなくなる。今回図示した土器についてもⅤ層出土土器は、口縁形状が逆L字状に未発達な段階で、弥生時代中期初頭に属する城ノ越式土器である。その直上Ⅳ・Ⅴ層にも城ノ越式土器は見られる。同時期に見られる外反した口縁の上端に狭い粘土紐を重ねる壺口縁もあるが、これはⅢ・Ⅳ層からの出土である。次に逆L字状口縁をなすが、内側への突出が無い中期前葉から中葉にかけての須玖Ⅰ式土器はⅣ・Ⅴ層およびⅣ層から出土しているものが上限である。最後に口縁形状が内側に突出して、外に長く伸びた須玖Ⅱ式土器はⅣa、Ⅲ、Ⅱ層から出土する。

このように層位のわかる報告例だけを見ても、おおむね下の層から順次古い様相の土器が出土していて、時間の経過とともにそれに含まれた土器が連続的に埋もれたことが理解できる。その時間幅は弥生時代中期初頭城ノ越式期から中期後半須玖Ⅱ式期までであって、継続的に弥生土器が入ってくる交渉が存続していたことが知られる。その背景に日本海を挟む両地域間の人間の移動があったことを指摘しておきたい。

福泉洞萊城遺跡は、一九八九年に長方形の住居跡とともにその覆土と周辺から多くの弥生系土器が出土している（図13）。無文土器はごく少量に過ぎない。それらの特徴は、いずれも未発達な逆L字状口縁で、報告書では城ノ越式土器段階から須玖Ⅰ式土器段階という見解を示す（註18）が、この点は著者も同感である。仮に弥生時代中期初頭段階であれば、同時期の日本国内にはまだ如意形口縁が存続しているので、その「模倣」がないのはおかしく、如意形口縁が消失した須玖Ⅰ式段階に並行するという批判（註19）もあるが、これが「模倣」ではなく、土器製作者の「選択」であるならば、必ずしも全器形を「模倣」する必要もないわけで、事実、そこからは甕以外の器種の弥生系土器は選択していない。

河仁秀氏は萊城遺跡から出土した弥生系土器は土器全体の九四％を占め、日本北部九州の弥生土器と形式あるいは調

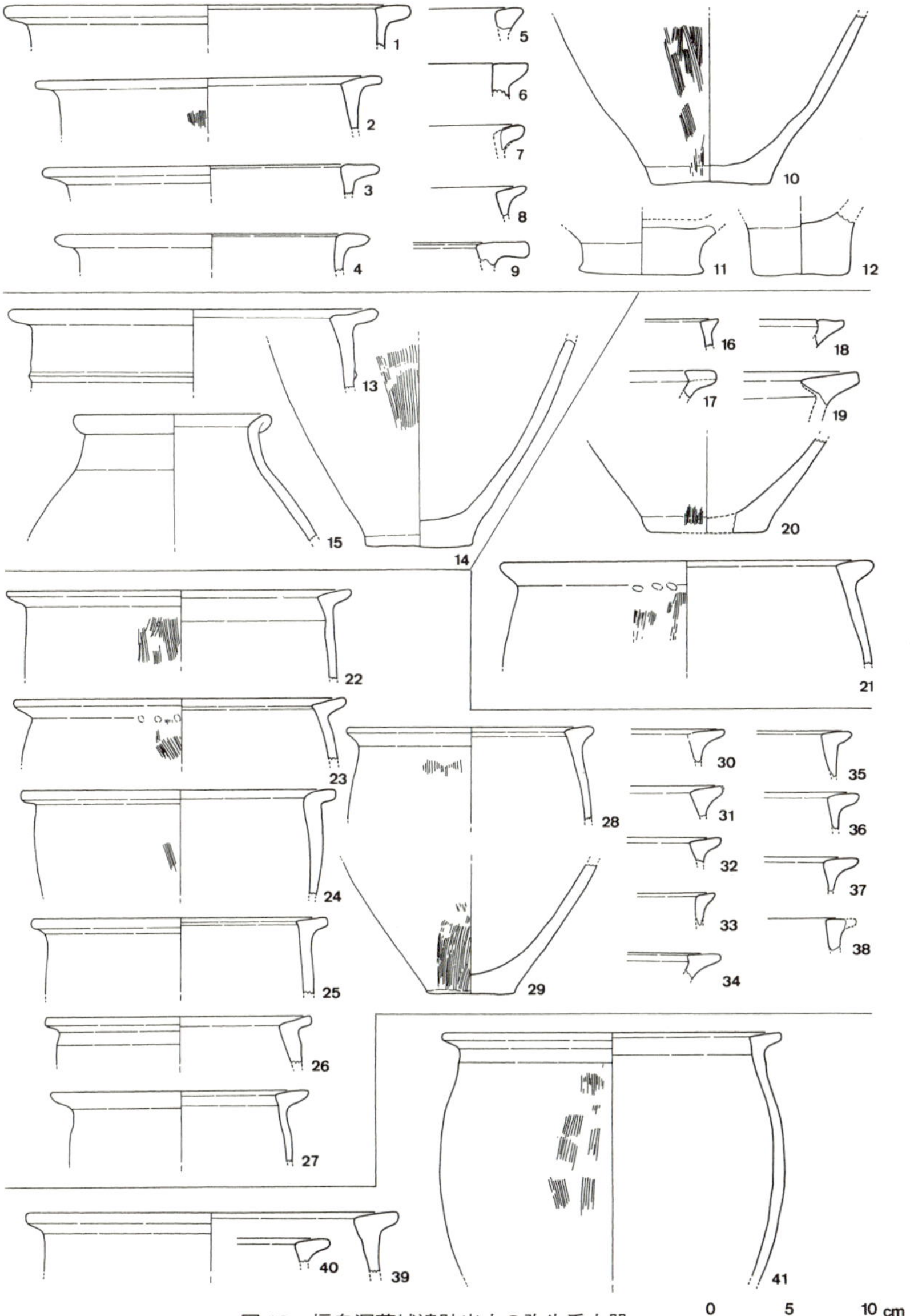

図13　福泉洞萊城遺跡出土の弥生系土器

1～12：1号住居跡、13～15：1号住居跡覆土、16～19：4号墳周辺、20・21：2号墳周辺、22～38：5号墳周辺、39～41：9号墳周辺（土器図は註18より転載）

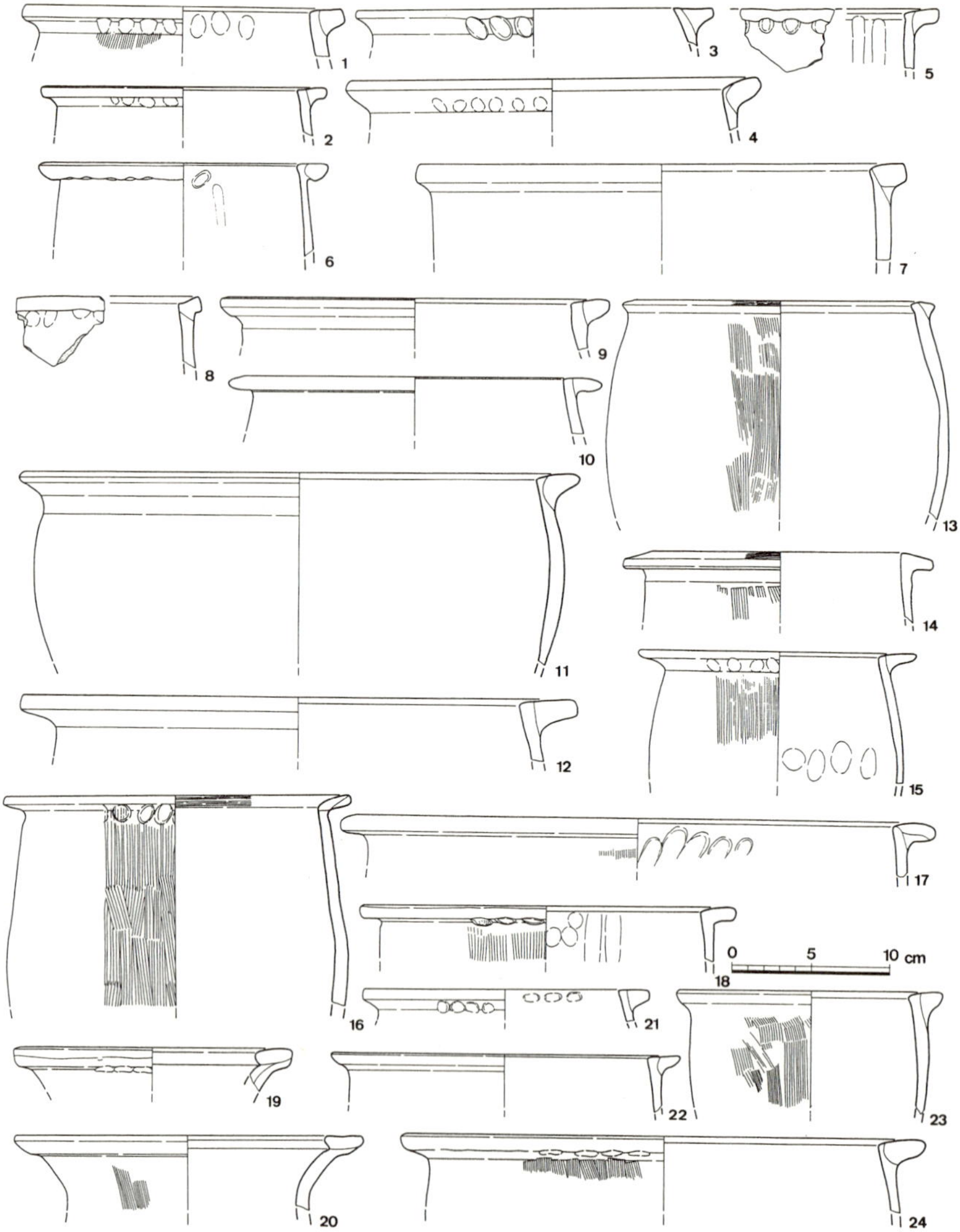

図 14　金海大成洞焼成遺跡出土弥生系土器
1 ～ 20：焼成遺構、21 ～ 24：表採（土器図は註 21 より転載）

整方法などにおいて、同一の特徴を見るとして、莱城遺跡の弥生式土器は当時莱城遺跡に居住した弥生人たちが、直接製作したとみるほうがよいと解釈した（註20）が、著者もそれを観察する限りにおいて、少なくとも北部九州本土地域から持ち込まれた城ノ越式、須玖式土器と認定することはできなかった。土器の動きは「文化交流」という抽象的な次元を越えて、海峡を越えた具体的な人間の移動を示している。そうした土器を製作した集団は、日本列島でも朝鮮半島でも「彼の地の異人」ととらえられたのではないだろうか。

申敬澈・河仁秀氏は、勒島遺跡と莱城遺跡における弥生系土器生産主体の問題について次のように述べている。

両氏は勒島遺跡の弥生土器は搬入品と考え、莱城遺跡の弥生土器は交易あるいは対外交渉のために居住した弥生人たちの製作によるものと考えた（註11ア）。これは全土器に占める弥生系土器の割合が、勒島遺跡八％に対し、莱城遺跡九四％である点、勒島遺跡の無文土器には弥生土器の影響があまり顕著でなく、逆に弥生系土器はプライマリーなものが多いのに対し、莱城遺跡の弥生系土器はプライマリーなものがないという点などからである。図12を見ても、勒島遺跡には継続して弥生土器がもたらされ、それらが北部九州弥生土器編年に位置づけても違和感ないことから、この指摘は正しいことを証明している。

さらに、金海市金海大成洞焼成遺跡でも、同様の弥生系土器が多量に出土して注目を集めた（註21）。図14に示す土器群は限られた土器の持ち込みではなく、一連の製作技術に裏づけられた土器として認識できる。この点では福泉洞莱城遺跡のものに共通している。

報告書で記されるところでは、それらの土器は完全な弥生土器とは認識されず、在地の無文土器製作者の模倣か、日本からの移住集団かその子孫により製作された可能性を示している（註22）。焼成遺構出土全土器量のうち弥生系土器は、三三％を占めていることからも、著者は後者の意見のように、人間の動きを介在させて理解したほうが妥当だと考えている。

形状は概して未発達な逆L字状口縁とでも表現されるものである。それらの土器の製作時期は、報告書では城ノ越式土器段階となされている。しかし、口唇が水平に長く伸びた形状や明らかな平底となる底部の形状を示すものが多く、これを弥生土器の影響とみるならば（みなさざるを得ないだろうが）、須玖Ⅰ式土器段階にまで下げて考えるほうが妥当であるように思える。焼成遺構に伴う無文土器も断面三角形粘土帯土器のほうが多く、そうした点でも、莱城遺跡よりも後出するものである。

6　原の辻遺跡出土擬朝鮮系無文土器と韓国出土の弥生系土器

今回、原の辻遺跡の擬朝鮮系無文土器を丹念に見ていくと、海峡を挟んだこの地の土器の中に土器製作技術や形態、所属時期において、韓国出土の弥生系土器とさまざまな特徴で類似した土器が存在する点が注意された。前稿では韓国出土の弥生系土器と原の辻遺跡出土の擬朝鮮系無文土器との関連を指摘するにとどめていた（註11オ）が、その後、もう一度調査する機会を得て、その思いを強くしたところである。

前述した韓国内の莱城遺跡は、城ノ越式土器〜須玖Ⅰ式土器段階であるので、時期的には原の辻遺跡のⅠ類とⅡ類にオーバーラップしている。金海大成洞焼成遺跡の弥生系土器は、須玖Ⅰ式段階の土器が多くを占めていると考えられるので、原の辻遺跡のⅡ類との比較が可能になってくる。

それぞれに比較する資料は、原の辻遺跡Ⅰ類・Ⅱ類ともにその2類と3類に分類した擬朝鮮系無文土器である。

莱城遺跡出土弥生系土器のうち図13－21・28などのように口縁が短く断面が三角形になり、調整が珍しくハケによるものは、原の辻遺跡Ⅱ－2類、特に図11－9・14などに類似点が認められる。またやや口縁が伸びたもののうち、図13－41のように口縁内面にも強い横ナデが施されるものは、原の辻遺跡Ⅱ－3類にあげた図11－21にその調整・器形など特徴が極めて似ていることに驚く。図13－22・23のように口縁が内側に傾斜してくるものも多く見受けられるが、これなどは原の辻遺跡Ⅱ－3類図11－15〜17にその特徴が似ている。

一方、大成洞焼成遺跡のほうでは、やはり断面三角形になるタイプもあるが、たいがいは莱城遺跡のものに比較して口縁が外側に伸びる傾向が強い。その中でも図14－10のように比較的薄く均厚に外反するものは、須玖Ⅱ式土器の口唇が長く伸びたものの影響とみなせるだろう。それに対応するのは図11－22のような土器である。図14－7・8のように短くコ字形になる口縁は図11－24に共通するものか。

土器の胎土がよく問題になるが、いずれの遺跡でもその報告書の中で述べられているように、原の辻遺跡であれば擬朝鮮系無文土器、嶺南地方であれば弥生系土器が在地土器と胎土だけで識別できるほどの違いはない。著者も一通り実見して、同じ意見である。

さて、以上のように、壱岐原の辻遺跡と対馬海峡をはさんでその対岸の弥生系土器を出土する遺跡を見てみたが、双方でそれぞれ、これは「向こう系統の土器だろう」と呼び習わしている土器群を比較すると、それだけで一つの共通した土器製作技術に基づく、概括化可能な土器様相を呈すことがわかった。これらの土器群の分布は現在のところ、南は壱岐原の辻遺跡、北は梁山下北亭遺跡（註23）まで確認できるが、これらの土器に対して、様式名を設定できるくらいの意義を認めることができるのかどうか、これからさらなる検証が必要になってくる。

おわりに

一九九一年度から本格的な発掘調査が行なわれている原の辻遺跡では、調査の次数を重ねるたびに大陸系遺物が大量に発見され、まさに朝鮮半島と北部九州の中継地であったことを再認識させられる。青銅器・木器といった特殊遺物もさることながら、日常的に使用された土器に、大陸からの持ち込み、あるいは模倣したものが、一定の範囲の中で数多く発掘されているところに注目してみた。

原の辻遺跡西北低地部では、「後期前半」段階の朝鮮系無文土器と、その擬化第一段階のもの、そしてその影響が薄れていく様々な過程のものも含まれ、器種も鉢、壺、高杯、椀、蓋など各種が揃う。さらにそれに後続して「後期後半」無文土器も出土し、やはり擬化されたものも多い（註24）。その時期の船着場も発見されている（註25）。逆に、環濠およびそれに囲まれた内部の中心集落での朝鮮系無文土器・擬朝鮮系無文土器の出土はそれに比較すればきわめて少量である。こうしたことから、前期末前後に渡来した人々がこの周辺に集住し、そこに継続的に居留地が営まれていたと考えた。そしてこの居留地を当時の交渉の拠点、「港市都市」的性格のものと考えた。そして、この地区は弥生時代中期末〜後期の始まりを境に衰退する。このことから対外交渉の実際を担った集団が環濠内にとり込まれたとも、あるいは実際の担い手が直接環濠内の集団に移ったとも考え、その変化を政治的干渉の少ない未熟な経済交渉のレベルからクニ外交を背景にした経済交渉へと変化していったのではないかと理解した。

その交渉を担った人々に共通する土器文化として、原の辻遺跡出土の擬朝鮮系無文土器と朝鮮半島南部地域で発見される弥生系土器の類似性に着目し、海峡を往来した人々の存在を考えた。

今後は対馬の土器が注目される。対馬では二〇〇二年三根遺跡山辺区と井手遺跡で戦後初の日韓合同調査が実現し(註26)、そこで朝鮮系無文土器も多数出土している。その土器分析も含めて、日韓両地域の土器文化の研究を進めていきたい。

註

(1) 松本友雄『先史時代の壱岐研究』一九二九年
(2) 鴇田忠正「長崎県壱岐郡田河村原ノ辻遺跡の研究」『日本文化史研究』一九四四年
(3) 水野清一・岡崎　敬「壱岐原の辻弥生式遺跡調査概報」『対馬の自然と文化』一九五四年
(4) 長崎県教育委員会『原の辻遺跡Ⅲ』長崎県文化財調査報告書第三七集、一九七九年
(5) 長崎県教育委員会『原始・古代の長崎県』資料編一、一九九六年
(6) 勝本町教育委員会「天ヶ原遺跡」『串山ミルメ遺跡』第一次調査報告書、一九八五年
(7) 武末純一「朝鮮半島系の土器」『原の辻遺跡』長崎県文化財調査報告書第一二四集、一九九五年
(8) 長崎県教育委員会『原の辻遺跡』原の辻遺跡調査事務所調査報告書第五集、一九九八年

(9)　宮崎貴夫「2　まとめ」『原の辻遺跡』原の辻遺跡調査事務所調査報告書第九集、一九九八年
(10)　片岡宏二「朝鮮系無文土器の弥生土器化とその社会」『ＭＵＳＥＵＭ』№五〇三、一九九〇年
(11)ア　申敬澈・河仁秀「1韓国出土の弥生土器系土器」『日韓交渉の考古学　弥生時代編』（小田富士雄・韓炳三編）六興出版、一九九一年
イ　片岡宏二「韓国出土の弥生土器　北部九州の視点から」『二十一世紀への考古学』櫻井清彦先生古稀記念論文集、一九九三年
ウ　安在晧・洪潽植「三韓時代　嶺南地方と北九州地方の交渉史研究」『韓国民族文化』一二、一九九八年
エ　片岡宏二『弥生時代 渡来人の土器・青銅器』雄山閣考古学選書、一九九九年
オ　片岡宏二「壱岐原の辻遺跡出土土器にみる日韓交渉」第一一回人類史研究会発表要旨、一九九九年
(12)　申敬澈「熊川文化期紀元前上限説の再考」『釜大史学』第四輯、一九八〇年
(13)　釜山大学校博物館『勒島住居址』釜山大学校博物館遺跡調査報告第一三輯、一九八九年
(14)　徐姈男「勒島遺跡Ⅱ地区Ⅴ層出土土器」『考古研究』第五輯、一九九〇年
(15)　図の公表にあたっては、当時釜山大学校博物館で発掘調査にあたった安在晧氏、全玉年氏の協力を得た。
(16)　安在晧・徐姈男「勒島住居址遺物　追報」『伽倻通信』一九・二〇合輯号、一九九〇年
(17)　片岡宏二「無文土器からみた弥生時代実年代論」『考古学ジャーナル』三二五、一九九〇年
(18)　釜山直轄市立博物館『東莱福泉洞莱城遺跡』釜山直轄市立博物館遺跡調査報告書五、一九九〇年
(19)　中園　聡「折衷土器の製作者」『史淵』一三〇、一九九三年
(20)　河仁秀「Ⅳ考察　2無文土器時代」『東莱福泉洞莱城遺跡』所収、一九九〇年
(21)　李尚律・李昶燁・金一圭『金海大成洞焼成遺蹟』釜慶大学校博物館遺蹟調査報告第三輯、一九九八年
(22)　李尚律・李昶燁・金一圭「Ⅳ考察　2焼成遺跡出土無文土器の特徴と性格」『金海大成洞焼成遺蹟』所収、一九九八年

(23) 東亜大学校博物館『梁山下北亭遺蹟』古蹟調査報告第二〇冊、一九九二年
(24) 長崎県教育委員会『原の辻遺跡』原の辻遺跡調査事務所調査報告書第九集、一九九八年
(25) 長崎県教育委員会『原の辻遺跡・鶴田遺跡』原の辻遺跡調査事務所調査報告書第四集、一九九八年
(26) 峰町教育委員会『峰町日韓共同遺跡発掘交流事業記録集』二〇〇三年
(27) 長崎県教育委員会『原の辻遺跡・安国寺前A遺跡・安国寺前B遺跡』原の辻遺跡発掘調査事務所調査報告書第一集、一九九七年

図10・11の土器図は註24・25のほか、次の文献掲載図も使用した。
長崎県教育委員会『原の辻遺跡』長崎県文化財調査報告書第一二四集、一九九五年

第二節　中・南九州への渡来人の足跡

はじめに

この節では朝鮮系無文土器・擬朝鮮系無文土器の動きを通して、北部九州以南の西海岸沿いに縄文時代晩期から弥生時代前期にかけての渡来文化がどのように伝播し、展開したかを考察した。朝鮮系無文土器・擬朝鮮系無文土器の具体例を通してその地での出現やその後の拡散の背景にある朝鮮半島に起源を有す渡来集団の動き、そして弥生社会の中でその集団が、在来集団とどのような関わりの中でそのアイデンティティーを発揮し、そして消失していったのかを問題として考えてみたい。

本論で題材とした時期の朝鮮系無文土器は、松菊里型土器段階の丹塗磨研土器と口縁に断面円形の粘土紐が巻き付けられる朝鮮半島「後期前半」段階とその影響が残る段階の土器である。それらに先立つ段階、すなわち黒川式土器段階には朝鮮半島前期無文土器と関係がある孔列文土器が展開している。南九州でそれらが密度濃く分布し、その時期からすでに間接的な朝鮮半島の土器文化、そしてその主体をなす農耕文化の影響が認められることはすでに論じている（註1）ので、ここではその部分は割愛して次の段階から述べたい。

1　研究史抄

まず熊本平野周辺の研究・調査の歴史をふりかえる。この地に「後期前半」朝鮮系無文土器が入り込んでいることは、朝鮮系無文土器が注意に上った最初の段階から確認できていた。以前から福田正文氏や田島博幸氏、伊藤奎二氏らの地元研究者により断片的に朝鮮系無文土器が採取されていて、一九七九年に後藤直氏が行なった集成では御幸木部遺跡

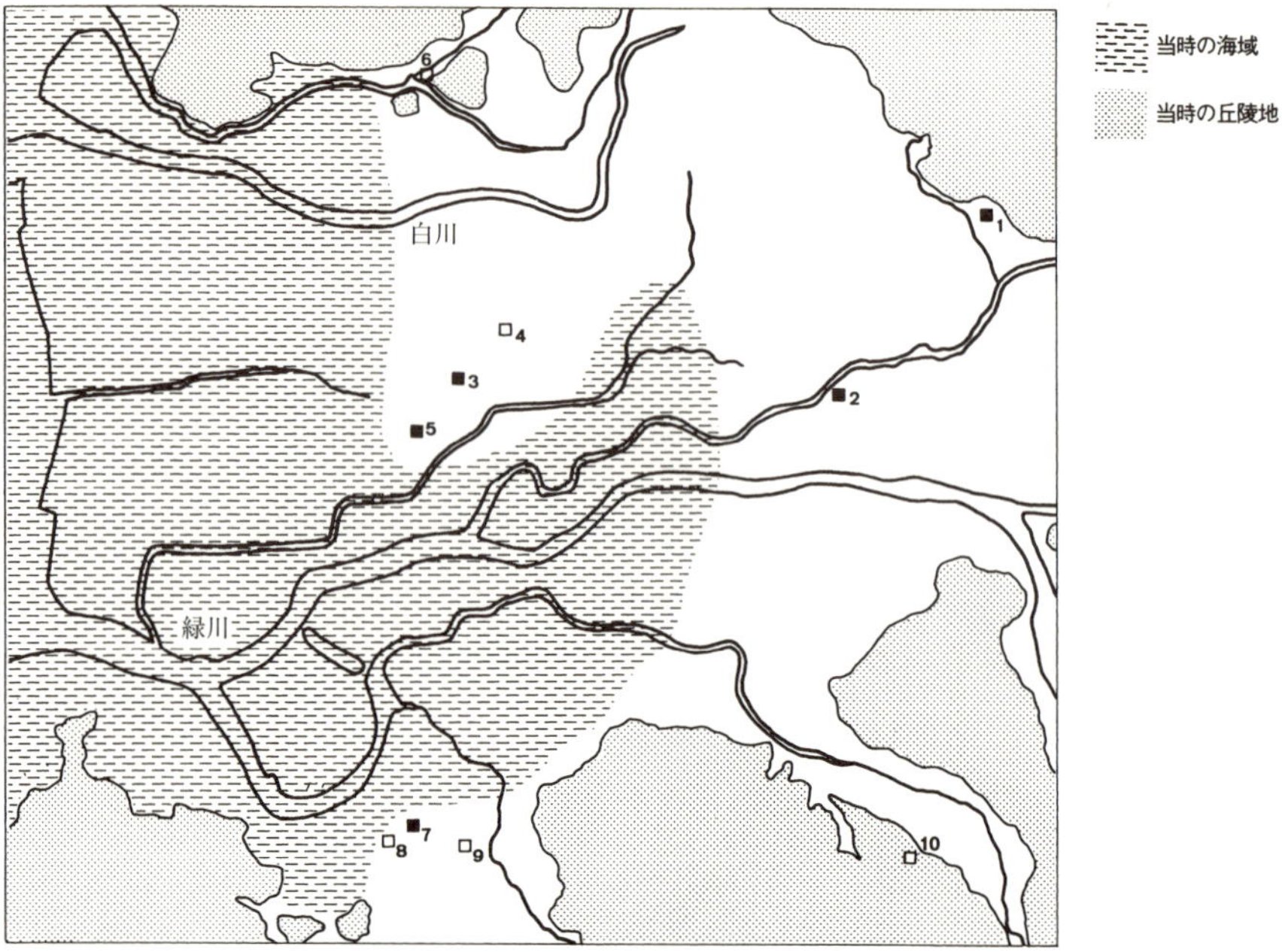

図15　熊本平野周辺の朝鮮系無文土器・擬朝鮮系無文土器出土遺跡（註23の図をもとに作図）(1/15,000)
(■朝鮮系無文土器出土遺跡、□擬朝鮮系無文土器出土遺跡)
1：江津湖遺跡、2：御幸木部遺跡、3：護藤遺跡、4：白藤遺跡、5：八ノ坪遺跡、6：上高橋遺跡、7：石ノ瀬遺跡、8：宇土城跡遺跡、9：境目遺跡、10：上ノ原遺跡

(註2)、江津湖遺跡の採集資料が公表され、熊本平野における朝鮮系無文土器の存在が明らかになった(註3)。その後、宇土市周辺でも朝鮮系無文土器の発見が続いた。一九八〇年には宇土城本丸遺跡の一角で四阿《あずまや》が建設される際の調査で貯蔵穴から牛角形把手が発掘され(註4)、一九八一年にはその本丸遺跡から人工的な堀割を挟んだ対岸の宇土城三の丸遺跡の発掘調査によって、弥生時代前期末の環濠から擬朝鮮系無文土器片が発掘された(註5)。また宇土市教育委員会が一九九一年に行なった宇土城の一角を占める石ノ瀬遺跡でも朝鮮系無文土器の類例を加えることになり(註6)、この宇土城一角に朝鮮系無文土器を携えていた集団がいたことがまちがいない事実となった。この宇土城遺跡が立地する丘陵から南東一・五㎞にこの地域で最大の拠点集落と考えられる境目遺跡があるが、宇土高等学校社会部(顧問富樫卯三郎氏)の地表調査資料の中にこの遺跡からも断面円形の朝鮮系無文土器甕が一点出土しているこ

とが、佐藤伸二氏の指摘により明らかになった（註7）。

一方、熊本平野西部は今まで朝鮮系無文土器の出土が知られていない地域であったが、白川北岸の沖積平野に立地する護藤《ごんどう》遺跡群小瀬田遺跡が注目された（註8）。残念ながらこの遺跡は一九九二年の水路工事の際に偶然発見されて、排土から拾い出された土器だけなので、遺跡の全容はわかっていない。しかし、朝鮮系無文土器の出土量は異常に多く、多数の朝鮮系無文土器とそれが弥生土器化した擬朝鮮系無文土器も多数発見された。この護藤遺跡群の北側が接する白藤遺跡から第二次調査で擬朝鮮系無文土器が発掘され、一九九六年の第六次調査では中期前半に属すと考えられる鋳型も発掘され（註9）、著者の注目する擬朝鮮系無文土器を携える渡来集団と青銅器生産の関係が、この護藤遺跡群を舞台にして熊本平野でも語られる素地もできてきた。護藤遺跡の発見により、以前調査が行なわれていた上高橋高田遺跡（註10）の膨大な土器資料が熊本市教育委員会によって整理される過程で、そこからも擬朝鮮系無文土器が出土していることが明らかになり（註11）、白川下流域の実態が明確になりつつある。

さらに熊本市八ノ坪遺跡では、朝鮮系無文土器・擬朝鮮系無文土器が多量に出土し、しかも青銅器鋳型が伴うという重要な調査が二〇〇四年一月から五月にかけて行なわれた（註12）。これによって熊本平野に定着した渡来集落の実態が明らかになった。

このように熊本平野では昨今の調査によって、大きく分けると従来より知られる熊本平野東部の江津湖遺跡周辺に加えて、白川下流域の護藤遺跡群（上高橋遺跡・白藤遺跡・八ノ坪遺跡を含む）周辺、そして南部の宇土半島付け根付近の三ヵ所に朝鮮系無文土器分布の核を見ることができるようになった。

そうなると今までにも、周辺で無文土器系の土器ではないかと報告されたものもあり、そうした資料の再検討も必要になってくる。現在その候補として、下益城郡城南町上の原遺跡例（註13）、渡鹿遺跡四次調査（註14）などが上げられている。

もう少し広い範囲で見ると、熊本平野と北部九州のそれぞれの核を繋ぐ中間地帯でも、朝鮮系無文土器・擬朝鮮系無文土器の存在が明らかになりつつある。福岡県大川市下林西田遺跡（註15）、大牟田市柿添遺跡（註16）、久留米市城島町久保遺跡（註17）などである。

続いて熊本平野以南を見ていくことにする。「後期前半」朝鮮系無文土器文化の影響はさらに南下する可能性がある。鹿児島市郡元遺跡例（註18）はそうした可能性を示す例とされている。また東シナ海に面した南さつま市金峰町下原遺跡の丹塗磨研土器が船載品だとの指摘（註19）がなされている。その時期は「後期前半」に先立つ前期無文土器段階と考えられた。

2　熊本平野の朝鮮系無文土器

江津湖遺跡周辺の朝鮮系無文土器

江津湖は熊本市南東部の保田窪台地縁辺の湧水群を集めたものである。この湖底からポンプによって吸い上げられた遺物が福田正文氏により採集されている。その中に前期末の弥生土器とともに朝鮮系無文土器（図16）が含まれている。また後藤氏によって御幸木部遺跡出土として報告された朝鮮系無文土器（図17）は一九六〇年代のはじめに加勢川川底から採集されて熊本大学に保管されている資料である。加勢川は江津湖の下流にあたる。本来は江津湖から御幸木部町に伸びた自然

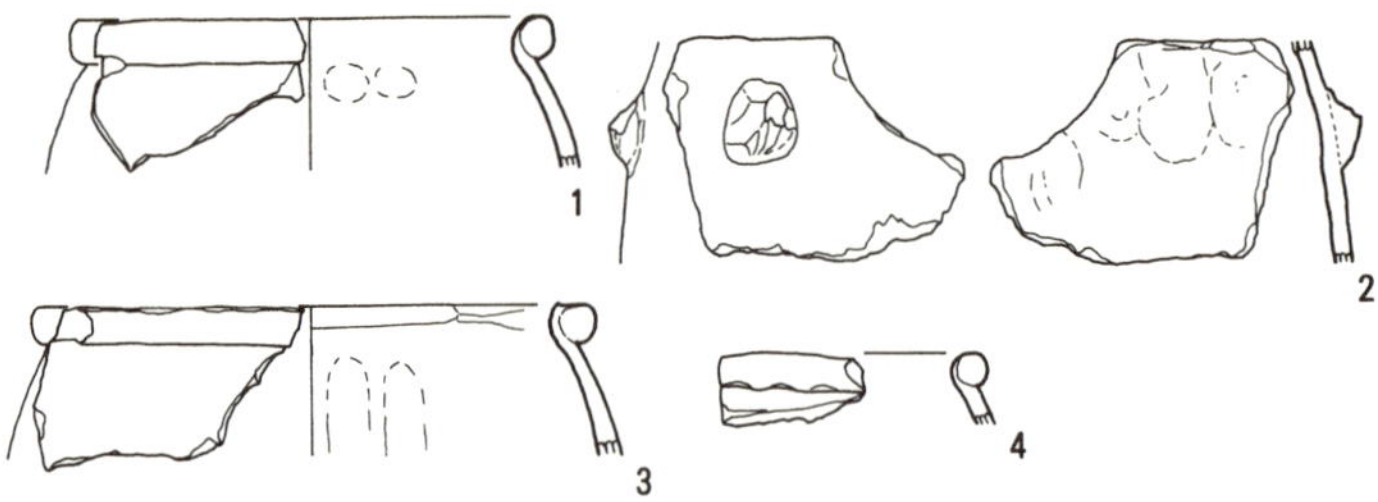

図16　江津湖遺跡出土朝鮮系無文土器（1/4）
（片岡実測・作図）

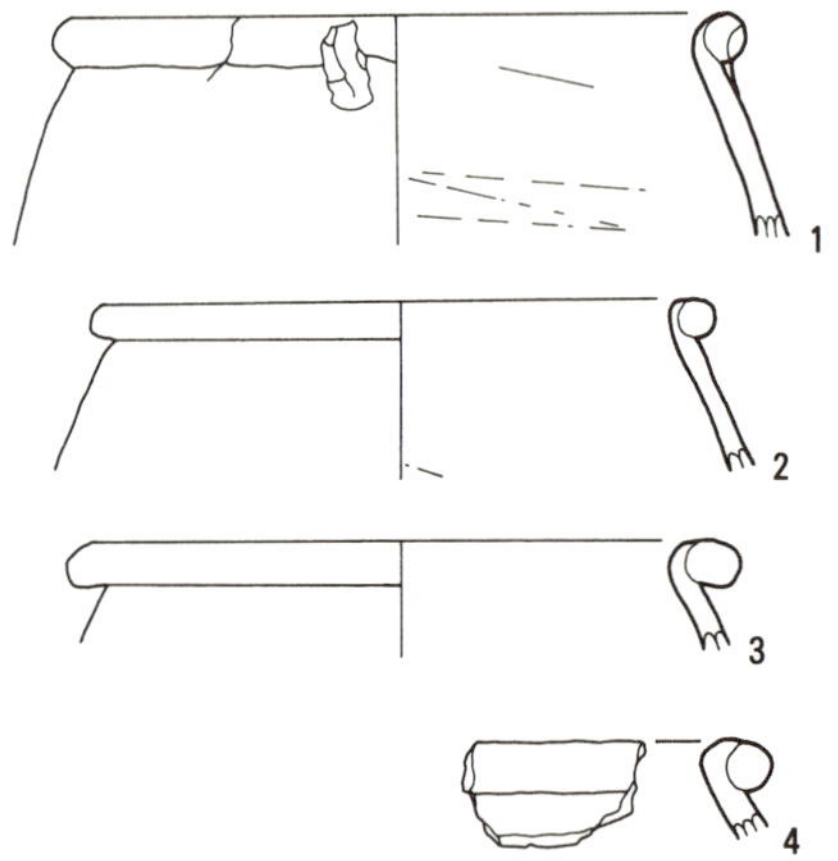

図17　御幸木部遺跡出土朝鮮系無文土器（1/4）
（片岡実測・作図）

堤防上に立地した遺跡の遺物が採集されたものらしい。資料は甕がほとんどであるが、ほかに組合式牛角把手もある。これは採集時点で朝鮮系無文土器と比較的認識しやすい部位が抽出されたためであろう。内陸部に発見される朝鮮系無文土器の特徴としては甕・壺だけが単独に存在せず、当時の無文土器を構成する器種が伴うことが多いので、ここでも発掘調査などを行なえば、無文土器系統の高杯・壺・鉢・ミニチュア土器なども発見できると思われる。両遺跡から出土した甕は断面円形の粘土紐を擬口縁に巻き込んだ典型的な「後期前半」の朝鮮系無文土器である。口径のわかるものは一三・二～一五・四cmで一般的な無文土器と大きさが同じで、口縁下の胴部が大きく張る器形や口縁下につまみ出した縦長の凸起、底部の整形法などその成形・整形法は無文土器に共通する。色調は黒褐色を呈し、意図的に黒い樹脂状のものを塗り込んだものもある。調整は基本的に内外面ともナデで部分的に工具による擦痕を残すものもある。これら一群の土器は朝鮮半島の無文土器とは区別をつけがたいものである。胎土によって持ち込みか在地生産か、もし持ち込みとすればどこで生産されたかなどの検討はまだなされていない。

一点だけであるが明らかに断面円形粘土紐を巻き込みながら、その上面を強くヨコナデして上端が平坦面をなすものがある（図16－3）。外面の色調・調整など先述の朝鮮系無文土器と何ら変わることはないが、このような口縁整形の方法を弥生土器化への第一歩と見ることができよう。とすれば、これらの土器が現地生産であった可能性を示すものではないだろうか。熊本大学に保管される御幸木部遺跡（加勢川川底）出土土器には、朝鮮系無文土器とともに口縁の外側に粘土帯を貼り付けた土器がある。これらが朝鮮系無文土器と関係があるのかどうかはわからないが、今後の調査によって、この地域での朝鮮系無文土器の弥生土器化の過程もやがて明らかにされることと思う。それが明らかになる時点まで、朝鮮系無文土器の周囲で出土する系統不明のこうした土器は注意しておく必要がある。

護藤遺跡群周辺の朝鮮系無文土器

この遺跡は大きく護藤遺跡群ととらえたが、朝鮮系無文土器を出土した遺跡は、北側の小瀬田遺跡と南側の八ノ坪遺跡に分かれ、両者の間には浅い谷が入り込んでいる。また、青銅器鋳型を出土した白藤遺跡は護藤遺跡の東側に接し、朝鮮系無文土器・擬朝鮮系無文土器の出土はまだ知られていないが、護藤遺跡群と深く関わっている。護藤遺跡群は白川下流の沖積地にあり、頻繁に流路を変えた白川も、現在はこの護藤遺跡から北北東に伸びて白藤遺跡群の乗る自然堤防は侵食していない。現況は水田でほとんど起伏が見られないが、当時は自然堤防の南先端付近に立地し、その西側には海岸が迫っていたことが熊本市教育委員会の行なう各調査の成果によって明らかになりつつある。

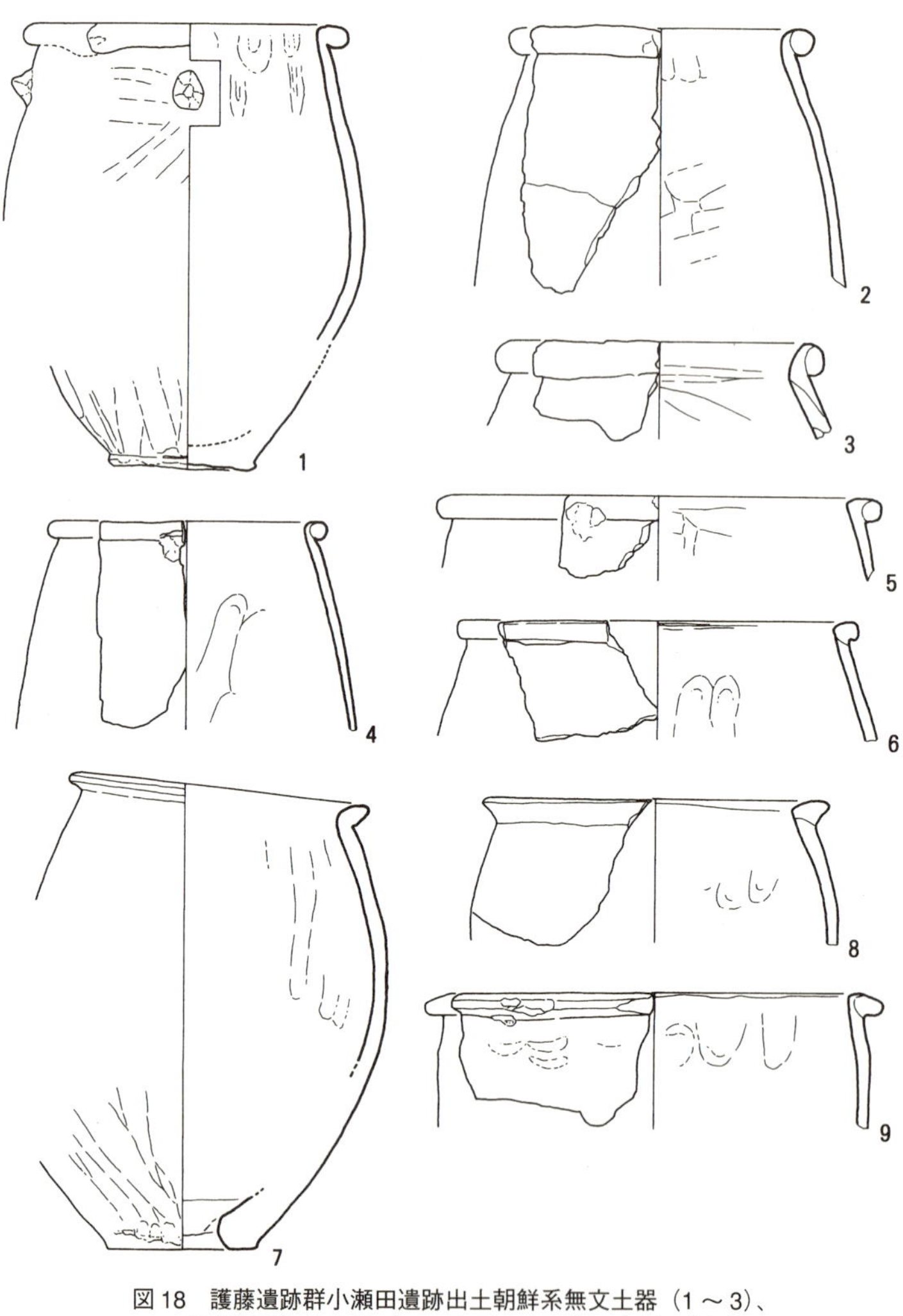

図 18　護藤遺跡群小瀬田遺跡出土朝鮮系無文土器（1 ～ 3）、擬朝鮮系無文土器（4 ～ 9）（1/4）（片岡実測・作図）

小瀬田遺跡からは一九九二年に水路工事の排土から朝鮮系無文土器を含む多量の土器が採取された。土器遺物の総量はパンケースで約四箱分に過ぎないが、その中から高い割合で朝鮮系無文土器・擬朝鮮系無文土器の出土が見られた。熊本市教育委員会によって確認調査が行なわれたところ二〇㎝の遺物包含層とその下に住居跡・土壙などがあり、自然堤防と氾濫原の境付近に幅広い溝もあって、ちょうど佐賀県土生遺跡でも確認されたような集落を取り巻く溝の可能性も考えられる。以前調査された場所から西側に五〇mのところで一九九九年に発掘調査が行なわれ、時期が限定される遺構に伴って擬朝鮮系無文土器の甕・高杯・壺などが多量に発見されている。甕はほとんど無文土器と同じだが、上端を緩くなでて平坦面をなす。高杯は口唇が直線的に伸びて、脚の芯が充塡される成形法である。壺は黒色磨研に仕上げられたものである。擬朝鮮系無文土器が主体となる時期は弥生時代中期初頭から前半である（註20）。しかし、プライマリーな朝鮮系無文土器の時期はまだつかめていない。北接する白藤遺跡群と北三・八㎞に位置する上高橋高田遺跡の両遺跡でも擬朝鮮系無文土器の出土が見られ、まず大規模な拠点的集落の縁辺部（遺跡群南端部）にプライマリーな朝鮮系無文土器が出現し、その後一帯にその影響を及ぼしていった様子がうかがえる。現在は護藤遺跡群・白藤遺跡群と上高橋高田遺跡の間には白川が西流するが、当時の白川は護藤遺跡群・白藤遺跡群の東側を南流していたと考えられ、いずれの遺跡も白川右岸に位置して、相互に交流の深い集落であったことが想像される。

小瀬田遺跡で発掘された朝鮮系無文土器は図18－1～3のようなものである。このうち1は胴部を一部欠くもののほぼ完形に復原できる（口絵4－右中）。復原高一八・四㎝、口径一四・〇㎝を測り、胴部はやや下膨れの形態をなす。口縁下には片側一ヵ所に縦長のつまみを付ける。これは無文土器に見られる独特の技術である。調整は外面が板状工具による擦過で、内面はナデである。擬口縁に粘土紐を巻きつける際の縦長指痕が口縁内面に残るのも特徴である。このような朝鮮系無文土器の類例は小瀬田遺跡から数点出土している（口絵4－右上）。

小瀬田遺跡出土土器のうち注目されるのは、図18－4～9のように朝鮮系無文土器の系譜を引いた擬朝鮮系無文土器である。それらにはより朝鮮系無文土器に近いものから、数次の段階を経たと思われるものまで、各種の擬朝鮮系無文土器が出土している。佐賀平野では擬朝鮮系無文土器化への第一歩は口縁上端を平らにヨコナデするところから始まるが、この遺跡の擬化も同様に、まず上端をヨコナデして平らにする段階のものから始まり、続いて口唇を外側につまみ出して、断面が二等辺三角形になるような整形を行なうものへと移行する。

段階的に見ると図のように擬化をいくつかのクラスに分けることができる。擬化第一段階に相当する図18－4～6は口縁上端のみヨコナデ調整を必要以上に行なうものである。4の土器口縁のように、廻らせた粘土紐は外側から指頭で一ヵ所を押しつけている。こういう特徴はプライマリーな無文土器の技術に共通するが、擬化の第一歩を踏み出したものでも無文土器の技術は色濃く残されている。

次に図18－7～9は第二段階に相当するものであるが、これは先述したように口唇端を外側に引き出すような調整を行なうものである。7は胴部の一部を欠くもののほぼ完全に近いものである（口絵4－右下）。これは器高一九・八cm、口径一二・九cmを測り、樽形の器型をなす。最大の特徴は口縁部の整形である。口唇を外側にヨコナデで引き出す。粘土帯接合部の下端が未処理であるという点に、朝鮮系無文土器の伝統を残す。外面の調整は上半をナデ、下半をヘラ状工具によるミガキで仕上げる。底部形状は1に示す朝鮮系無文土器よりも裾のつまみ出しから押し付けという一連の技術（註21）が認められず弥生土器化する。そして甑として使用されたらしく、焼成後に穿孔が行なわれている。成形にはかなり弥生土器の影響が認められるが、調整にはまだ朝鮮系無文土器同様の技法が残っている。護藤遺跡群の調査成果は一部公表されているが、まだ整理中の土器も多く残されている。その中には朝鮮系無文土器の高杯に見られる脚内部の充填された破片も多く見受けられる。やがて全土器の整理が終われば、甕以外の器種における朝鮮系無文土器、擬朝鮮系無文土器も明らかになるかも知れない。

先に拠点集落との関連について述べた上高橋高田遺跡は、三次にわたって発掘調査がなされているが、少なくとも第一次調査分の中からも朝鮮系無文土器が出土している。土器量が膨大で二・三次は未整理である。土器総量が膨大な中で朝鮮系無文土器の割合は護藤遺跡に比較すれば貧弱と言わざるをえない。おそらく朝鮮系無文土器を携えた渡来系集団が居住したというよりも既存の弥生集落、それも地域的に核となる拠点集落と一定の交渉を持ったことを示すものであろう。

注目すべきことは、口絵4－左中のように擬朝鮮系無文土器ととらえられる土器が上高橋高田遺跡から多く出土し、それと併行する時期にある在地系土器の中にも擬朝鮮系無文土器の影響が見られるということである。このことは渡来集団が弥生社会の中で徐々に受け入れられ、同化する過程を示すものと考えられる。

最近調査されて、多量の朝鮮系無文土器・擬朝鮮系無文土器に加え、初期鋳型を出土して注目を浴びた八ノ坪遺跡は、沖積地の自然堤防上にある遺跡で、北側の護藤遺跡とは浅い谷で隔てられている。出土遺物から見る集落の時期は、弥生時代前期後半から中期前半で、このことから見て渡来集団があらたに開発した土地ではなく、すでに集落が営まれていた土地に後から渡来人が移住してきたと考えられる。二〇〇三年に発掘された南北に走る道路・水路建設予定地の調査区には中央に浅い谷があり、その両側の微高地に遺構が確認された。その後の調査でも島状に微高地があって、それぞれの場所から朝鮮系無文土器・擬朝鮮系無文土器が発見されている。擬朝鮮系無文土器の示す弥生時代中期初頭段階で見ると、北側の微高地では土壙から小銅鐸の鋳型が出土することや床に砂と炭を敷き詰めて銅滓を出土する遺構があることなどを根拠に、工房域とする指摘もある。明確に時期は断定できないが、ほぼ完形のふいご羽口もある。南側の微高地は住居と墓地がある。

八ノ坪遺跡では小さな破片まで含めて朝鮮系無文土器・擬朝鮮系無文土器と認められるものが総数約五〇個体出土する。最も多いのが牛角式組合把手の部分で、それに続き断面円形口縁の甕、高杯が多い。報告書でも指摘されるが、弥生土器と明らかに違って認識しやすいために抽出した量が多くなったとも考えられる。注目されるのは、甕だけでなく壺・長頸壺・高杯といった器種が多く、朝鮮半島の土器文化をそのまま受け継いでいる点である。また、甕棺にも擬朝鮮系無文土器が使用されていて、精神的な部分でも渡来人の意識を強く引きずったものと考えられる。

鋳型は確実に製品とわかるものが三個体、石材は鋳型と同じ長石石英斑岩であるが、転用されて砥石となった破片一個が出土する。

小銅鐸の鋳型は、石材不明、長さ一一・八㎝、最大幅九・五㎝、厚さ六・〇㎝である。彫り込まれた製品部分は長さ一〇・六㎝、最大幅五・四㎝、鈕の高さ一・五㎝、鈕の幅四・一㎝である。鈕の断面形は円形ではなく、菱形になる。

両面銅戈の鋳型は一個体が出土する。両面ともに鋒側の破片である。鋒が収束せずに端までつながって側面に湯の接触した痕跡があるので、報告書では鋒側が湯口となっているとしている。樋の先端が上端でつながっている。細形銅戈には、先端がつながらないタイプのA型とつながるタイプのB型があるが、これはB型である。

もうひとつの鋳型は、片面が細形銅戈の鋳型である。しかし、前に述べた鋳型とは厚さの違いや色調の違いから別個体と判断された。銅戈を掘り込んでいる面は銅戈の内側の破片である。わずかに確認できる内の付け根は銅戈全体から復元するとかなり幅広く、また胡の深さは一・一五㎝にも及んでいて、朝鮮半島で出土するものと同じくがっしりしたタイプのものである。反対面は銅矛の可能性が高い。朝鮮系無文土器の共伴する弥生土器の時期は弥生時代中期初頭から前半である。

宇土半島付け根付近の朝鮮系無文土器

宇土城跡を中心とした地域から朝鮮系無文土器が出土する。現在までにこの地域で出土したことが確認されているのは、近世宇土城付近とそれから北東に伸びる台地の北東先端付近の石ノ瀬遺跡、この台地の一・五㎞南東にある境目遺跡である。

一九九一年に調査された石ノ瀬遺跡からは近世の包含層、溝、井戸の中から図19－1～10のような朝鮮系無文土器が出土している。いずれも当時の遺構に伴ったり、時期が押えられるものはなく、近世の溝などの二次的な堆積層からの出土である。

1～8はいずれも粘土紐甕と呼称される、朝鮮系無文土器の甕である。いずれも断面円形粘土紐を口縁に巻きつけたプライマリーな朝鮮系無文土器の部類に属す。口径は一一・〇㎝～二一・七㎝とばらつくが、いずれも断面円形粘土紐を口唇に巻きつけ、それを固定させるために指頭で一ヵ所を押えつけている。粘土紐の断面形状を円形に保つ特徴から、朝鮮半島無文土器時代「後期前半」のものとされる。日本の弥生土器の編年では弥生時代前期中ごろから中期初頭に併

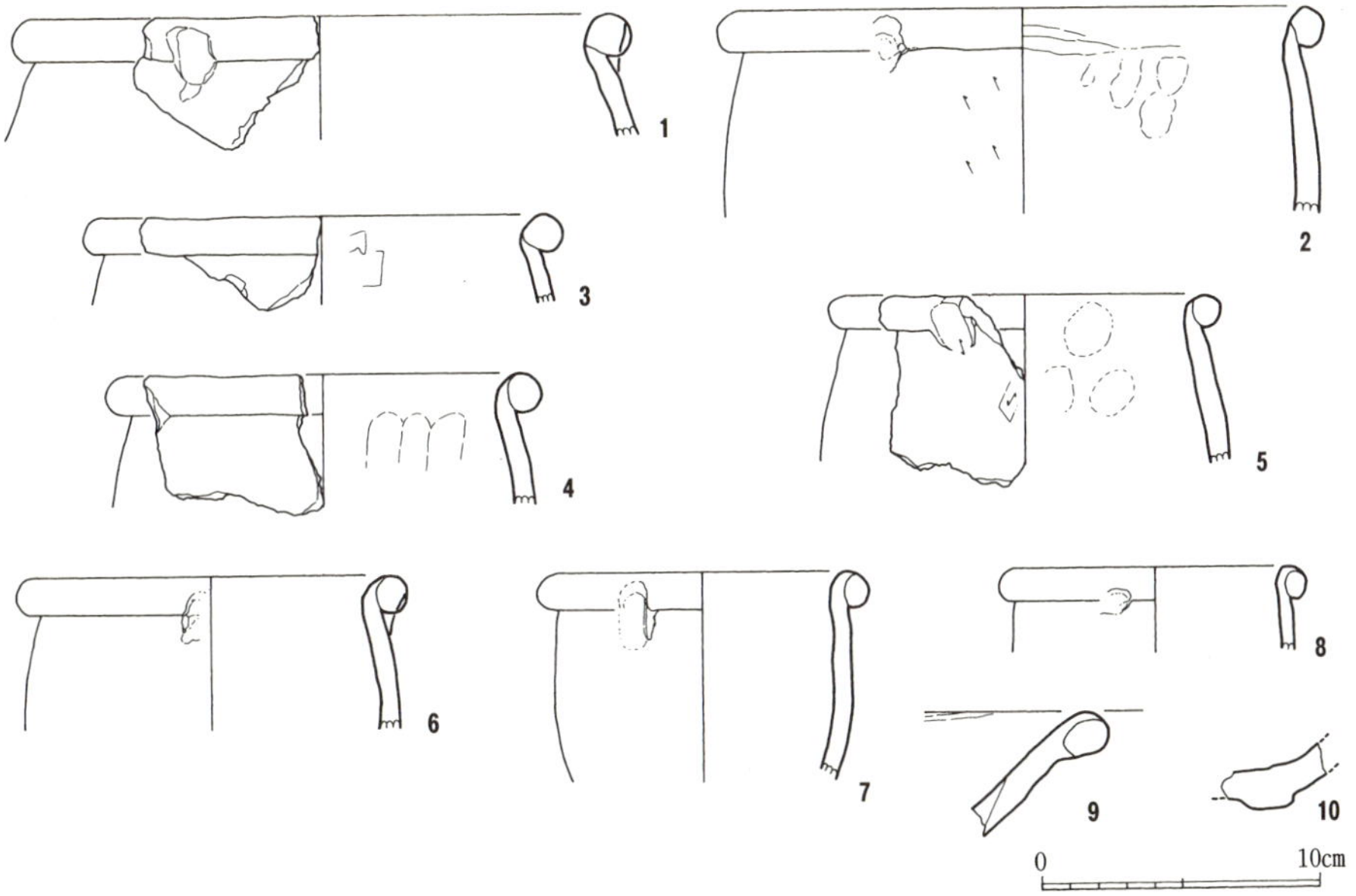

図19　石ノ瀬遺跡出土擬朝鮮系無文土器（1/4）（片岡実測・作図）

行関係が求められる。弥生土器の影響を受けて擬化したものが宇土城三ノ丸遺跡から出土しているが、それに比較して本来の無文土器に近いものであることは明らかである。

土器とその口縁部成形法の特徴は、先端を伸ばした擬口縁の外側に、直径が一㎝程度の断面円形粘土紐を巻きつけ、擬口縁を外側に折って、その粘土紐を巻きつけるものである。粘土紐の径は1のように一・五㎝の太さのものから8のように八㎜程度のものもある。

粘土紐の固定はその巻きつけと一部を指頭で押えつけて行なう方法で、弥生土器のうち城ノ越式土器に見られるような粘土紐下端の横ナデによる押圧は見られない。指頭による押圧は、1・2・4～8の資料に認められる。今回の出土資料には、口縁が一周全部残っているものがないために、一周のうち何ヵ所に指頭押圧があるのかわからないが、ほかの遺跡出土例に一周三～四ヵ所に押圧された資料があるので、これが参考になるだろう。

調整の基本は内外面ともナデである。痕跡としてもハケが使用されたものは確認できていない。ただし、2の外面にある斜め上方向へのケズリ痕や3の内面と5の外面にある工具による擦過痕を残すものもある。粘土紐は基本的に調整しないのであるが、5～8のように口縁上端部に緩く横ナデの入るものもある。この程度の横ナデは弥生土器の横ナデとはその強さと密度において、かなり違いがある。また今回の資料でも7のようにナデで調整する以前に成形時のタタキらしい痕跡を残すものも確認できる。内面には指があたって窪むものもある。このうち2・4のように口縁下に連続して縦方向の指痕を残すものがある。同様の指痕は他遺跡例でも確認でき、口縁部の粘土紐を巻きつけるため擬口縁の内側に第二指から第五指までの指を入れ、指腹を擬口縁に当てて第二関節をまげて巻きつけたのであろう。

法量はその口径から三つに分けられ、1・2が復元口径二〇cmを超す大型、3～6が一四～一七cmを測る中型、7・8が一一～一二cmの小型である（ただし8は小片のため口径復元に若干の問題を残す）。大・中・小あるにしても、せいぜい一一～二二cmの範囲に収まり、この大きさの画一性は無文土器に共通するものである。大型と中型は口縁下から胴部にかけてやや張るが、小型は胴部に張りがない。器壁はいずれも五～七mm程度であるが、大型の胴部は一cmほどの厚みのあるものもある。

胎土は共伴する在地土器との違いが認められるものはない。色調は黄褐色系統のものが多く、弥生土器に比較して特異なものとは言いがたい。焼成も弥生土器と特に異なるところは認めにくい。したがって、弥生土器との比較において朝鮮系無文土器と認識しうる最大の特徴は、器形・成形・調整法である。

9は前述の一群の甕同様、径一cm前後の粘土紐を口縁外側に巻きつけたものであるが、傾きが甕とはかなり違っていて、器形としては鉢になるのであろうか。調整も甕とは異なっていて、口唇内外面には横方向にヘラ状の工具を横方向にミガキ風に擦り付けた痕跡がある。口縁下はいずれもナデである。残存部が少なくて、口径の復元をすることが不可能だが、およそ四〇cm近くになることが想像される。成形の特徴以外に弥生土器との特異な差は認められない。

10はいくつか出土した底部のうちで、おそらく朝鮮系無文土器の底部になるであろうと考えられたものを図示した。胴部と底部の境が明瞭で、底は中心がやや窪んでいる。端部をいったん外に引き出すように成形し、その後内側に押し付けて整形している。

宇土市石ノ瀬遺跡からは二次堆積ながら朝鮮系無文土器の多量の出土がある。その周辺に朝鮮系無文土器を有した集落があったことは疑い得ない。その朝鮮系無文土器は熊本県内では、熊本市護藤遺跡周辺、同市江津湖遺跡周辺でも発見され、大きくみると、かつての海岸線が熊本平野中心部に入りこんだ北側・東側・南側を取り巻く、それぞれの台地の拠点的な遺跡に点在している。

石ノ瀬遺跡周辺からは、同市境目遺跡で、古く宇土高等学校社会部の地表調査で、朝鮮系無文土器甕が採集されていた。また、宇土城三の丸遺跡では、朝鮮系無文土器の影響を受けた擬朝鮮系無文土器の出土も知られている。

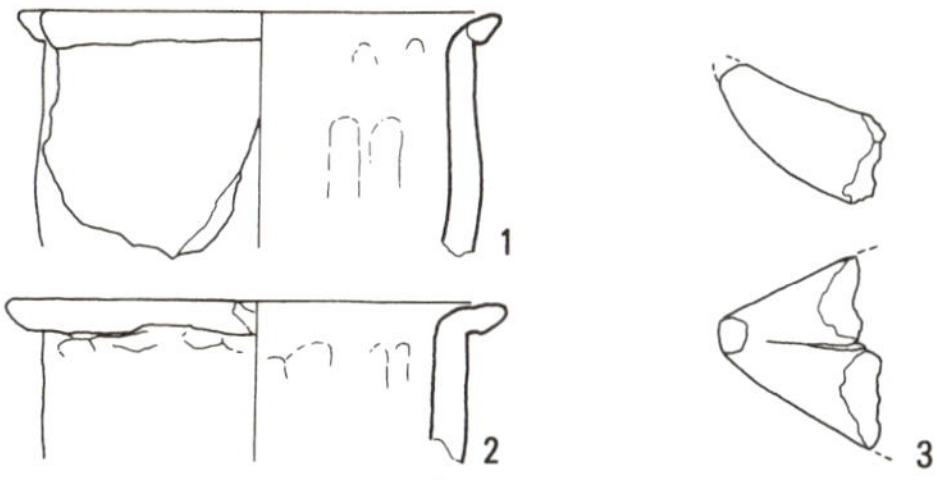

図20　宇土城跡出土朝鮮系無文土器（1/4）
（片岡実測・作図）

石ノ瀬遺跡と宇土城遺跡は同一丘陵に乗るもののその間に弥生時代遺構の発見がなく、それぞれに完結する別遺跡と考えた方がよいだろう。宇土城遺跡は現状では本丸遺跡と三の丸遺跡が別の台地に分かれているが、これは近世の築城によるもので、本来はなだらかな一連の台地であったことがわかっている。本丸側の遺構から図20－3、口絵4－左下のような牛角把手の破片が採集されていて器種が甕に限られないことも明らかになったが、先端部分だけなので朝鮮系無文土器か、擬朝鮮系無文土器かの判別はできない。宇土城三ノ丸跡の弥生時代の溝（環濠）最下層から弥生時代前期末の土器とともに図20－1・2、口絵4－左下のような擬朝鮮系無文土器の甕破片が二点出土する。一点は楕円形粘土紐を口縁の外側やや斜め上方に向けて接合し、下端を指で押える。もう一点は粘土帯を接合することなく下端に窪みをつけて、無文土器に似せたように作る。両者とも黄灰白色で特徴のある焼きをしている。

境目遺跡はこの宇土半島付け根付近の弥生の拠点集落であり、数次の調査によって弥生時代前期から連綿と継続することがわかっている。ここから発掘された資料の中に一点だけであるが朝鮮系無文土器がある。資料は宇土高等学校に保管されているが、現物を探し出すことはできなかった。以前に佐藤伸二氏により図化されているものがあり、それは「後期前半」朝鮮系無文土器甕であるらしい。

3　熊本平野における渡来集落の様相

熊本平野における朝鮮系無文土器出現の時期は弥生時代前期末である。護藤遺跡群の共伴土器のうち古い方が弥生時代前期末であること、あるいは擬朝鮮系無文土器の出土した宇土城三の丸遺跡の溝最下層が弥生時代前期末であることから、当平野への朝鮮系無文土器の流入は、諸岡遺跡・三国丘陵遺跡群同様弥生時代前期末である。その時期、朝鮮系無文土器が北部九州内陸部に突如出現するのと機を同じくして熊本平野にも出現する。この現象は、渡来人移動の一連の動きの中でとらえられる。江津湖遺跡、御幸木部遺跡、護藤遺跡群小瀬田遺跡、八ノ坪遺跡や石ノ瀬遺跡にみるような朝鮮半島産無文土器とまったく区別することができない朝鮮系無文土器が、しかもまとまって集中的に出土する様相は、まさに諸岡遺跡や三国丘陵での朝鮮系無文土器のあり方に共通している。したがって朝鮮半島から渡来した人間集団が、途中での経過時間をたいして経ることなく、熊本平野にも姿を表わしたと考えるのが妥当であろう。

熊本平野の三地域の朝鮮系無文土器のあり方はそれぞれに若干の違いが認められる。

江津湖周辺遺跡群での朝鮮系無文土器のあり方は、わずかに擬化が認められるものもあるが、ほとんどプライマリーな朝鮮系無文土器で占められ、次の段階へと継続しないことが特徴である。御幸木部遺跡（加勢川川底）で一緒に採集された資料（註20）を見るとほぼ弥生時代前期末に限られた時期のものであり、そうした意味でも朝鮮系無文土器の存続幅が短いものであったことがわかる。短期間居住し、その後いずこかへ立ち去って、土器製作の技術を後に残さない姿は諸岡遺跡や三国丘陵の遺跡群と似ている。そうすると江津湖遺跡周辺の朝鮮系無文土器は一時的・通過的なものであった可能性も出てくる。

この江津湖周辺遺跡群の出土状況をみる限り、以前著者が分類した朝鮮系無文土器にみられる出土遺跡のタイプとして、前期末にプライマリーな朝鮮系無文土器が多量に出土して、弥生時代中期の擬朝鮮系無文土器へ継続しない「諸岡タイプ」に近い様相を持っている（註22）。

一方、護藤遺跡群は先の土器に示したように、朝鮮系無文土器からそれが弥生土器の影響を受けて擬化する段階が認められるが、このことは渡来集団が弥生社会の中に定住するうちに、徐々に同化する姿を浮き上がらせる。現在のところ調査範囲が狭いために集落の分析には限界があるが、その立地や土器の性格は佐賀県の土生遺跡に酷似している。上高橋高田遺跡でも擬朝鮮系無文土器が認められるが、これも土生遺跡周辺の遺跡で擬朝鮮系無文土器が多量に出現する現象に似たものである。擬朝鮮系無文土器を携えた渡来（末裔）集団が周囲の弥生社会（これは対立する概念でとらえたものではない）との同化をいっそう進めた結果と言えよう。この護藤遺跡群は擬朝鮮系無文土器への発展・継続、その周辺遺跡における擬朝鮮系無文土器の拡散といった特徴は「土生タイプ」の渡来人集落の類型（註22）に含められる。

宇土半島基部の遺跡群のあり方は、また江津湖周辺遺跡群や護藤遺跡群とも違っている。すなわち朝鮮系無文土器の密度の濃い一帯が石ノ瀬遺跡付近にあり、そこでは擬化した段階のものは見つかっていない。それを取り込むその付近全体の弥生集落の規模の大きなものが、宇土城遺跡群であり、そこでは擬朝鮮系無文土器を出土する。さらに地域的な拠点集落が境目遺跡である。境目遺跡は上高橋高田遺跡のように朝鮮系無文土器を少量出土し、渡来系集団との一定の交渉を持っていたことを示している。したがって、石ノ瀬遺跡は弥生時代前期末で完結して、移動していく「諸岡タイプ」の類型、宇土城遺跡群は弥生時代前期末に始まり、その後子孫も継続して居住する「土生タイプ」の類型でそれぞれとらえることができる。

このように熊本平野における三カ所の朝鮮系無文土器集中地域は、そのまま弥生時代前期末以後の渡来系集団の居住地と考えてよさそうである。ただし、これが三グループあったのかという点になるとその判断はむつかしい。護藤遺跡群・宇土半島付け根の二遺跡群はその後の擬朝鮮系無文土器が継続しているので、各集団がしばらくは併立した可能性があるが、江津湖遺跡周辺では確かなところの擬朝鮮系無文土器の出土は認められないので、一時的な居留の後に護藤遺跡群や宇土半島基部へ移動した集団の可能性もある。

それでは前段の渡来人集団はどこにいて、どのようなルートで、どのような契機でこの熊本平野に出現するようになったのであろう。北部九州の朝鮮系無文土器出土遺跡と熊本平野との中間地に朝鮮系無文土器を出土する拠点は今のところ発見されていない。後述するように大川市下林西田遺跡、久留米市久保遺跡など筑後川下流地域に確実な擬朝鮮系無文土器の例が発掘されるが、これらの土器を媒介にして、熊本平野への渡来集団移動、熊本平野での朝鮮系無文土器の集中を解釈するには、時期的にもその量でもやや無理がある。少なくとも時間をかけて徐々に土器文化として広がったものではなく、朝鮮系無文土器を作る技術を持った一群がいきなりこの地に現われて定着したと見るべきであろう。

そうすると熊本平野の朝鮮系無文土器は、いきなり朝鮮半島から有明海側に渡ってきた渡来集団によってもたらされたものか、あるいは北部九州から南下した渡来集団がそれをもたらしたものなのかということになる。著者はこの点に関し、突然出現し消滅した北部九州の諸岡遺跡や三国丘陵遺跡群にいた渡来集団の一派が、熊本まで一気に南下したと考えている。北部九州から移動して来た渡来集団はこの地に根を下ろし、定住したのであろう。

4　渡来集落の出現とその文化

江津湖遺跡周辺の実態はまだ判然としないもどかしさがあるが、少なくとも現段階で、この江津湖遺跡を核とした地域で明らかな大陸文化の内容を示す土器以外の遺物の出土は認められていない。ところが護藤遺跡群周辺では先述したとおり北東隣接地の白藤遺跡から細形銅矛鋳型（図21）の出土があり、またミニチュアの銅矛も出土する。この銅矛の祖形は中細形に考えられている（註9）。八ノ坪遺跡の多数の鋳型と鋳造遺構・遺物は、渡来系工人の存在を明示している。宇土城三の丸遺跡環濠からは熊本県では最古に属す青銅製品が出土している。何の製品かは不明であるが、質が悪く未製品の可能性もあり、かえってそれが現地生産の可能性を高める。共伴遺物は前期後半～中期初頭の時期幅があるが、いずれにしても初期の青銅器に違いはない。

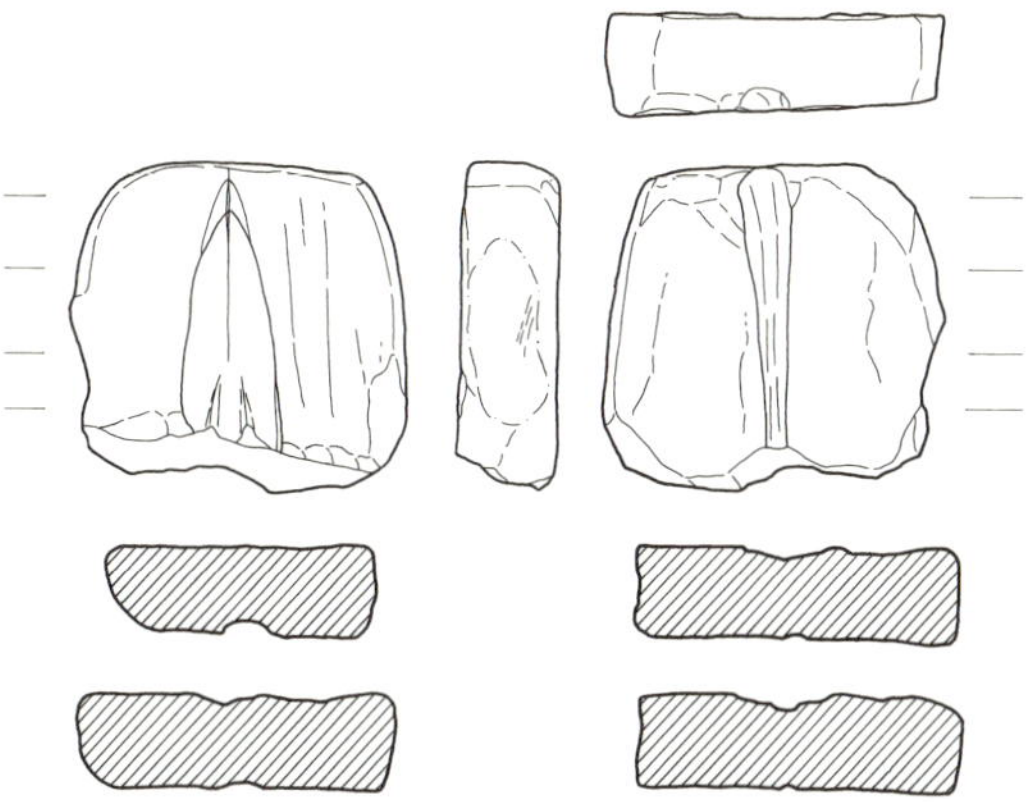

図21　白藤遺跡出土鋳型（1/4）（註9より転載・作図）

このように江津湖周辺遺跡群のような「諸岡タイプ」の遺跡では先進的な大陸文化を示すものがなく、また護藤遺跡群のような「土生タイプ」の遺跡や宇土半島基部のなかでも擬朝鮮系無文土器を出土する時代が下がった段階の三の丸遺跡からは、青銅製品や青銅器鋳造に関わる遺物が出土する。この現象は、著者が以前青銅器生産と渡来人の関係をモデル化した佐賀平野とまったく共通している（註22）。

今の熊本平野が肥沃な地であることは言うまでもないが、果たして朝鮮系無文土器が出土する遺跡が生活環境に恵まれていたのかどうかは、微地形を復元してみないとわからない。佐藤伸二氏が復元した弥生時代の熊本平野の海岸線（註23）をみると、護藤遺跡は古熊本湾の入口を砂嘴状に塞ぐ先端部に位置している。生産性という点では決して高いものではないが、後背地を控えた交易の拠点とすればこの上ない立地である。いっぽう石ノ瀬遺跡は、同じようにその対岸の海岸にあり、やはり海に面した微高地の先端に立地する。時期は下るが、壱岐原の辻遺跡では後期中九州系のジョッキ型土器が出土しており（註24）、直接の交易はないにしても、中九州の土器の動きには海を媒介とした交易集団の存在が見え隠れする。護藤遺跡や宇土城三の丸遺跡などは当時の海岸線に向かい合って立地し、遺跡が海を媒介とした他地域との交渉の窓口になっていた可能性もあろう。そして、その主体となっていた集団が渡来集団であった可能性もある。筑紫平野西部（佐賀平野）では渡来人集落と青銅器生産が結びつくことが明らかになった（註25）が、渡来系集団間の技術交流の中で青銅器生産などの新技術が導入されたと考えるのもあながち無理のある想像とは言えないであろう。

朝鮮系無文土器の弥生土器化は、熊本平野でその系統の土器が斉一化された須玖式土器系列に同化する段階まで続く。

その下限は弥生時代中期前半と見ることができるだろう。渡来系集団は在来弥生人集団との接触によってその独自性を失って行くこともあるだろうが、それ以上に熊本平野内部で弥生時代中期前半から始まる大江白川遺跡、上高橋遺跡、神水遺跡に代表される拠点集落の生成（註26）は世帯共同体の崩壊と農業共同体への発展過程を意味し、既存の渡来人集落を弥生社会の中に包括してその独自性を失わせていくことになる。

5　熊本平野周辺の擬朝鮮系無文土器

以上のように熊本平野においては朝鮮系無文土器の拠点的な分布があり、その中でその系統の擬朝鮮系無文土器の存在が明らかになった。従来、朝鮮系無文土器の分布は筑紫平野北部の三国丘陵、西部の土生遺跡などで確認されていたが、そこから熊本平野までの間の朝鮮系無文土器の状況ははっきりしていなかった。しかし、今回熊本平野の状況が明らかになるにつれ、福岡県筑後地方の海岸沿い、熊本県北部地域の中でも資料の再検討が必要となった。

従来三国丘陵以南では朝鮮系無文土器は明らかでなかったが、久留米市北野町仁王丸遺跡（註27）で牛角把手が出土しており、南への展開に興味がもたれる。

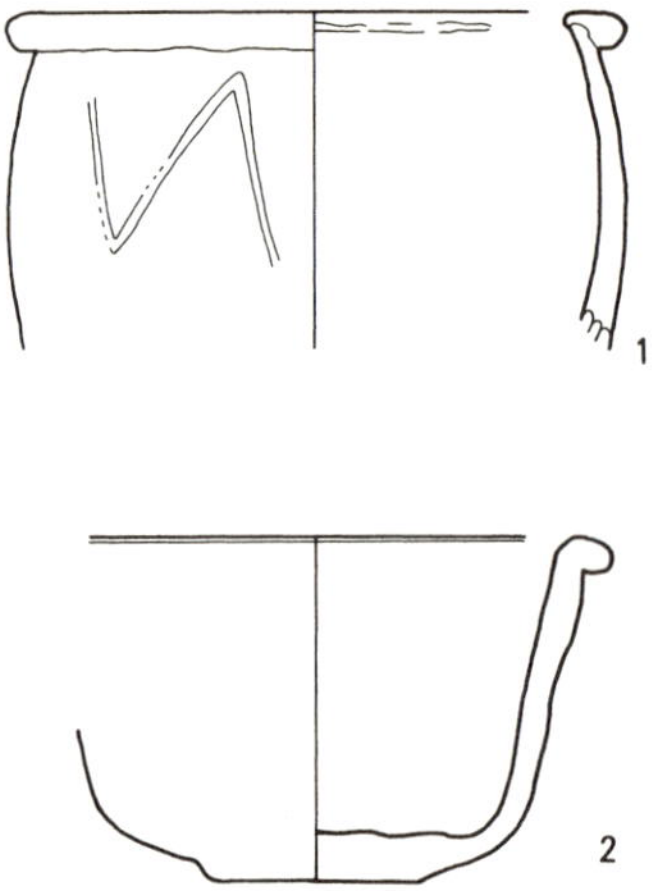

図22　田隈柿添遺跡・上ノ原遺跡出土擬朝鮮系無文土器（1/4）
（片岡実測・作図）

一九九四年に県道工事に伴って調査された福岡県大川市下林西田遺跡では、南筑後地域（筑後川以南）においてはじめて擬朝鮮系無文土器の確実な資料を出土した（註15）。このうち牛角把手は、胎土分析によって他地域から搬入されたものである可能性が考えられている。その他にも粘土紐甕や黒色磨研壺など擬朝鮮系無文土器と考えられる多くの土器が出土している。筑後川対岸の千代田町姉遺跡、上黒井遺跡、黒井遺跡などの擬朝鮮系無文土器とその様相が似ていて、その方面からの影響を感じさせる。姉遺跡は筑後川を隔てた北西六㎞の位置にある。この下林西田遺跡のような遺跡は中期に入ってから対岸の千代田町姉遺跡付近で擬朝鮮系無文土器を携えた集団が拡散する動きの中で、現われたと考えられる。

一九八八年に調査された大牟田市田隈字前田の柿添遺跡では弥生時代前期末から中期前半の土器を包含する層から土器が出土し（註16）、山田元樹氏により擬朝鮮系無文土器の可能性がある異質な土器として注意された。図22－1である。その土器は口縁に粘土紐を貼り付けその下端の処理を行なっていないことや器形が樽形になること、外面調整がナデで無文であることなどから注意に上ったものである。復元口径は一七・〇㎝という大きさや胴部の張りなど器形の点でも無文土器に近いが、口縁上端を平らにヨコナデ整形する技法、胴部にヘラで文様を刻む感覚など普通の擬朝鮮系無文土器とは異なる点も多く、これだけで擬朝鮮系無文土器とする根拠にやや欠ける。今後の検討を要するというのに留めておきたい。

久留米市久保遺跡は有明海のデルタ地帯にあって、標高四ｍ、筑後川本流まで二〇〇ｍ足らずという低地に営まれた遺跡である。しかし、ここからは弥生時代から中世まで断続的に遺構・遺物が出土している。旧地形は、微高地で長期にわたって生活の舞台となったと考えられる。このうち弥生時代前期末から中期初頭にかけての検出遺構は、掘立柱建物、溝、土壙、井戸などで、そこから擬朝鮮系無文土器がかなりの量出土している。擬朝鮮系無文土器は甕がなく、壺が主体で長頸のものも多い。擬朝鮮系無文土器特有の器面を黒色磨研に調整される特徴が認められるが、器面調整以外の点では弥生時代中期初頭城ノ越式土器と同じものもある。先のように甕はすでに擬朝鮮系無文土器の伝統がなくなり、壺も擬朝鮮系無文土器が弥生土器の影響を受けて、同化する直前の段階のものと考えられる。

一方、熊本平野より南側への展開となると、朝鮮系無文土器の資料に関する情報は稀薄である。下益城郡城南町上ノ原遺跡四号住居から出土した図22－2の土器は、以前から朝鮮系無文土器との関係が指摘されていたものである。住居跡の時期は上ノ原Ｉ期＝前期末で、器形は鉢で、断面円形の粘土紐を口縁に巻く。調整は内外面ナデで黄褐色～黒褐色を呈し、焼成はあまりよくない。口縁形状だけを似せるが、器形全体では朝鮮系無文土器とは異なり、こうした資料も熊本平野における擬朝鮮系無文土器の拡散の中に位置づけて、擬朝鮮系無文土器と押えることができよう。

今後も熊本平野とその周辺では擬朝鮮系無文土器の系統上にのる土器の出土が相次ぐものと思われる。

6　鹿児島の朝鮮系無文土器・擬朝鮮系無文土器

鹿児島に入ってまず注目する資料は鹿児島県南さつま市金峰町下原遺跡出土の丹塗磨研土器である。縄文時代晩期の遺跡で刻目凸帯文土器の鉢や浅鉢などとともに出土している。共伴する出土土器を見る限り縄文時代晩期後半に限定した時期と考えてよさそうである。その中に図23のように二点の丹塗磨研土器が含まれている。1は壺である。胴部の下半がないが現在は卵型の縦長い胴部に復元され、それに短く細い頸部と緩く外反する口縁がつく。外面は全体に縦方向の緻密なミガキが施され、それは口唇まで及ぶ。縦方向に六㎝幅くらいの単位で磨かれていて、残存部だけで見ると五段階に分けて磨かれている。丹塗りは外面全体にあるが、内面には垂れてついたと考えられる場所以外は基本的に塗布していない。やや暗く赤褐色に発色し、部分的に薄黒く変色するが、それは文様を意図するものではないようだ。いずれも復元で口径一一・四㎝、胴部径三〇・二㎝を測る。2は底部だけである。底径一一・二㎝とやや広い平底を呈す。外面全体に丹塗りが施されミガキで調整されているはずであるが、器面が荒れていて確実にミガキの痕跡を確認できるのは、下から六㎝位である。その部位は右下がりに斜め方向のミガキである。丹は置いた状態で塗ったものか、底部下端までは塗布されていない。内面はナデで丹は塗布されていない。胎土は丹塗土器特有の精良なものである。1は現在長胴に復元さ

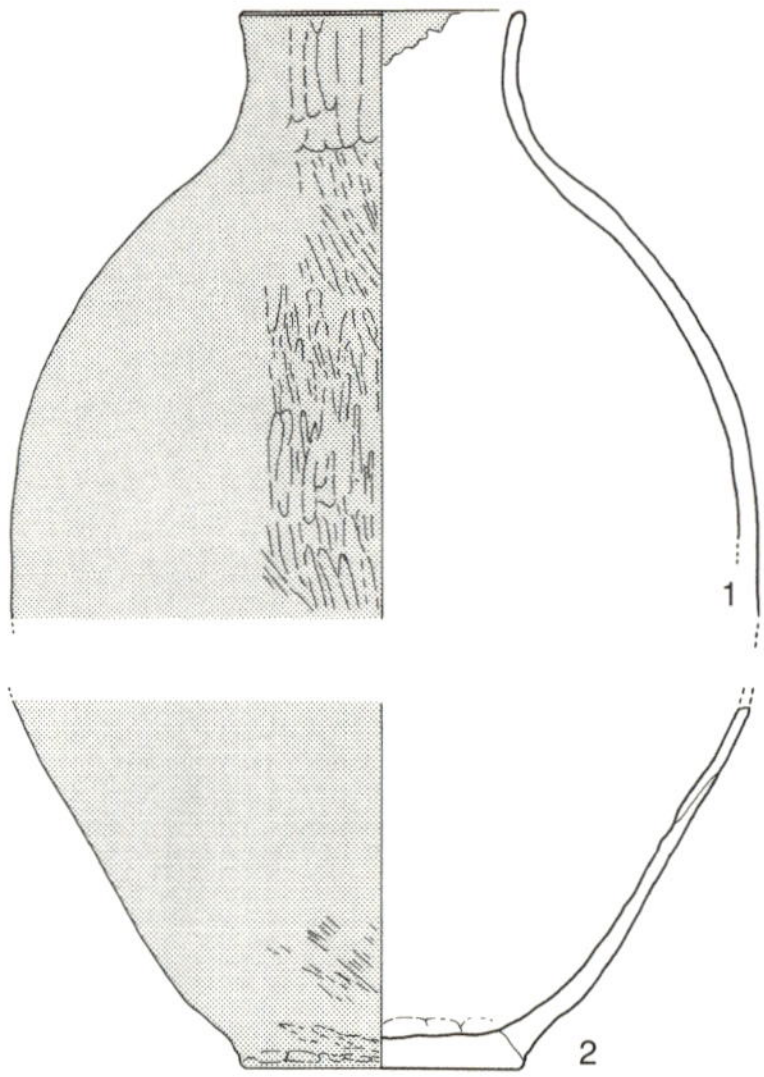

図23　下原遺跡出土朝鮮系無文土器（1/6）
（片岡実測・作図）

図24　南九州を中心とした朝鮮系無文土器・擬朝鮮系無文土器出土遺跡

■朝鮮系無文土器出土遺跡
□擬朝鮮系無文土器出土遺跡
1：江津湖遺跡、2：御幸木部遺跡、3：護藤遺跡群、4：白藤遺跡、5：上高橋遺跡、6：石ノ瀬遺跡、7：宇土城跡遺跡、8：境目遺跡、9：上ノ原遺跡、10：下原遺跡、11：郡元遺跡、12：諸岡遺跡、13：三国丘陵遺跡群、14：土生遺跡、15：仁王丸遺跡、16：下林西田遺跡、17：田隈柿添遺跡、18：久保遺跡

れるが、朝鮮半島無文土器時代の丹塗磨研土器には胴下半で屈曲して底部に向けて急激にすぼまるタイプのものが多いので、そうしたものに類例が求められるのではないだろうか。また2の方は甕とも壺とも表現しがたい松菊里型土器に近い器形をなすのではないだろうか。いずれも森貞次郎氏が指摘したように朝鮮半島から直接持ち込まれた可能性が高いも

のである。

この下原遺跡の西方一・五㎞には南九州の代表的な前期弥生式土器を出土する高橋貝塚があり、また北方〇・八㎞の位置には標石を持った甕棺墓が発掘された下小路遺跡がある。この吹上浜砂丘の裏側地域は、このように継続して北部九州、さらにその北の朝鮮半島の新文化の影響を強く受けているところであるが、高橋貝塚では南方産ゴホウラ貝輪の完成品・未製品も出土しているところから、南島との交易も含めた交渉の中継基地とみられている（註28）。そしてその地に住む集団は、阿多隼人の前身をなす海洋性の強い集団の中心地だと考えられている（註29）。壱岐原の辻遺跡では南九州中期前葉の入来式土器が出土している（註30）が、そうした集団の北上する動きが渡海した南九州系の土器に現われているのであろう。下原遺跡に見られる朝鮮系無文土器の突然の出現にも、そうした集団が介在している可能性がある。

下原遺跡は薩摩半島西海岸にあるが、反対の鹿児島湾側の鹿児島市郡元の鹿児島大学構内、針田遺跡Ⅷ地点河川跡包含層から出土した土器が、朝鮮系無文土器ではないかと注目された。図25に示すこの土器は口径一七・〇㎝で傾きを見ると鉢のように底部に向かってすぼまる器形になる。明らかに粘土紐を口縁外側に回し、その下端はヨコナデしないまでも指で連続的に押圧した痕跡を残す。外面は板状工具による擦過の後、ていねいにナデを行なっている。口縁上端は軽いヨコナデを施し、平らにする意識が認められる。この土器が朝鮮系無文土器と関係するものかどうかは、現段階では判断ができない。確かに口縁の形状や外面調整などはその影響とも受け取れるものであるが、共伴する土器群には在地の凸帯文土器以来の系譜を引くものから、今回紹介した擬朝鮮系無文土器に似たものまで各種あって、そのバリエーションの一つに位置づけることもできる。このような疑問の残る土器は性急に判断を下すことよりも、しっかりと記録に留めておく必要がある。かつて、所属の不明だった佐賀平野の異質な土器が、土生遺跡の調査によって無文土器が弥生土器化する過程に位置づけることが可能になったこともある（註31）。

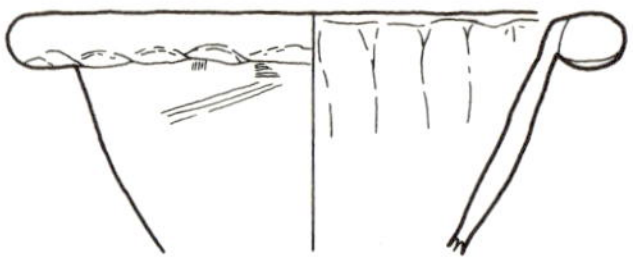

図25　郡元遺跡出土擬朝鮮系無文土器（1/4）（片岡実測・作図）

南九州へは早くから孔列文土器が集中することが知られ（註32）、土器だけでなく宮崎県都城市では黒土遺跡から磨切技法による石包丁が出土し（註33）、同市肘穴遺跡ではそれとともにプラントオパールによる縄文時代晩期の水田跡も検出され、複合的な文化として大陸の影響を認めることができる。その背景に渡来集団が関わっているのかどうか、関わっているとすればどういう形で関わっていたのか、今後の課題として記憶に留めておきたい。

おわりに

渡来人がまず足を踏み入れた北部九州から有明海、八代海にそって薩摩半島へ南下するその動きを追いかけてみた。熊本平野における渡来集団とその文化の状況は急速に明らかになっているが、それ以南は今後の調査の進展が待たれる現状である。九州の西海岸の状況はこのように次第に明らかになりつつあるが、豊前・豊後・日向といった九州東海岸でも少しずつではあるが、擬朝鮮系無文土器が発見されているので、今後は東海岸側の南下も注意して見ていきたい。

註

（1）片岡宏二「日本出土の前期・中期無文土器」『環濠集落と農耕社会の形成』九州考古学会・嶺南考古学会第三回合同考古学大会、一九九八年

（2）後藤直氏は（註3）の論文では御幸木部町遺跡としているが、本論では御幸木部遺跡に統一した。

（3）後藤　直「朝鮮系無文土器」『三上次男先生頌寿記念東洋史・考古学論集』一九七九年
後藤　直「朝鮮系無文土器再論―後期無文土器系について」『東アジアの考古と歴史』岡崎敬先生退官記念論集、同朋舎、一九八七年

（4）宇土市教育委員会高木恭二氏のご教示による。

（5）宇土城三ノ丸跡発掘調査団『宇土城三ノ丸跡』一九八二年

（6）片岡宏二「（2）朝鮮系無文土器」『新宇土市史　基礎資料第九集　考古』二〇〇一年

（7）調査年不明、宇土市教育委員会高木恭二氏のご教示による。

（8）網田龍生「護藤遺跡群（小瀬田遺跡）」『新熊本市史　資料編 第一巻 考古資料』熊本市、一九九六年

（9）林田和人・原田範昭「白藤遺跡出土の矛形銅製品・鋳型について」『肥後考古』一一号、肥後考古学会、一九九九年

（10）熊本市教育委員会『上高橋高田遺跡　第一次調査区発掘調査概報Ｉ』一九九二年

（11）一九九八年資料の整理中に擬朝鮮系無文土器らしきものが出土していることを熊本市教育委員会の網田龍生氏からお聞きし、実見する機会を得た。

（12）熊本市教育委員会『八ノ坪遺跡―東西屋敷地区経営体育成基盤整備事業に伴う埋蔵文化財発掘調査報告Ｉ』二〇〇五年

（13）熊本県教育委員会『上の原遺跡Ｉ』熊本県文化財調査報告書第五八集、一九八三年

（14）一九九七年熊本市教育委員会調査、同市教育委員会林田和人氏教示により、実見する機会を得た。

（15）福岡県教育委員会『下林西田遺跡』福岡県文化財調査報告書第一三二集、一九九八年

（16）大牟田市教育委員会『田隈柿添遺跡』大牟田市文化財調査報告書第五五集、二〇〇二年

（17）久留米市教育委員会『久保遺跡』久留米市文化財調査報告書第二二五集、二〇〇六年

（18）一九七六年鹿児島県教育委員会調査、現物は鹿児島大学に保管される。資料の調査にあたっては鹿児島大学考古学研究室諸氏の手を煩わせた。

（19）最初にこの土器を実見した森貞次郎氏が指摘し、以後注意にのぼっているということを鹿児島県教育委員会の新東晃一氏からお聞きし、拙論（註31）で取り上げた。

（20）佐藤伸二「御幸木部遺跡（加勢川川底遺跡）」『新熊本市史　資料編 第一巻 考古資料』熊本市、一九九六年

（21）中島達也「２横隈鍋倉遺跡出土の朝鮮系無文土器について」『横隈鍋倉遺跡』小郡市文化財調査報告書第二六集、一九八五年

（22）片岡宏二「渡来人の集落」『考古学による日本歴史』10対外交渉、雄山閣、一九九七年

(23)　佐藤伸二「縄文弥生の海岸線について」『熊本の地理と地名』第九回熊本地名シンポジウム、一九九四年
(24)　小林行雄『弥生式土器聚成図録―解説』東京堂出版、一九三九年
(25)　片岡宏二「渡来人と青銅器生産」『古代』第一〇二号、早稲田大学考古学会、一九九六年
(26)　原田範昭「熊本」『第四五回埋蔵文化財研究会　弥生時代の集落―中・後期を中心として』一九九九年
(27)　北野町教育委員会『仁王丸遺跡』北野町文化財調査報告書第一〇集、一九九八年
(28)　上村俊雄「南九州と南島との文物交流について―縄文・弥生時代相当期の文物―」『南島考古』第一四号、沖縄考古学会、一九九四年
(29)　中村明蔵『隼人社会の構造と展開』岩田書院、一九八八年
(30)　原の辻遺跡の調査を担当されている宮崎貴夫氏が注目し、鹿児島大学本田道輝氏に鑑定を依頼したところ南九州中期前葉に位置づけられる入来式である可能性が高いと判断されたものである。宮崎貴夫氏、本田道輝氏ご教示による。
(31)　片岡宏二「朝鮮系無文土器の弥生土器化とその社会」『MUSEUM東京国立博物館美術誌』五〇三、ミュージアム出版、一九九三年
(32)　下山　覚「いわゆる『孔列土器』について」『鹿大考古学会会報』五号、一九八七年
(33)　都城市教育委員会『黒土遺跡』都城市文化財調査報告書第二六集、一九九四年

第三節　瀬戸内への渡来人の足跡

はじめに

北部九州で見られる朝鮮系無文土器・擬朝鮮系無文土器の分析を通して、その集落の動向にいくつかのパターンがあることを以前分析した（註1）。山口県地方・瀬戸内地方には、その製作技術・形状を含めて弥生土器の影響が見られる擬朝鮮系無文土器と認識できるものがある。この擬朝鮮系無文土器は、大きく分ければ、本来の無文土器製作技術を継承したものと弥生土器製作者が無文土器の何らかの影響を受けて作られたものに分かれるが、個別の個体でそれをどちらかに区分することは不可能である。しかし、一定量の分析が可能になれば、佐賀県土生遺跡に見られるように、本来のものに近い形状から、弥生土器の影響を受けて大きく形状が変わったものまで、その変化を追うことができる。

北部九州から離れた地における擬朝鮮系無文土器の出土とその意味について、山口県地方の下関市豊浦町吉永遺跡、瀬戸内の高松市奥の坊遺跡の例について検討し、渡来集団がどのような規模で、またどの程度弥生人と接触しながら移動をしたのかを検討してみたい。

1　擬朝鮮系無文土器と渡来集団の移動

山口県地方への移動痕跡

山口県下関市豊浦町吉永遺跡の擬朝鮮系無文土器（註2）　本州最西端に位置する山口県は、北部九州に見られる朝鮮系無文土器・擬朝鮮系無文土器が西へ波及する基点として、また山陰側と瀬戸内側に分岐する基点として注意されるところである。今までにも山口県内では下関市吉母浜遺跡（孔列文土器段階）、下関市綾羅木郷遺跡（「後期前半」無文土

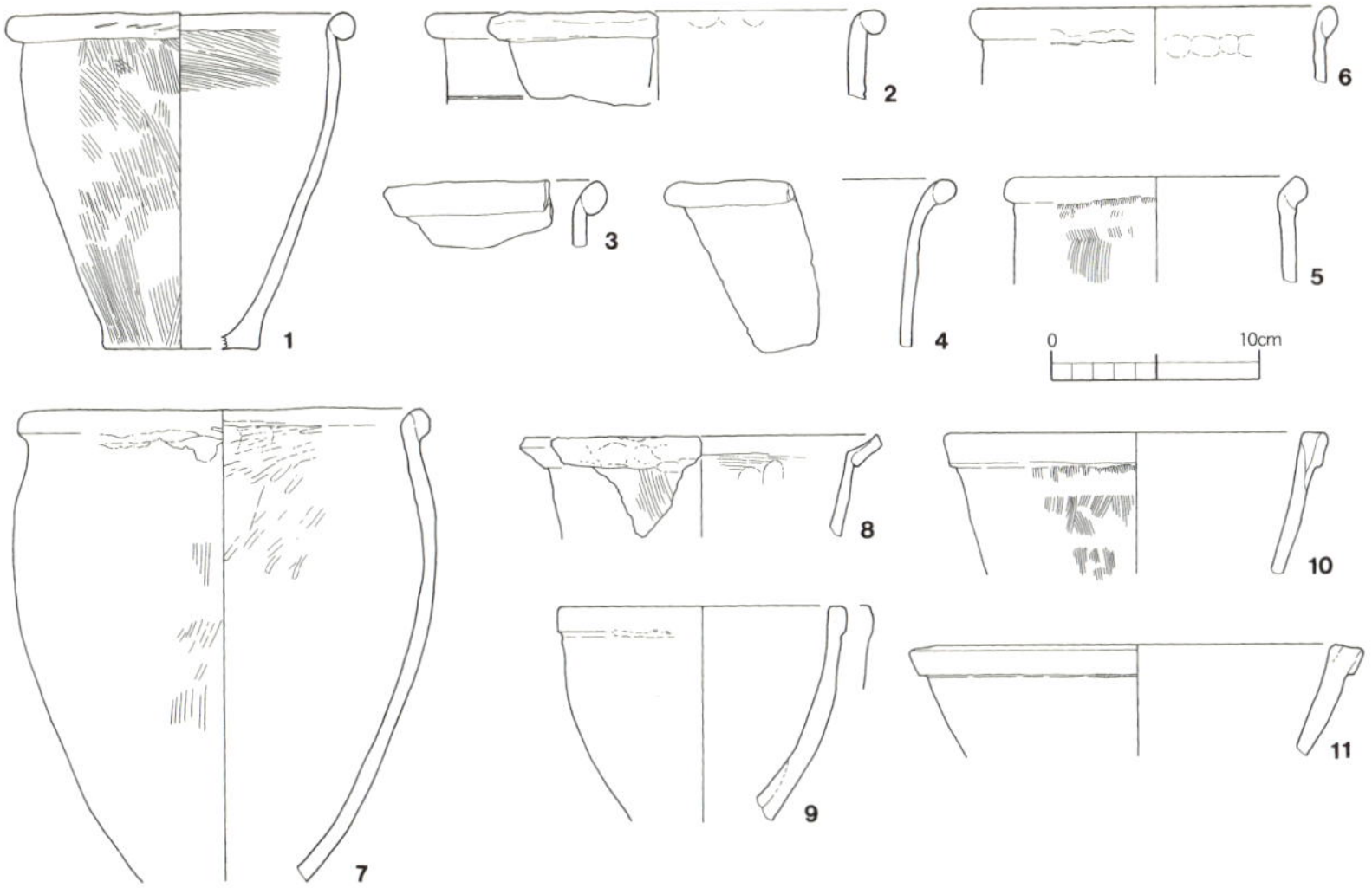

図26　吉永遺跡（1～6）・中村遺跡（7）・西遺跡（8・9）・下右田遺跡出土土器（10・11）（1/6）
1・2：Ⅰ類、3：Ⅱａ類、4：Ⅱｂ類、5：Ⅲａ類、6：Ⅲｂ類（図はすべて片岡再実測・製図）

器段階）、下関市六連島遺跡、秋根遺跡と宇部市沖の山遺跡（「後期後半」無文土器段階）の出土が知られる。

ほかに河村吉行氏は山口県内の朝鮮系無文土器について、「県中央部の山口盆地に位置する西遺跡、同小路遺跡を東限として、綾羅木郷遺跡、下関市吉母浜遺跡、下七見遺跡、美祢郡秋芳町中村遺跡などから出土しており、長門部を中心とした県西半部に分布範囲をもつことがわかる。」として、集成を通して分布の特性に言及した（註3）。

河村氏が指摘した資料は、どこまで朝鮮系無文土器に関連するものか明らかではなかった。こうした中で、下関市豊浦町吉永遺跡の調査が行なわれ、山口県の朝鮮系無文土器を考えるうえで貴重な成果を得た。

二〇〇二年のⅣ地区調査、二〇〇三年のⅤ地区調査で弥生時代前期後半から中期の土器に伴い、相次いで擬朝鮮系無文土器のまとまった資料が発見されている。この遺跡から発掘された擬朝鮮系無文土器の最大の意義は、この遺跡の中で擬朝鮮系無文土器の変容する過程がつかめることと、それによって、従来不明だった周辺遺跡から出土した「朝鮮系無文土器」の可能性があるとされていた資料の系譜のつかめるものも出てきたことである。

吉永遺跡出土の擬朝鮮系無文土器は、その口縁粘土帯の整形によって大きく三つに分類できる（図26－1～6、口絵5）。

Ⅰ類　粘土帯断面が円形を保っていて、それをほぼ直立した擬口縁に貼り付け、その貼り付けに際して下端が未処理のもの。本来の無文土器同様に内外両面をナデで調整した無文のものもあるが、ハケで調整するものもある（図26－1）。口縁下に浅い沈線を一条めぐらすもの（図26－2）もあって、弥生土器の影響が認められる。いずれの土器も口縁形状は朝鮮系無文土器とほとんど差がないが、その器面調整や文様に本来の朝鮮系無文土器につくはずのない弥生土器の影響が認められる。以上の理由から、Ⅰ類は擬朝鮮系無文土器でもきわめて朝鮮系無文土器の段階に近い一群と考えた。

Ⅱ類　粘土帯の断面が円形であることを確認でき、下端の処理は未処理か、もしくは不完全なナデである。貼り付けた粘土帯の上端をヨコナデして平坦な面を作り出したり、口縁内面に傾斜面ができる。Ⅱ類は口縁内面が比較的短い傾斜面を持つⅡａ類（図26－3）と長くて外反ぎみのⅡｂ類（図26－4）に細分される。

Ⅲ類　擬口縁の外側に粘土帯を貼り付けたことが明らかであるが、下端はヨコナデによって処理されて、粘土紐貼り付け痕跡をなくしている。Ⅲ類はこの吉永遺跡出土擬朝鮮系無文土器の多くを占めるが、弥生土器の成形技術に無文土器の成形技術が残っているために、このように多量に出土したものと考えられる。このⅢ類は、いずれも口縁を外反する特徴を有すが、粘土帯の断面形状が円形あるいは上下側面からの押圧を受けているⅢａ類（図26－5）と細長く楕円形状に貼り付けられたⅢｂ類（図26－6）に細分される。

以上のように、吉永遺跡から出土した擬朝鮮系無文土器からは、本来の朝鮮系無文土器から当地の弥生土器の影響を受けて徐々に弥生土器化する過程を看て取ることができる。

この吉永遺跡の分析によって、従来、擬朝鮮系無文土器とされていないながらその系譜の不確かなものが、系統づけられる可能性が出てきた。そうした例として山口県内の遺跡例を取り上げてみる。

山口県美祢郡秋芳町中村遺跡出土の擬朝鮮系無文土器（註4）（図26－7、口絵5－右下）　秋芳町は秋吉台で有名な内陸の町であるが、ここの中村遺跡から擬朝鮮系無文土器が出土している。当初は著者もこの土器に対して、擬朝鮮系無文土器との関連に疑問符をつけていた。しかし、先の吉永遺跡の擬朝鮮系無文土器が、当地での系統をある程度推定づけられるようになったので、ここに取り上げた土器もその系統にあると理解した。

この土器は底部を欠くが、復元口径一九㎝、現存高二二・三㎝を測る。調整は外面がハケ、内面が上半はミガキ、下半はナデである。プロポーションから調整・大きさまでごく普通の弥生土器の器形をした甕であるが、特徴的なのはその口縁部成形法である。いったん直立する擬口縁を成形し、その上端外面に粘土紐を巻きつけて、その下端接合痕跡をある程度残したままにしている。口縁部調整は緩いヨコナデである。内面上端がややきついヨコナデになっていて、傾斜がついて稜をなす。

吉永遺跡で見られる擬朝鮮系無文土器のうちでもⅢａ類に近いものであって、この地にまでその土器技術が及んでいることが明らかになった。

その他に関連が考えられる遺跡　これから述べるものは、報告書で朝鮮系無文土器として、あるいはその可能性のあるものとして取り上げられたものであるが、著者はまだ擬朝鮮系無文土器の認定を保留しているものである。

山口盆地にある山口市西遺跡から出土した土器の中に朝鮮系無文土器と指摘されたものが二点ある（註5）。このうち図26－8は、く字形に屈曲する口縁部の外側に粘土帯を貼り付けて、下端を処理しないものである。下関市秋根遺跡のものに似ている。口縁先端を軽く摘み上げるなどの技術や内外面をハケ調整するなど、調整・器形とも在地土器の特徴が出ている。口縁部の特徴は、「後期後半」無文土器段階に近いもので、無文土器からの系譜を考えるならば、対応する段階は「後期後半」無文土器段階のものとなるであろう。しかし、この段階の資料は先の秋根遺跡と瀬戸内側の宇部市沖の山遺跡にあるだけで、これを即座に朝鮮系無文土器の系譜にあるものかどうか現状では判断しかねる。

図26－9のほうは丸みを持った胴部に直立した口縁部を持つ鉢で、口縁先端に外面から粘土を薄く貼り付けたものである。部分的には貼り付けた痕跡がはっきりするが、横の補足断面図に示したとおり、ほとんどその肥厚が明瞭でないところも多い。調整は外面がハケである。現段階では擬朝鮮系無文土器の範疇に加えられるものかどうか不明である。

河村氏が指摘した山口市小路遺跡から出土した土器は、その器形は通常の弥生土器甕である（註6）。口縁に特徴があって、細い粘土紐を口唇外側に貼り付け、細く摘み出して先端を尖らせている。接合した痕跡は部分的に残っている。朝鮮系無文土器との関係は全く不明である。

防府市下右田遺跡からは、朝鮮系無文土器とされるものが二点出土している（図26−10・11）（註7）。器形はいずれも鉢で上端が平らに調整され、その先端外面に粘土紐を貼り付け、コ字形にヨコナデで調整している。上のほうはその部分だけの粘土紐ではなく、全体に積み上げた粘土紐を整形して形を作り出し、下のほうは粘土紐の一部を補強した形で粘土を薄く貼り付けている。いずれもその成形技法は朝鮮系無文土器のものとは異なっている。現段階では、器形を含め、さまざまな点で擬朝鮮系無文土器の範疇には含まれない可能性が高いと判断しているが、今後の類例増加に注目したい。

瀬戸内地方への移動痕跡

香川県高松市奥の坊遺跡出土の擬朝鮮系無文土器（註9）（口絵6）

瀬戸内では、今までに後期朝鮮系無文土器の良好な資料が少なかった。山口県宇部市の沖の山遺跡例は「後期前半」から「後期後半」への過渡的な土器とされ（註8）、松山市宮前川別府遺跡例、坂出市川津下樋遺跡例、徳島市庄・蔵本遺跡例は候補として名を連ねたが、現段階でも判断はつかない。

そうしたなか香川県高松市奥の坊遺跡で注目される資料が出土している。その遺跡は屋島の南、西の低湿地に面した緩斜面に立地する。そこから出土した土器が擬朝鮮系無文土器とされている。

対象となった土器は七点であるが、このうちの六点が甕で、その口縁断面がまだ円形の形状を残している点を見ると、朝鮮半島の「後期前半」無文土器段階に対応する。

これらの土器は、成形方法、整形方法、調整方法などさまざまなところで、朝鮮系無文土器との違いが認められ、著者が定義する朝鮮系無文土器とは違うものであることは明らかである。しかしながら、何よりもこれらの土器が在地の

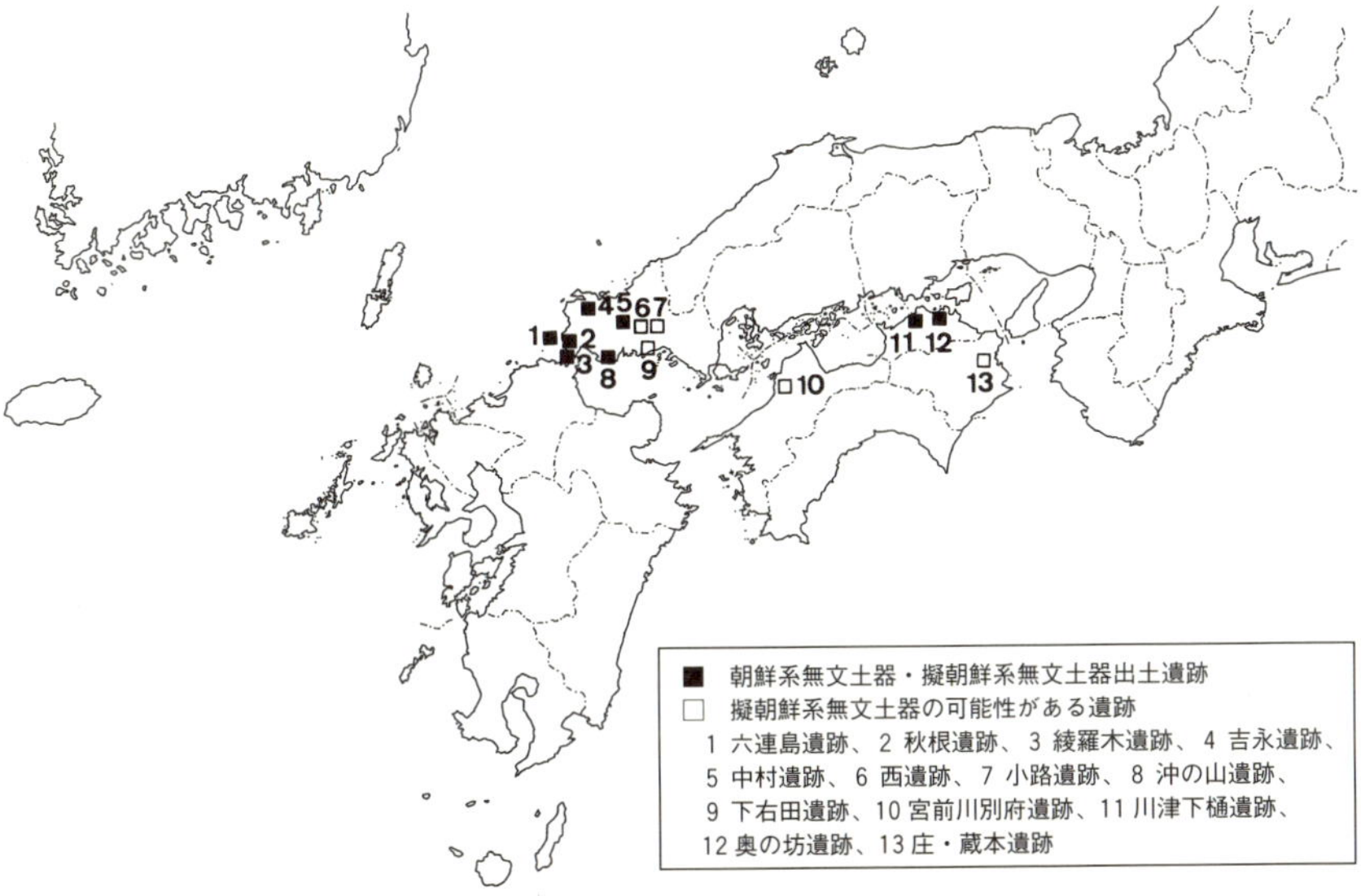

図27　本節で扱う遺跡の分布図

同時期の土器、第二様式後半前後の土器とはまったく異質なものであるという点や朝鮮系無文土器に見られる成形方法、整形方法、調整方法の影響を残すものであることから、著者が定義する擬朝鮮系無文土器の範疇に含まれるものと考える。この中でも、より朝鮮系無文土器に近い粘土帯が断面楕円形の形状を残すもの（口絵6－4）もあれば、同様の形状を残しながらも口唇内面の整形がまったく異なるもの（口絵6－5）もあり、擬口縁の斜め上方に粘土帯を貼り付けたもの（口絵6－1～3）、さらにその粘土帯がもはや断面楕円形ではなく、三角形に整形されたもの（口絵6－6）など、擬朝鮮系無文土器から離れつつある形状を呈すものまである。

したがって、この遺跡では、朝鮮系無文土器の整形技術が伝承されながらも、弥生土器製作技術の影響を受けて、変化する様子がうかがえる。

口絵6－7は壺である。長く樽型の胴部形状に外反する口縁がつく。調整は外面がミガキでていねいに調整され、口縁部は内面も見える部分まではミガキが施される。器形・調整とも松菊里型土器に近いものである。粘土帯土器とは離れた位置で出土していることもあって、共伴土器からは時期決定をすることができない。状況証拠から、粘土帯土器と同時期に想定されている。こうした松菊里型土器系統の壺が「後期前半」無文土器段階まで残存して共伴することは不自然ではなく、あえて松菊里型土器段階、朝鮮半島中期無文土器に関連させなくてもよい。この土器も、先の粘土帯土器との関連の中で考えてしかるべきであろう。

これらの土器が出現する背景には、北部九州で定着した渡来人集団の分派が、何かの理由で東方に移住し、この地に至って土器を残したと考えている。この遺跡では、讃岐平野では初見となる松菊里型住居跡も検出されている。このことは、遺構の上からも移住があった考えを補強する。

北部九州で渡来を示す多量の朝鮮系無文土器が出現するのは弥生時代前期末である。それから擬朝鮮系無文土器へ移行する。擬朝鮮系無文土器は、始めは朝鮮系無文土器により近く、時代を経るにしたがって、弥生土器の影響を受けて大きく変化し、北部九州で擬朝鮮系無文土器が最後まで確認できるのは、弥生時代中期前半である。北部九州で擬化した後に、東にその土器を携えた集団が移っていくことになるのであろうから、瀬戸内で第二様式に擬朝鮮系無文土器が出現することは、時間的にも問題はないと思われる。

いままで系統がわからなかった、兵庫県側の擬朝鮮系無文土器とされている小山遺跡、大阪湾の高井田遺跡なども、あるいは擬朝鮮系無文土器の変化の中でその系統がわかってくるかもしれない。そのような期待を抱かせる資料である。今後は周辺の地域との関係を精査する必要がある。

2　定着する渡来系集団と移動する渡来系集団

このように擬朝鮮系無文土器は、北部九州から遠隔の地においても、渡来系集団が移動していったことを示す確実な証拠を残している。

朝鮮半島から直接もたらされたと考えられる土器が玄海灘沿岸部で認められることは当然だが、朝鮮半島から来た渡来人が作ったであろうと思われるものが北部九州から熊本平野にかけて多量に発見される。そしてその影響下に成立する擬朝鮮系無文土器は近畿地方にまで及ぶ可能性が高いのである。

朝鮮系無文土器・擬朝鮮系無文土器が示す渡来人の足跡は、必ずしも『魏志』倭人伝が示すとおりの足跡を残していない。もっと広範に、そして山間部や海岸部の辺境にも広がりを見せている。『魏志』倭人伝が、中枢地域を繋いで政治性を持った道をたどるのとは違った渡来人の動きがあったのであろう。

本節に紹介した下関市吉永遺跡およびその周辺、高松市奥ノ坊遺跡の擬朝鮮系無文土器は、北部九州から東側に伸びた渡来人集団の動きが次のようなものであったことを示している。

（1）渡来系集団はその土器製作技術が、無文土器の系統にありながらも朝鮮半島におけるものとは異なっているため、その製作技術を継承した者、具体的には、渡来人の子孫がどこかの場所から移動してこの地に至り、しばらくの期間居住していたことを示す。

（2）その土器製作技術には、一部に弥生土器の影響も現われていることから、弥生人との交渉は当然あったと考えられるが、ほとんど周囲が弥生土器文化に囲まれた中、朝鮮系無文土器の技術は継承されることから、その生活文化のアイデンティティは失われていないと見るべきである。

（3）出土土器全体の中で見ると、擬朝鮮系無文土器はわずかである。必ずしも使用した土器全部が発掘されているわけではないが、集団としては少数であったと考えられる。

（4）吉永遺跡では、松江市周辺で発見されている西川津遺跡、原山遺跡、布田《ぬのでん》遺跡などの擬朝鮮系無文土器と北部九州を繋ぐ中継地として、日本海沿岸を点々と西へ伸びていった渡来人の足跡を追うことができた。一方、奥の坊遺跡では、今まで朝鮮系無文土器との関係が疑問視されてきた、近畿地方などの土器群（大阪府高井田遺跡など）が、再検討されなければならない状況を生み出したといえる。

さて、このようにまとめてみると、第一章第二節に述べた農耕文化開始期の渡来系集団とその後に山口県地方・瀬戸内地方に伸びた集団には、次のような違いがある。

前者は土地に定着し、潜在的耕地を開発して、そこを耕作地として顕在化させるが、その生産母体を背景に飛躍的な人口増加を遂げ、やがて、人口に比較して可耕地が不足する状況を生み出し、そこから新たな生産地を求めて移住する集団内集団が生まれる。必ずしも、一気に飛び散るような拡散を示すものではない。そして、その集団の持つ文化はその地域の基礎文化と認識されるまでに普遍化すると考えられる。

一方、後者は点的な移動を見せる集団である。そしてそれにも二つのタイプが見られる。ひとつは吉永遺跡のように、その地に長い期間（二世代以上）居住し、そこで擬朝鮮系無文土器がさらに弥生土器に同化する変化が認められ、周辺では中村遺跡のように、その影響を受けた土器が出現するタイプである。もうひとつは奥の坊遺跡のように、その土器の変化が少ないことから極めて短い時間の滞在の後、その地の弥生文化に同化することなく、いずこかに去っていくようなタイプである。

著者は北部九州における渡来系集落で「土生タイプ」と「諸岡タイプ」に分類した（註1）が、それに従うと各遺跡のあり方は、前者の吉永遺跡が「土生タイプ」、後者の奥の坊遺跡が「諸岡タイプ」の集落に似ている。「土生タイプ」は渡来系集団が定着して周囲の弥生文化に同化する遺跡であるが、吉永遺跡はそうした遺跡であろう。一方「諸岡タイプ」の遺跡は少数の集団が、既存の弥生集落の縁辺に一時的に居住し、いずこかに去っていく。その理由は、渡来人が居住しやすい生活環境を求めて移動の途中と考えられる。奥の坊遺跡の渡来系集団にとって、めざす場所はどこだったのだろうか。今後は、畿内の擬朝鮮系無文土器をそうした観点からも見直さなければならないだろう。

渡来系集団もさまざまな移住の仕方があることをここで認識しておきたい。

註

（1）片岡宏二「渡来人集落」『考古学による日本歴史10—対外交渉』雄山閣、一九九七年

（2）山口県教育委員会『吉永遺跡（Ⅳ地区）』山口県埋蔵文化財センター調査報告第三三集、二〇〇二年

山口県教育委員会『吉永遺跡（Ⅴ地区）』山口県埋蔵文化財センター調査報告第三八集、二〇〇三年

（3）河村吉行「周防と長門の弥生時代」『山口県史研究』第二号、山口県企画部県史編さん室、一九九四年
（4）山口県教育委員会『中村遺跡』山口県埋蔵文化財調査報告書第一〇〇集、一九八七年
（5）山口市教育委員会『西遺跡』山口市埋蔵文化財調査報告書第二一集、一九八六年
（6）山口市教育委員会『小路遺跡』山口市埋蔵文化財調査報告書第二七集、一九八八年
（7）防府市教育委員会『下右田遺跡　第七次発掘調査報告』右田幼稚園園舎改築工事に伴う発掘調査報告　防府市埋蔵文化財調査報告九九〇一、一九九九年
（8）小田富士雄「山口県沖の山発見の漢代銅銭内蔵土器」『古文化談叢』第九集、一九八二年
（9）高松市教育委員会『奥の坊遺跡群Ⅱ』高松市埋蔵文化財調査報告第六七集、二〇〇四年

第四節　山陰への渡来人の足跡

はじめに

山陰地方は朝鮮系無文土器が集中する地域である。山陰地方であればどこでも出土するのではなく、限定された地域に集中して出土する傾向にある。これは山陰地方独特の地形が大きく影響しているためである。日本海に面した海岸線は切り立った岩場が続き、まとまった広さを持つ平野は限定されている。そうした平野に朝鮮系無文土器が出土する。出土する朝鮮系無文土器は「前期」に対応する孔列文土器から「後期」に対応する粘土帯土器まで各時期のものがあり、それぞれの出現には異なった歴史的な背景がある。

1　山陰地方の孔列文土器

山陰地方は日本で発見される孔列文土器のうちでは、古い形態のものが集中する地域として注目される。島根県飯石郡飯南町《いいなん》（旧頓原町）大字志津見にある板屋Ⅲ遺跡をはじめとする山陰地方における孔列文土器出土遺跡の検討を通して、山陰地方における孔列文土器の状況を見ていくことにする。

朝鮮半島の「前期」無文土器は、日本との併行関係でいえば、およそ縄文時代晩期の初頭に開始されるが、その当初から甕（深鉢）形土器の口縁部に連続的な刺突文様を持った朝鮮半島前期無文土器文化を代表する孔列文土器がある。その起源は朝鮮半島東北部にあるとされ、その文化が南下し、漢江流域で西北地域のコマ形土器文化と融合して日本との関連が深い朝鮮半島南部へ伝えられたとされてきた。今まで孔列文土器の類例の少なかった朝鮮半島南部でも、近年良好な資料が増加し、その変遷も問題にされている（註1）。

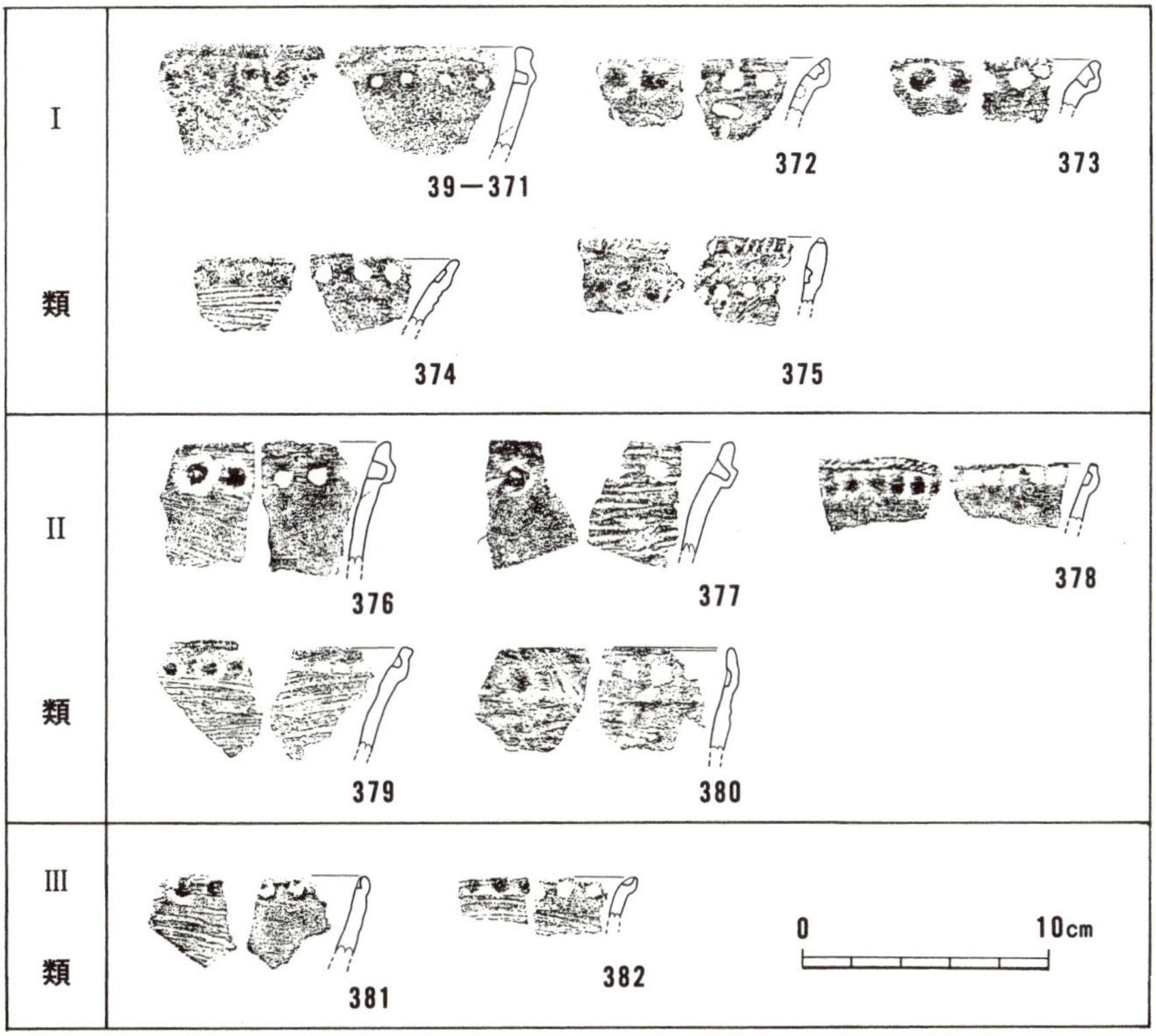

図28　板屋Ⅲ遺跡出土の孔列文土器（1/4）
（番号は報告書の番号に対応する。土器図は註2より転載）

孔列文土器の影響が九州地方を中心に現われることは一九八〇年頃から注意されてきたが、岡山県総社市南溝手遺跡で孔列文土器が発掘されるまでは、その分布は九州地方と本州最西端山口県下関市吉母浜遺跡にしか知られていなかった。板屋Ⅲ遺跡での孔列文土器の多量の発見は、先に発見された松江市鹿島町佐太講武遺跡の孔列文土器の評価と併せて、朝鮮半島前期無文土器文化の日本への伝播という問題から注目されるものである。こうした類例の増加は、すでに報告されていた資料の再検討を要することとなり、その結果、従来系統不明とされていた松江市タテチョウ遺跡、同市西川津遺跡、飯南町森遺跡でもその系統の中で捉えうる資料を探し出せたのは大きな成果であった。以下、山陰地方の孔列文土器をまとめ、その位置づけについて若干の考察を行ないたい。

板屋Ⅲ遺跡の孔列文土器（註2）

図28に示された土器が孔列文土器の系統に属すものであるが、これらの土器の孔列文施文技術の個体差は、プライマリーな孔列文土器の要素をどれだけ残しているのかというレベルを示すものと考えられる。図28－371・372・373・374・375は、いずれも内面から約一㎝間隔で半貫通の連続刺突を行ない、外面にこぶ状の突起を作っている。原体は断面円形の太い（径〇・四～〇・七㎜）の棒状の工具で、これを裏側からまっすぐ突き、その施文方法だけを見れば、比較的孔列文土器の技術に近い。これらをⅠ類と分類しておこう。次に内面から約一㎝間隔で半貫通の連続刺突を行ない、外面にこぶ状の突起を作る点は同じだが、器表に対し斜めから押し引きのような刺突を行なうものがある。同図376・377・378・379・380などがこの類でこれらをⅡ類とする。さらに後述するがタテチョウ遺跡で特徴的に認められる口唇に接して施文する一群がある。これをⅢ類とする。同図381・382がこの部類に属す。381のようにこの部類は中央が窪んだ竹状の原体を使用することが多い。

Ⅰ類はプライマリーな孔列文土器に近いが、それでも口縁が大きく外反する在地の縄文時代晩期土器の器形であるなど、すでに在地の縄文時代晩期土器の影響が認められる。375のように口唇に細かな刻みを入れるものがある。これは朝鮮半島でも孔列文に組み合わせて採用される施文技法である。Ⅱ類の380には在地縄文時代晩期前葉の土器形式である谷尻式に見られる外面の沈線文がある。Ⅲ類は孔列文様の規範が崩れかけたものと見ることができるだろう。同じ層から出土する共伴土器には、純粋ともいえる在地縄文時代晩期前葉谷尻式も含まれているが、それらには孔列文土器とはやや趣が違った内面からの刺突を持ったものもあり、孔列文の技法はこうした在地土器文化との融合の中で展開していった結果が、Ⅰ・Ⅱ類からⅢ類への変化ととらえることができる。

佐太講武貝塚の孔列文土器（註3）

佐太講武貝塚出土の孔列文土器（図29）は、口唇から一㎝に満たない部分に内面から半貫通の刺突を加える。その刺突方法は、やや斜め方向から連続的に刺突するものでⅡ類に属す。刺突によって表面が円形に隆起して、連続した突起を作り出しているところに特徴がある。そうしてみると、刺突そのものが、斜めか正面かといった違いはあまり意味をなさず、結果的に生じるこぶ状の突起が目的ではなかったのかということも考えられる。孔列文を除けば調整・色調・胎土などは在地系土器であるが、板屋Ⅲ遺跡の土器が外反した口縁が多いのに対して、この土器は口縁が若干内傾している点が注目される。復元口径は三九㎝を測るやや大きな甕である。佐太講武貝塚は人の寄り付かない断崖の続く島根半島の海岸沿いの中で数少ない浜を持った入江である。そこは古来海上交通のなかで寄港地として重要な場所であったらしく、弥生時代の遺跡として有名な古浦砂丘遺跡もこの入江にある。山陰地方にはこうした海からの文化を受け入れた遺跡が拠点拠点に見られるが、佐太講武貝塚もその一つである。遺跡の地理的環境とも併せて、朝鮮半島孔列文土器の直接的な影響が強い土器と見ることができるのではないだろうか。

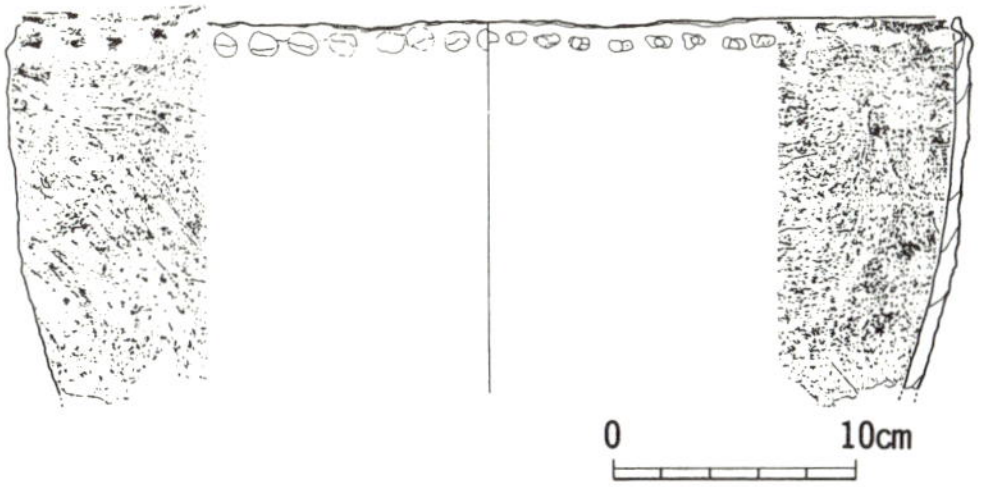

図29　佐太講武貝塚出土の孔列文土器（1/6）
（片岡実測・作図）

タテチョウ遺跡の孔列文土器（註4）

内面から刺突する技法だけを見れば、報告書掲載分だけでもかなり多くの破片を認めることができる。この中でも報告書Ⅰ第15図5（以下Ⅰ－15－5と略す）、Ⅳ－19－73、20－75、20－76、20－77、20－78、20－80、20－81、20－82（図30の1～9）の以上九点が孔列文土器の系譜上にあるものと考えられる。3、4は端部がなく詳細はわからないが、残る七点はいずれも内面からの半貫通の刺突が概して口唇までの長さが短くなる傾向があり、口唇に接する位置まで上がっている。また5のような例を除いては、板屋Ⅲ遺跡例とは違って、顕著なこぶ状の突起を持つものは少ない。これらはⅢ類に属するものである。本節では孔列文土器の系統に含めていないが、このタテチョウ遺跡には明らかにⅢ類に後続する部類がある。図示していないが、Ⅰ－15－16やⅢ－9－132、9－133、Ⅳ－20－74などは刺突がすでに口唇から外にはみ出している。山陰地方で孔列文土器をどの段階の影響まで含めるのかという問題を整理で

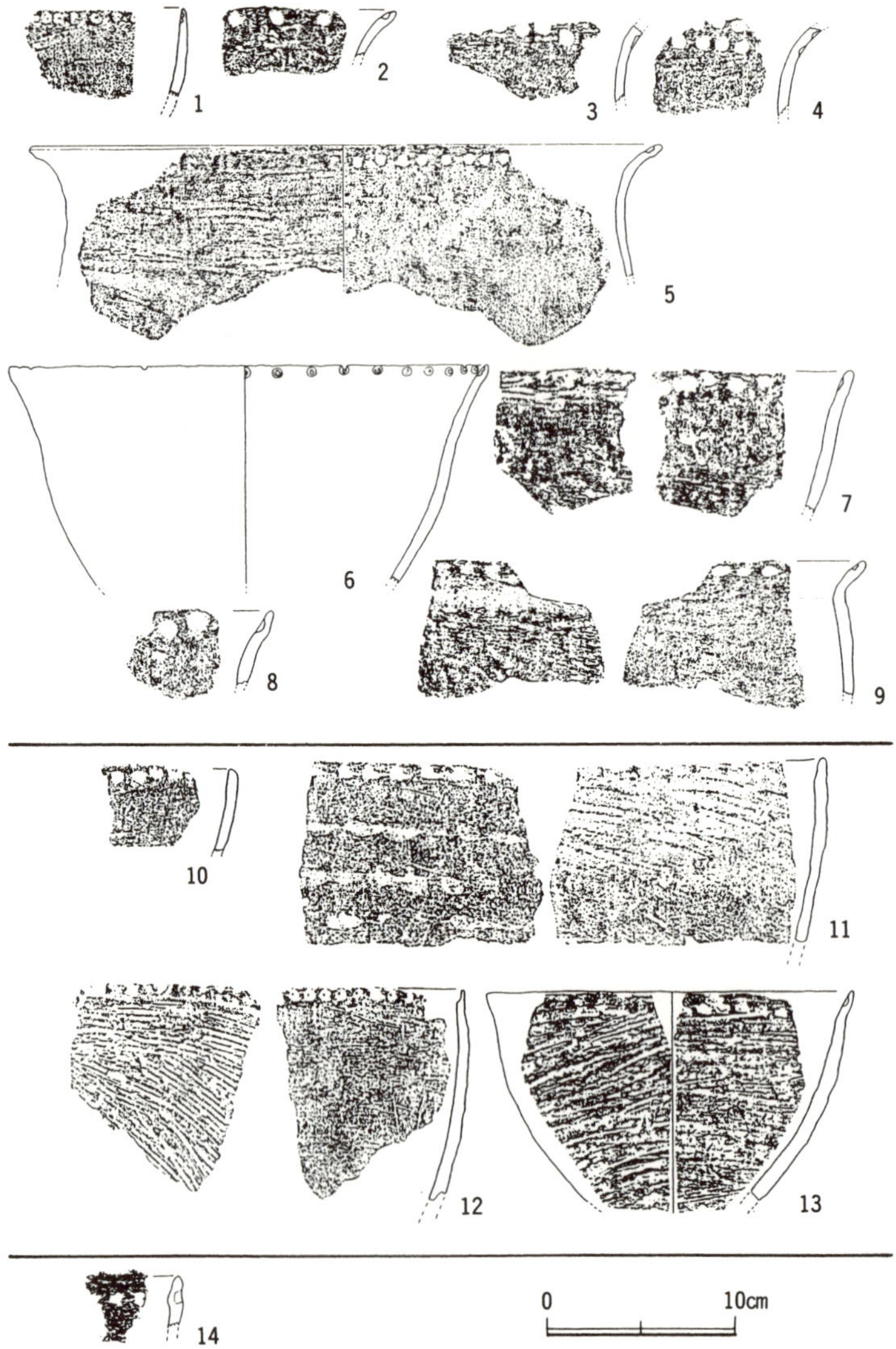

図30　タテチョウ、西川津、森遺跡の孔列文土器（1/5）
※報告書掲載番号との対応関係
1（Ⅰ－15－5）　2（Ⅳ－19－73）　3（Ⅳ－20－75）　4（Ⅳ－20－76）　5（Ⅳ－20－77）
6（Ⅳ－20－78）　7（Ⅳ－20－80）　8（Ⅳ－20－82）　9（Ⅳ－20－81）　10（Ⅰ－7－1）
11（Ⅴ－11－87）　12（Ⅴ－12－91）　13（Ⅴ－12－92）　14（132－281）
（註4・5・6の報告書から転載）

きるほど、孔列文土器資料が充実しているわけではないが、先述のとおり、表面のこぶ状の突起を出す目的で内面からの刺突を行なうという意識を重視すれば、このⅢ類までがそれを意図した刺突施文と考えられるから、この段階までを孔列文土器の系譜として上げることにしたい。孔列文の原体は工具を使用するが、Ⅰ－15－14、Ⅳ－80－79は指腹で刺突している。こうした点も本来の孔列文土器の規範から離れつつあることを示している。

西川津遺跡の孔列文土器（註5）

様相はタテチョウ遺跡に極めて似通っている。Ⅰ－7－1（以下タテチョウ遺跡と同じように原報告の番号を表示する、図30－10）のように使用する原体や径の大きさなど本来の孔列文の施文技術に近いものもあれば、図30－11・12・13のように間隔が狭くなったり、施文が正面から行なわれず、押し引きに近いものなどがある。しかし共通して言えることは刺突が口唇に近づいている段階のものであるという点で、これはⅢ類に分類できる。かなり在地縄文土器文化の影響を受けながらも、孔列文土器の伝統を残したものと考えた。類似するものは、図示していないが、Ⅴ－89、90、93あたりにも認められる。刺突じたいがもっと上に上がり、すでに口唇をはみ出している。これらはタテチョウ遺跡同様、現段階では孔列文土器の系列に含めて考えていない。

森遺跡の孔列文土器（註6）

原報告書第132図281（図30－14）は唯一外面から内面に向けた半貫通の刺突を行なったものである。いちおうⅣ類と分類しておく。原体は円形のものを使用せず、方形の痕跡を残している。孔列文とは原体や文様、大きさ、深さなど様々な点で異なっている。この地方で見られる内面からの刺突である。刺突の原体の大きさやそのテクニックはまったく異なるが、在地の縄文晩期土器に外面から刺突による施文を施すものがあるので、こうした影響と理解することはできないであろうか。

かなり前から、島根県では孔列文土器段階以後の口縁断面円形の無文土器系統の土器が出土していたので、しばしば島根県文化課に足を運び、当時島根大学考古学研究室の田中義昭氏の手を煩わせて、島根県埋蔵文化財調査センターの資料を中心に頻繁に見せていただく機会を得ていた。一九九五年の暮、田中氏から松江市鹿島町の佐太講武貝塚で孔列文土器が出ていると情報をいただき、さっそく調査を行なった当時の鹿島町教育委員会の赤沢秀則氏に連絡して、翌一九九六年三月に鹿島町で問題の孔列文土器を実地調査した。それは今まで九州でみてきた一〇〇例以上の孔列文土器に比べて、より朝鮮半島のものに似ているという印象を持った。そして、それまでは孔列文土器と関連あるのかどうかは踏み込めないでいたタテチョウ遺跡や西川津遺跡の土器の中に内面から刺突のある土器（ここでⅢ類とした土器）もその系譜が見えてきた。そうしていると一九九七年七月、板屋Ⅲ遺跡の情報を得て、調査担当者の角田徳幸氏のご教示により、島根県埋蔵文化財調査センターにお伺いし、板屋Ⅲ遺跡の孔列文土器を調査させていただいた。結果は前述のとおり、孔列文土器の良好な資料が出土しているのに驚かされた。またタテチョウ遺跡、西川津遺跡、それから今回知った森遺跡の資料も同時に見せていただき、今まで疑問だったタテチョウ遺跡などのⅢ類が、孔列文土器の系譜の中で追えることがわかったのは大きな収穫であった。刻目凸帯文以前の土器で内側から半貫通のタイプのものは、島根県五遺跡以外では、現在福岡県小竹町北公民館に保管されている遠賀川床採集の有馬亀雄氏採集品に含まれている一例しか知らなかった。そうした点では、島根県では孔列文土器が特異な展開をしていることがわかる。

目を転じて朝鮮半島を見ると朝鮮半島渼沙里遺跡では、口唇に刻みを有し、内側から半貫通するタイプの孔列文土器を「Ⅰ類」に分類して、孔列文が貫通するものや外側から刺突するものなどよりも早い段階に位置づけていた（註7）。また安在晧氏も朝鮮半島前期無文土器全体の編年の中で、口唇刻目孔列文土器を最も古い段階に位置づけるが、孔列文は内側からの半貫通の部類から外側からの貫通へ変化する傾向を示している（註1）。そうした朝鮮半島の状況を注意しながら島根地方の孔列文土器の展開を見ると、縄文時代晩期の凸帯文土器以前の朝鮮半島との交渉という興味ある問題をはらんでいることに気づく。さらに資料が充実することを期待している。また板屋Ⅲ遺跡孔列文土器の展開は、佐太講武貝塚の出現が単発に終わるのではなく、在地縄文文化の中に根をおろして行く姿を知ることができるという点でも評価できると考えている。今後は土器に表現された外来文化が、どの程度地域の縄文文化全体の中に定着していったのかを問題としなければならないであろう。

2　山陰地方の中期無文土器

松菊里型土器に代表される中期無文土器の分布も松江市周辺に集中している。松江市（旧八束郡鹿島町）古浦遺跡と松江市タテチョウ遺跡の二遺跡の松菊里型土器は、前著作『弥生時代 渡来人の土器・青銅器』の中（七四ページ）で紹介しているので詳細は割愛するが、その後、松江市（旧鹿島町）堀部第一遺跡の弥生時代前期墳墓群から出土した二点の松菊里型土器について紹介しておく（註8）。堀部第一遺跡は、海岸からずっと内陸に入った細い谷にあり、そこで自然の高まりを利用して、それを中心に円形に取り巻いて標石を並べた木棺墓が輪状に配置される、極めて特異な集団墓である。在地にこのような墓制が見られないことや出土する供献土器がほとんど北部九州系の板付Ⅱa式～Ⅱb式土器であることから、外来系の人々が作った墓ではないかと考えられた。さらに墳墓供献土器として出土した土器の中に松菊里型土器（図31）が二点含まれている点も注目された。

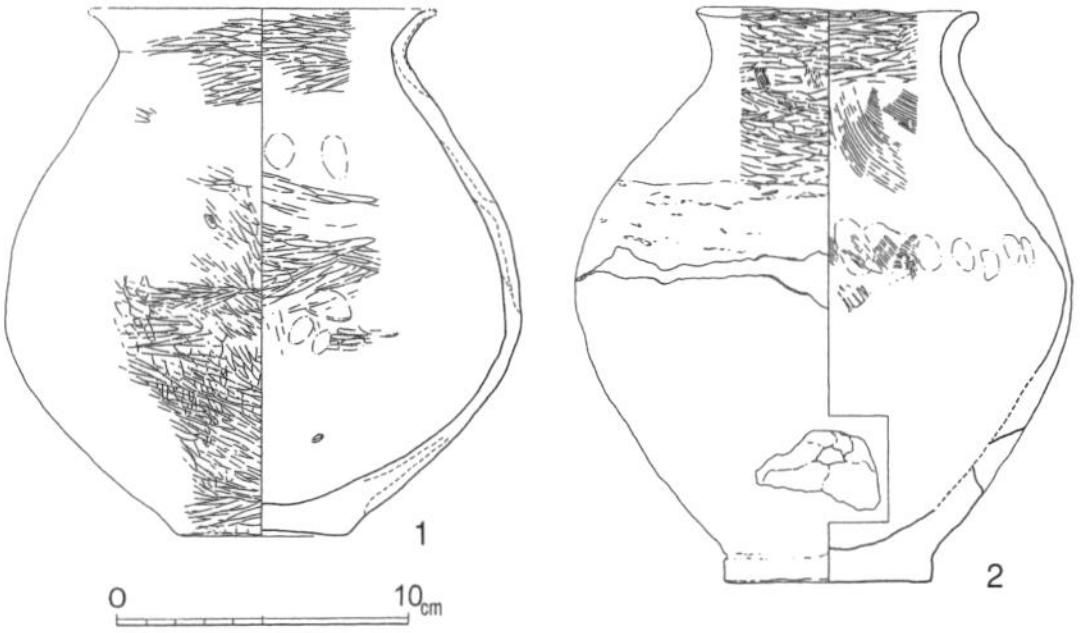

図31　堀部第一遺跡の松菊里型土器（1/5）
（註8より転載）

1は五号墓標石北東隅に供献されたもので、2は三三号墓のやはり標石脇から出土するが、胴部で上下に裁断し、上半を正位に据え、下半を倒立させて上にかぶせるという奇妙な状態で発掘された。二点の土器は、いずれも全体の器形が松菊里型特有の樽型の器形をなし、それに短く外反する口縁を付けている。1のほうがやや背が低くずんぐりとしているが、外傾接合で胴部上半の丸みも残して成形されている。一方、2の方は胴部上半が直線的であるが、底部もしっかり円盤状に作られている。また祭祀的な意味が強いのであろうか、胴部下半に穿孔がある。こうした穿孔は宇久松原遺跡出土の松菊里型土器にも認められる。いずれも調整が注目され、松菊里型土器特有の緻密なミガキが外面に施され、口縁部も目に付く範囲が同じようなミガキで調整されている。板状工具による擦過で無文に仕上げ、その上からミガキを施している。

松菊里型土器が日本に出現する時期は、縄文時代晩期後半からである。まさしくその時代は日本に農耕文化が伝わる時期である。このことから著者は、各地域への松菊里型土器の流入を水田稲作農耕の技術伝播と関連づけて考えてきた。先に取り上げた古浦遺跡と松江市タテチョウ遺跡を含めて、当該平野が山陰地方では初期の稲作文化のいち早く伝わった地域であり、そうした文化の伝播と松菊里型土器の流入には強い関係があったと考えた。それに関わった人間の移動は今までの考古資料の中では見えてこなかったが、堀部第一遺跡の発見は、初期農耕文化の伝播に関わった具体的な人間の移動を、墓制という面からも明らかにしたといえる。

なお、当該地域の「後期」無文土器に関しては、前著作からあまり進展が見られないので割愛する。

註

（1）安在晧「南韓前期無文土器の編年　嶺南地方の資料を中心として」慶北大学校文学碩士学位論文、一九九一年
（2）島根県教育委員会『板屋Ⅲ遺跡』志津見ダム建設予定地内埋蔵文化財発掘調査報告書五、一九九八年
（3）松江市教育委員会（旧鹿島町教育委員会）赤沢秀則氏のご教示による。
（4）島根県教育委員会『タテチョウ遺跡発掘調査報告書—Ⅰ—』一九七九年
島根県教育委員会『タテチョウ遺跡発掘調査報告書—Ⅲ—』一九九〇年
島根県教育委員会『タテチョウ遺跡発掘調査報告書—Ⅳ—』一九九二年
（5）島根県教育委員会『西川津遺跡発掘調査報告書—Ⅰ—』一九八〇年
島根県教育委員会『西川津遺跡発掘調査報告書—Ⅴ—』一九八九年
（6）島根県教育委員会『森遺跡　板屋Ⅰ遺跡　森脇山遺跡　阿丹谷辻堂遺跡』志津見ダム建設予定地内埋蔵文化財調査報告

書二、一九九四年
（7）高麗大学校発掘調査団『渼沙里』第五巻、文化遺跡発掘調査報告、一九九四年
（8）鹿島町教育委員会『堀部第一遺跡』二〇〇五年

第三章　農耕集落の開始と展開―三国丘陵を中心として―

第一節　農耕開始期の研究と現状

1　問題の所在

見直しをせまられる遺跡群

各地に博物館・資料館が建てられ、そこでは歴史を視覚的に訴える展示が工夫されている。弥生時代も例外でない。遺跡の復元絵画が描かれ、今まで古代史に興味がなかった人たちもその絵をひとたび見ることによって弥生時代のイメージが沸いてくるのである。中には、佐賀県吉野ヶ里遺跡や福岡県朝倉市（旧甘木市）平塚川添遺跡のように、大規模な復元が行なわれて実体験できる公園も出現した。

もちろんいろいろな部分で、まだ検証されていないことを大胆に復元していることに批判がないわけではないが、多くの人々にとって弥生時代を身近なものとし、その中からこの復元を批判的に捉えて新しい考古学の解明に携わる人間が生まれることは大きな進歩であると考え、ここでは肯定的に捉えることにしよう。

さて、このような復元には弥生時代研究を取り巻く自然科学的な研究の発達が大きく貢献していることがあるが、それはそれとして、やはり本筋である考古学的調査の進展がこの大胆な復元を支えていることに違いない。吉野ヶ里遺跡や平塚川添遺跡のように大規模な開発の前に突然姿を現わし、その威容に一般の人々が保存を支持した遺跡は幸いであ

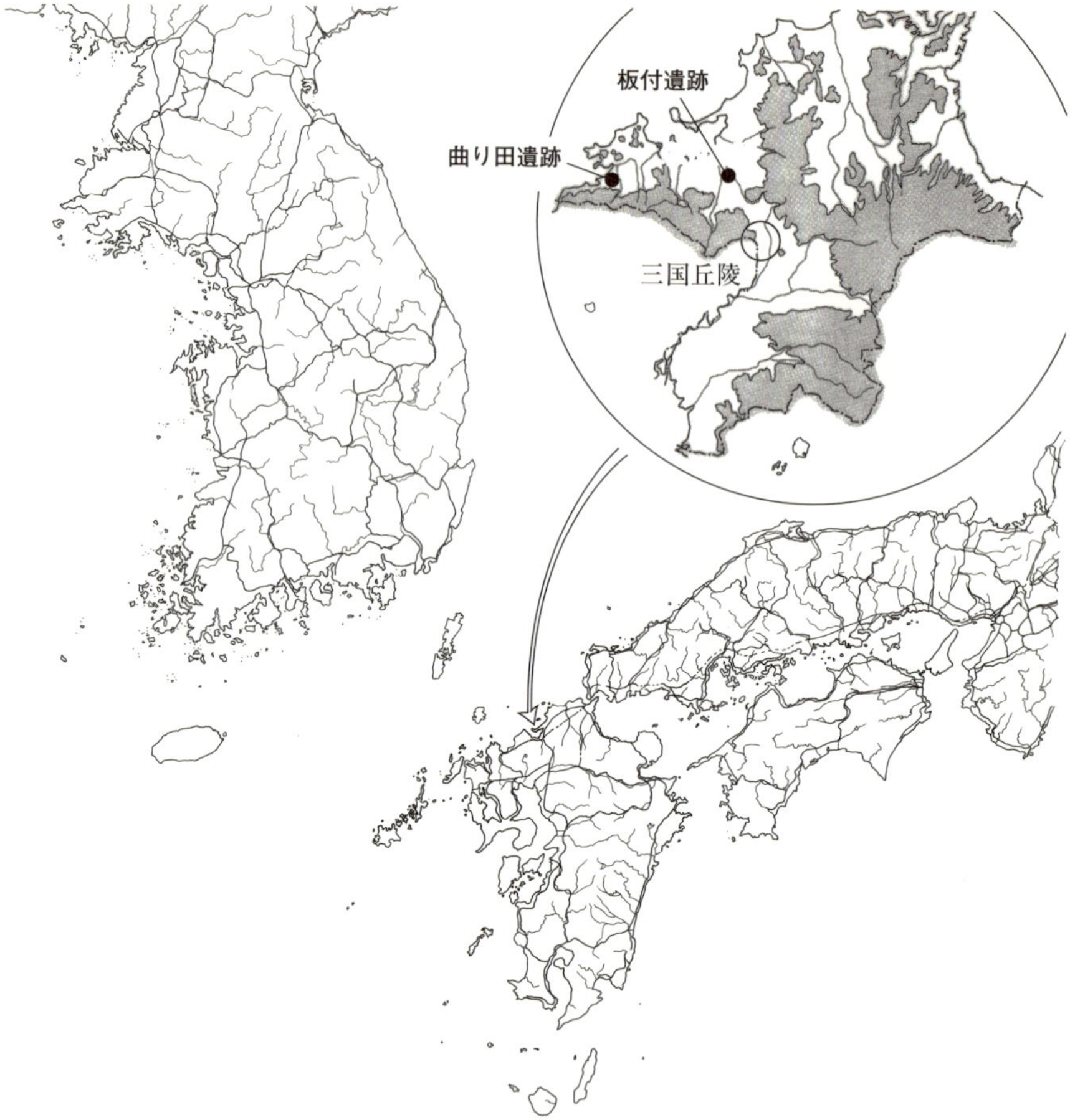

図32　三国丘陵の位置

る。復元がかなったものはその姿を多くの人々に見てもらうことができるが、ほとんどの遺跡はそれさえかなわず消滅していった。中には小規模な調査が積み重ねられ、図上でつなぎ合わせて、はじめてとてつもない遺跡であることがわかって考古学者を驚かす遺跡の例も少なくない。

そのひとつが、一九六八年から現在まで続いている三国丘陵の一連の発掘調査である。三国丘陵の遺跡は必ずしも小規模とはいえず、むしろ丘陵全体を剥き出しにするので、大規模な調査といえるだろう。しかし、全体の面積は広大でも丘陵が個々に独立していて、一丘陵だけの調査になると、残念ながら人々に与えるインパクトは吉野ヶ里遺跡ほど大きくはない。その一角の三沢一ノ口遺跡Ⅰ地点は、総面積五五、〇〇〇㎡の遺跡で、弥生時代前期後半から中期初頭にかけての一一九軒の住居跡と二七八基の貯蔵穴から構成される三国丘陵では最大規模クラスの集落であった。「弥生時代初頭の板付遺跡（福岡市）と前期後半以降の吉野ヶ里遺跡（佐賀県）の間を埋めてクニ形成直前の拠点集落であり、また防衛施設を発達させつつある点でも重要な意味をもつ」（註1）という評価を受けながらも、学術的評価とは裏腹にいわゆる一般大衆の支持を得ることがなかったために、保存がかなわず消えていってしまった。三国丘陵の遺跡群は、単独ではその価値を発揮することができず、その象徴的な出来事であった。

しかし、三国丘陵の発掘調査は考古学的には弥生時代の解明に大きな貢献をなした。弥生時代の地形をそのまま残した丘陵も多く、そこには家屋もさほど建て込んでいなかったことが、調査を進めていくうえで幸いした。交通の便がよい西鉄沿線にありながら開発が進まなかったのは、一九七二年に福岡県が三国丘陵の多くの範囲を都市計画決定によって市街化調整区域にして、無秩序な開発を規制したためである。その後市街化区域に編入するものの、計画的な区画整理事業や県・市が事業主体となって道路建設などを行なったため、文化財行政側としてもしっかりと調査に対応できた。その結果、かなり広い範囲で多くの丘陵を丸ごと調査することが可能となり、今まで行なわれてきた多くの地域の集落調査では推定するしかなかった内容も、ここでは実際の発掘調査で確かめられることになった。

ところで、その三国丘陵という呼び名は昔から現地で呼ばれていたものではない。私の知る限りでは、小郡市北部から筑紫野市南端部の丘陵地帯に及ぶ地域にその用語を最初に用いたのは西谷正氏が最初で（註2）、地理学的な呼称というより、その地理的環境が考古学的・歴史学的観点から歴史過程を共有する地域として、報告書や論文で重用されてきた経過がある。したがって、地図上のどの部分を三国丘陵と呼ぶのかについては定義がないと思う。あらためて、三国丘陵をどの範囲でとらえるのか確認しておきたい。

三国丘陵は現在の行政区分では、北側は筑紫野市筑紫付近、南側は小郡市三沢・力武付近まで南北が全長五㎞に及び、東側は宝満川の沖積平野に落ち込むところまで、西側は基肄《きい》城のある背振山系に連なる手前まで、現在国道三号線やJR鹿児島本線が通っている谷付近が大まかな目安になる。その地質や植生などについては第二節で詳しくまとめているので参照願いたい。

広い三国丘陵にはさまざまな時期の遺跡があって、それぞれに多くの問題を提起するが、その中でもとくに、弥生時代前期から中期初頭の間に爆発的に増加する集落の調査は、農耕集落が発展・展開する資料としては、西日本では他に例を見ないほどに多量に発掘されている（図34）。

このようによく整った遺跡群ではあるが、内部・外部の研究者を含めて、その資料を用いた断片的な研究はあったものの、この数年とめどなく続く発掘調査とその結果生じる新たな重要な成果に対して、資料分析の段階にまでいたっていないのが実態である。足元に多くの資料を有しながら、その分析をしっかり行なうことがかなわなかった点は深く反省している。二〇〇三年に三沢東土地区画整理事業がいちおうの完了を見た。現在の社会的情勢を見ると、こうした大規模な発掘調査を行なう機会は、これからもそれほどあるとは考えにくく、ここ十数年続いた一連の大規模発掘調査の一区切りになったことを契機に、調査に携った者の責務の一部を果たせればという思いで、三国丘陵の弥生時代の集落について総括することにした。

本書で用いる言葉の定義について

従来の弥生時代集落論を紐解くと、「集落」という概念は、主として住居群が集中した日常的な基本生活空間に対して用いられてきた。北部九州では鏡山猛氏が比恵遺跡の方形環溝を住居との関連でとらえ、集落を論じた（註3）ように外部と区別する何かの区画を有した内側の空間をもって集落と論じられてきた。また組織構造の観点から弥生社会の発展を階層発展でとらえる近藤義郎氏は協働作業による生産最小単位を「単位集落」という概念でとらえる（註4）ところから始まっている。そうした中で、酒井龍一氏の「セトルメントシステム」論（註5）は弥生集落を重圏的に基本的生活空間を取り巻くもうひとつ広い概念でとらえたことに意義が見出せる。

まず集落をどのように定義するのかを述べておこう。今述べたとおり「集落」という概念は、研究史からみればやはり目に見える住居などの生活遺構が集中する空間に対して用いられることが普通である。それでは、集落の住人が共有するしきたりや風習という目に見えないものはどう表現すればよいのだろうか。そうした点を解決するために、ここでは集落に関係するいくつかの用語の曖昧模糊とした概念を次のように整理して使うことにしたい。

集落……住居が群としてあることが不可欠な要素で、三国丘陵の場合は独立完結する丘陵単位でとらえられることが多い。しかし、三沢東古賀遺跡のように丘陵斜面の一部に限って住居が密集し、丘陵背後の別の場所に集落が広がらないようなところもあれば、三沢一ノ口遺跡のように浅い鞍部を挟んでいくつかの住居群が併存する場合もある。また、集落は門や橋などでその領域が明示されることもある。しかし、門らしき遺構は、三国の鼻遺跡や三沢一ノ口遺跡以外では確認できず、ほとんどは集落への狭い上り道が集落への入り口として認識される。集落の内側には貯蔵穴群や家畜小屋、倉庫、空閑地の常畠などがある。復元された平塚川添遺跡のように、住居や倉庫の周りは雑種地で、そこはなにも生産に利用されていないという復元とはかなり違うものであったであろう。横隈北田遺跡のように環濠に囲まれた貯蔵穴群はこの集落概念における住居を欠いているので、集落とはいえない。

村落……村落は集落をもう少し広い範囲でとらえる。集落は分村して新たな集落を生み出す。自立する集落もあれば生産地の多くを母村に依存する集落もあるだろう。血縁関係で見れば氏族として同族意識が強固な母村と分村もあるだろう。たとえば三沢蓬ヶ浦遺跡（図40）のように、最も住居跡が集中する三沢蓬ヶ浦遺跡B地区と同時期に併存するその周りの同E地区、同3A地区などは、一部が細長い丘陵でつながっていながらそれぞれに派生した丘陵にあって、そうしたものも合わせて村落と考えられるであろう。さらに三沢蓬ヶ浦遺跡群から谷をはさんで対峙する東側丘陵斜面には三沢東古賀遺跡がある。これも実際調査してみると個々に独立する遺跡に見えるが、地形図を見てもわかるように、三沢蓬ヶ浦遺跡群に向いた斜面にあって、三沢蓬ヶ浦遺跡とのつながりを持ったものである。さらに三沢蓬ヶ浦遺跡群と三沢北中尾遺跡の各地点と横隈山遺跡の各地点などは谷を挟んで対峙する（図43）が、これらは分村過程に生まれた兄弟関係にある集落と考えられ、こうした集落を包括して一つの村落と見ることが可能であろう。このように、丘陵を異にしていても村落として一つに括る作業が必要になってくる。

集落の周囲に広がる常畠・焼畑・水田など面積の割に労働効率のよい生産空間や薪取り、狩猟に利用する里山など労働効率のよくない生産空間もこの村落に含めたところの概念でとらえられるだろう。

ムラ……集落・村落が目に見える形での概念であるのに対し、そうした具象的なものと併せて「しきたり、おきて」などの社会規範をふくめた社会全体を「ムラ」と表現する。その社会規範が日常的に及ぶ空間は「村落」に重なることになる。この社会規範が区分するところが同族意識の境目となり、具体的に村落のまとまりとして発掘される。とくに伝統的風習などを重んじた観点からは「ムラ社会」などと呼ぶことになる。

三国丘陵の集落は時代とともに基となる集落から分岐した集落の誕生の繰り返しにより、その数を増していく。この場合、もととなる集落を「母村」あるいは「本村」、分岐した新しい集落を「分村」としておく。本来ならば「母村」「分村」の「村」は「ムラ」の方がよいのであるが、ここでは一般的に用いられる「母村」「分村」を使用し、意味としては「ムラ」が持つ社会規範の領域まで含めたものとする。

住居……ここでは遺跡で発掘される竪穴住居であり、そこに生活する人間までは含めない。

イエ……集落を構成したり、あるいは集落の一部を構成してそこに生活する、血縁を媒介として生活する氏族単位の集団の持つ社会規範の概念である。

家族……ここで扱う弥生時代前期の家族は、少なくとも家父長制を家族制度の基本とする単系家族ではなく、もっと複雑なものであったであろう。したがってこの「家族」という言葉を使う場合には、家族形態すべてを含めた概念で用いることにして、その中であえて形態をはっきりさせる場合には「……家族」という言い方でまとめる。

「本家」「分家」の「家」は本来「イエ」の意味であるが、ここでは一般的に使用される「本家」「分家」を使用する。

縄文系弥生人、縄文系集落……弥生時代に入ってからも、縄文時代以来の生業や生活を基本にしている人々とそれが営む集落。水田稲作農耕の受容と移住民との混血に伴い、そのアイデンティティーを失うまでの段階に適用する。

渡来系弥生人、弥生系集落……今までにない水田稲作農耕を持ち込んだ人々とそれが営む集落。同じような概念でも、彼（彼女）らが、もとは朝鮮半島から水田稲作農耕を持ち込んだ渡来人の子孫だという観点を重視する場合は「渡来系移住民」、人類学的に渡来人の形質を多く持っている場合は「渡来系弥生人」、新たな生業を重視する場合には「水田稲作農耕民」などと使い分けることにする。

以上、本論のキーワードに対してはその概念を明らかにして、以下述べていく。その他、一部の語句には論を進めていく際に各所で、それぞれの概念について明らかにしなければならないところも出てくるであろう。それらはその場面で明らかにさせていくことにしたい。

時期区分について

次に、各遺跡や遺構について時期を述べるに当たっては時間の尺度が必要である。私は以前、三国丘陵の弥生時代前期土器群の編年作業を行なったことがある（註6）。それを提示してからすでに二一年が経過して、今日さらに多くの資料の増加があるが、前期を板付Ⅰ式土器と板付Ⅱ式土器に大別し、さらに板付Ⅱ式土器を三段階に分類する考えには今も変更はない。しかし、以前の編年の要点は板付Ⅱ式土器の細分と編年であったので、板付Ⅰ式土器に関しては補足の必要があると考える。以下板付Ⅰ式段階の土器を縄文晩期編年との関係の中で補足して考えてみた（なお、土器の分析や編年についての検討は紙数の関係もあるので詳細は別に設けたい）。

縄文時代晩期の土器は三国丘陵でも津古土取遺跡をはじめわずかに確認できる。量は多くなく、まだ詳細な分析をするに耐えうる資料とはいいがたいが、縄文時代晩期の流れはいちおう把握することができる。

縄文時代晩期のうち、黒川式土器に続く段階以後、そして口唇に刻みを施す段階以後の縄文時代晩期土器は、大きく

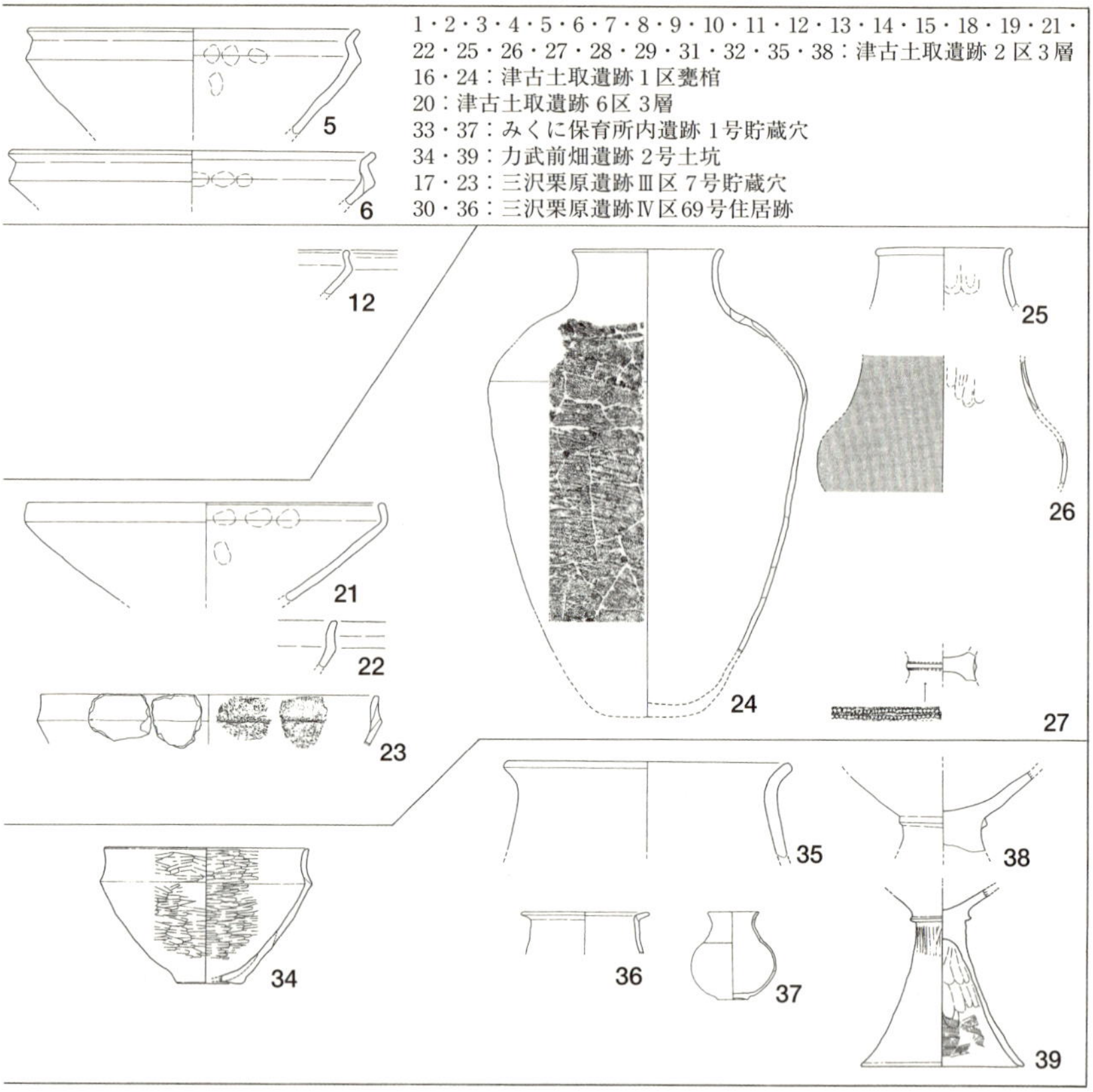

晩期後半土器編年図
12・34・39 = 1/10、7・8・16・24・30・31・33・36・37 = 1/15）

四期に分けることができる。ただし、その最後の段階は板付Ｉ式との共伴が認められるので、晩期のみでは三期に分けて考えたい。

この縄文時代晩期後半段階を縄文晩期Ⅱ期としてⅡa～Ⅱc期とする。

従来の研究との関係では、Ⅱb期は山崎純男氏の夜臼Ｉに、Ⅱc期は夜臼Ⅱにあたる（註7）。板付遺跡ではこの夜臼Ⅱ式の後半Ⅱb式で板付Ｉ式との共伴が見られるが、三国丘陵では夜臼Ⅱ式がさらに退化した段階から板付Ｉ式系統の土器との共伴が認められる。

問題となる点は、刻目凸帯文土器においてその終焉と板付式系統の土器がどのような関係にあるのかということである。津古土取遺跡二区や四区出土の土器群には、内外面を条痕で調整した刻目凸帯文土器ととも

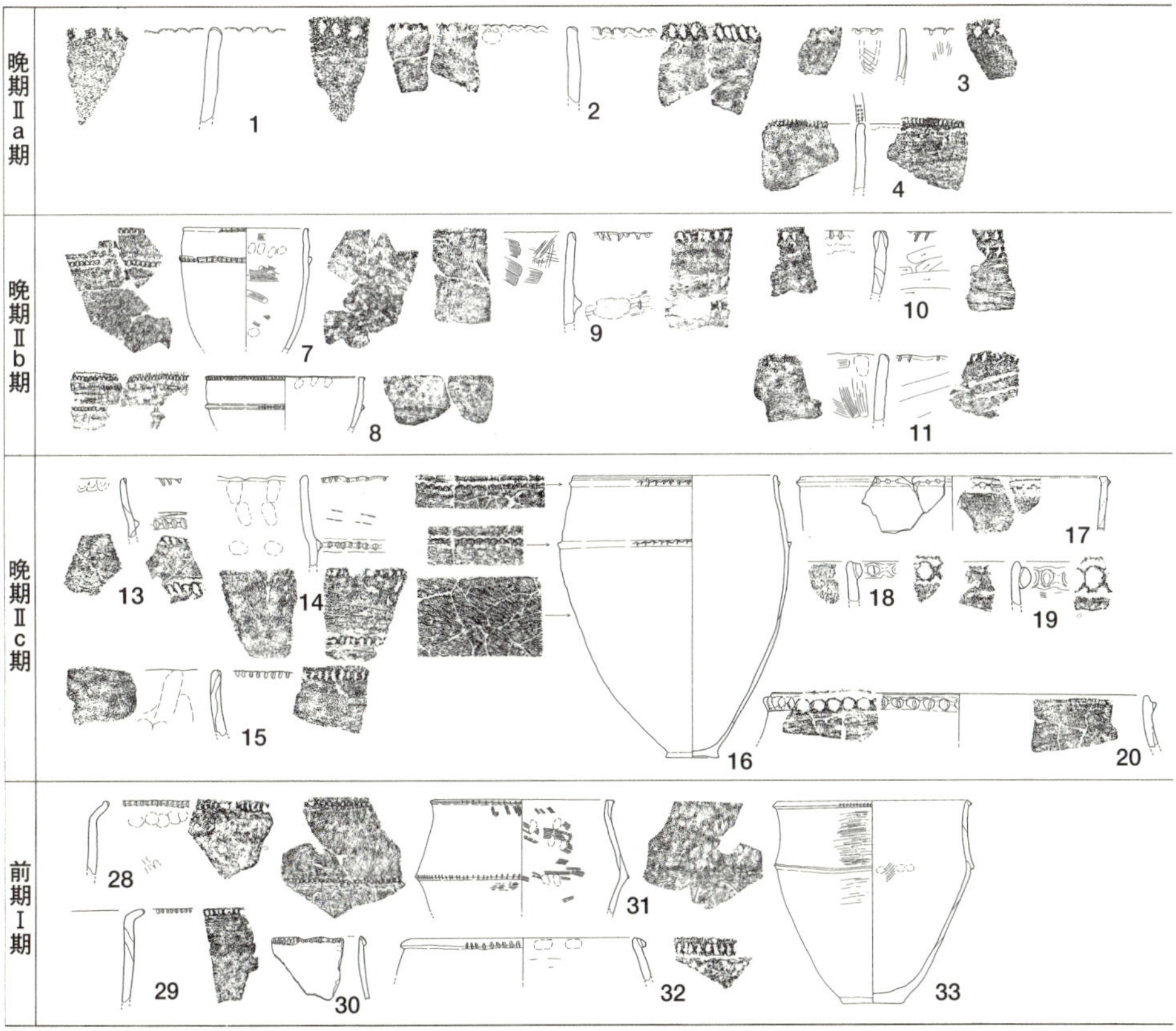

図33　三国丘陵縄文時代
(1～6・9～11・13～15・17～23・25～29・32・35・38 = 2/15、

に、調整においてはすでに内外面をハケで調整する板付Ⅰ式土器に多用される土器技術を導入しているものが認められる。

少量であるが口縁が如意形を呈す甕もあり、水田稲作農耕の存在という問題は別としても土器文化として、玄界灘沿岸部における縄文時代晩期（弥生早期）の様相に連動した動きを示している。筑紫平野のこうした土器様相は朝倉市（旧甘木市）高原遺跡などの調査で甘木・朝倉地方にも認められている。

津古土取遺跡の一連の土器群は全体的な様相は明らかにそれに後続する弥生式土器とは異なっている。ここまでを縄文時代晩期終焉の画期と見ることができるが、その中にもその調整や器形などにおいて福岡平野の板付Ⅰ式土器の影響がうかがえる。

三国丘陵およびそれ以南の地域において、縄文時代晩期後半（弥生早期）から弥生時代前期への転機は玄界灘沿岸部よりもやや遅れていることの証であろう。

三国丘陵において縄文時代から弥生時代への画期を土器文化の中で取り上げるとすれば、現段階では力武内畑遺跡をはじめとする生産・居住関連遺構、およびそれと同一集落である力武前畑遺跡、みくに保育所内遺跡、その墓地である横隈上内畑遺跡などから出土する土器をもってその画期に当てることが妥当である。

板付Ⅰ式土器段階の土器様相はそれ以前のものと大きく変化する。甕では如意形口縁の甕の比率が圧倒的に高くなる。しかし、共伴土器がはっきりしている貯蔵穴などでも少なくとも縄文系の甕が板付Ⅰ式土器に共伴することがわかっている。みくに保育所内遺跡では貯蔵穴の中から、凸帯の一部にだけ刻みを施した土器とともに小壺が出土している（図33－33・37）。力武前畑遺跡でも貯蔵穴から刻目凸帯文土器やその後に系譜を追うことができない縄文系の浅鉢などとともに板付Ⅰ式土器が出土し、三沢栗原遺跡では住居跡から刻目凸帯文土器と板付Ⅰ式土器が出土している。特殊な土器としては津古土取遺跡からは孔列文土器の出土が見られる。日本出土の孔列文土器は朝鮮半島の孔列文土器との関係でとらえられるもので、朝鮮半島から水田稲作農耕に先行する畑作文化の流入とともにもたらされた可能性がある。

本論では、この時期区分に沿って論を進めることにする。なお、各時期の名称は土器型式に準じて、板付Ⅰ式期を弥生時代前期Ⅰ期、板付Ⅱａ式期を同前期Ⅱａ期、板付Ⅱｂ式期を同前期Ⅱｂ期、板付Ⅱｃ式期（前期末）を同前期Ⅱｃ期、城ノ越式土器の古い段階を同中期Ⅰａ期、城ノ越式土器の新しい段階を同中期Ⅰｂ期とする。また縄文時代晩期後半は弥生時代早期とも呼ばれるが、ここ三国丘陵の分析では水田稲作農耕の初現は従来どおり前期Ⅰ期のことであるので、従来どおりの呼称として縄文時代晩期の名称を用い、必要に応じて弥生時代早期を用いる。

2　三国丘陵遺跡群の自然環境

三国丘陵の地形と地質

先に、三国丘陵がその地理的条件から弥生時代前期の歴史現象を共有する一定の空間であると述べたが、その自然環境を述べておく。

まずその地形的特徴であるが、三国丘陵は大きく見ると背振山系の東側先端に派生し入り組んだ丘陵地形を呈している。北側は二日市地峡帯となって福岡平野に通じている。福岡平野側から見ると福岡平野を南下して、狭い二日市地峡帯を抜けて筑紫平野に入った位置に三国丘陵がある。こうした地理的環境は、まず玄界灘沿岸部に上陸して縄文時代晩期に定着する水田稲作農耕文化が南下して、筑紫平野から九州の南側へ拡散する起点となる位置にある。

標高は一五ｍくらいから五〇ｍくらいまでで、傾斜がなだらかな丘陵地形をなすが、それ以上の高さになると傾斜も急になって地形が変わる。三国丘陵の表層地質は、やや高い部分が中生代白亜紀後期の花崗閃緑岩でやや低い部分が洪積世の砂・礫・泥層である。ほとんどの箇所では、表土を剥いで遺構検出を行なうといきなりその花崗岩風化土が現われる。私たちはこの土を花崗岩バイラン土（略してバイラン土）と呼んでいる。大局的に見て丘陵の西側は徐々に標高が高くなって背振山地へと連なり、東側は宝満川の沖積地に落ち込んでいるが、個々の丘陵は小さくて独立性が強く、丘陵間には細い谷の開析が進行している。この谷が後で問題となるような谷水田の開発と大きく関わってくる。三国丘陵の自然地理的環境や歴史時代以後の歴史との関わりについては、日野尚志氏によりまとめられたものがある（註８）。

三国丘陵の植生

当時の生業を考える上で、周囲の植生は大きな関わりを持つ。現在遺跡の周囲は開発が進み、小郡市街地、郊外を含め新興住宅地、二次林、造成林が広がる地で昔の植生を復元できるところは限られた地域でしかない。三国丘陵の古代の自然環境については、木村鶴雄氏によってまとめられたものがある（註９）。考古学的な所見と合わせてその概略を述べておこう。

三国丘陵は低い丘陵地帯なので、植生の垂直分布は見られないが、北西側にあって三国丘陵が派生するもととなる背振山地や北東側の三郡山地の植生帯の垂直分布をみると、ほぼ標高七〇〇mから八〇〇m以上はブナ林帯でその下に照葉樹林帯がある。ただし三郡山地の場合はこの高度が山の標高限界近いところにあるため、ブナ林の生息は三群山を中心に砥石山、仏頂山とこれらを結ぶ限定された地域になっている。照葉樹林帯の保存状態は極めて悪く、森林の大半はスギ・ヒノキの造林で占められていて、本来の照葉樹林の生息域は限られている。弥生時代前期段階で水田稲作農耕を営む人々はこの領域に入ることはまれであり、入るときは耕地や集落を開くため伐採の対象となった。いっぽう、縄文時代にすでにいた人々や弥生時代前期になっても縄文時代以来の生活を続けていた人々にとっては、この自然環境は身近なものであったと思われる。

この植生がよく残っているのが三国丘陵の北側、三郡山地にある標高八六八・七mの宝満山である。ここは植物学的に比較的自然林が保たれている。それは、この山が古代から信仰の対象地となって人の手が入っていないからだといわれている。宝満山では標高六〇〇m付近より上部で比較的良好な状態に保たれた森林があり、宝満山から仏頂山にかけての山頂—尾根部ではモミ—シキミ群集となっていて、とくに仏頂山の西方から東方に延びる尾根筋にモミ林が生育し、その下方はアカガシ林となっている。

弥生時代前期は現在の気候と比べてあまり変わらず、急激な植生変化が起こるほどに気候が変動することは知られていないので、基本的な植生はこのままであったと思われる。三国丘陵の標高を考えると、本来弥生時代に丘陵地が開発される以前は、自然林として周囲に群生するのは、アカガシ亜属、シイノキ属など照葉樹林帯に属す常緑広葉樹であって、それらは人間の手が及んでいないのか、あるいは及んでいるとしても焼畑などによって一時的な伐採を受けたものの、すぐにその植生を復活してもとの常緑広葉樹林帯に戻ったところと考えられる。三国丘陵の遺跡で確認された木器、とくに多量に発見された杭などの木材の多くは、アカガシ亜属、シイノキ属に属しているが、貯蔵穴から採取された種子もやはりドングリなどであって、近くにブナ科スダジイ、コナラ属アカガシ亜属のアカガシ、アラカシなどの常緑広葉樹の分布が考えられる。

ところが、弥生時代前期に丘陵頂部を中心に集落が作られ、さらにその周囲が水田や常畠として開発され、集落やノラに隣接する里山も樹木の供給源として伐採・開発されるに従って、もはや植生の復活が不可能な段階にまで変化した。このことは、今までに三国丘陵の遺跡で花粉分析や遺存木材の樹種鑑定を行なった結果からもわかってきている。そのためその植生は二次林へと変化し、弥生時代中期前葉前後を境にして集落の形成が行なわれなくなってからも、森林の大半が二次的なアカガシ亜属、シイノキ属の萌芽林になったり、あるいはさらに後世のスギ・ヒノキなどの造林で占められ、もとからあった照葉樹林の領域が激減したことがわかっている。

3　三国丘陵をめぐる研究史

三国丘陵の遺跡の分析は、今までも多くの研究者によって手がけられている。三国丘陵に特徴的な丘陵上に展開する弥生集落の構造の問題に始まり、個別の土器型式の研究など、問題の提起はさまざまである。

三国丘陵における事実上最初の調査は津古内畑遺跡である。津古内畑遺跡は一九六九年から五ヵ年にわたり、当時の小郡町教育委員会と福岡県教育委員会が調査を行なった遺跡である。遺跡は宝満川右岸に発達した丘陵地の一角を占め、宝満川と宝珠川に挟まれた、細長い丘陵先端部南斜面に立地する。調査直後の日本考古学協会昭和四四年度大会研究発表会で「福岡県津古内畑遺跡の発掘調査」と題する研究発表も行なわれて、この遺跡の名前と成果が広く学界にも紹介された。

次に注目された調査は横隈山遺跡である。横隈山遺跡は、一九七三～七四年に宅地開発のために発掘された遺跡で、当時九州では珍しく市民を巻き込んだ遺跡の保存運動が展開されたことでも記憶にとどめる遺跡である。当時の調査が及んだ範囲は、事前に遺構の存在が知られていた箇所と工事中に遺跡が確認された箇所に限られた。弥生時代前期集落

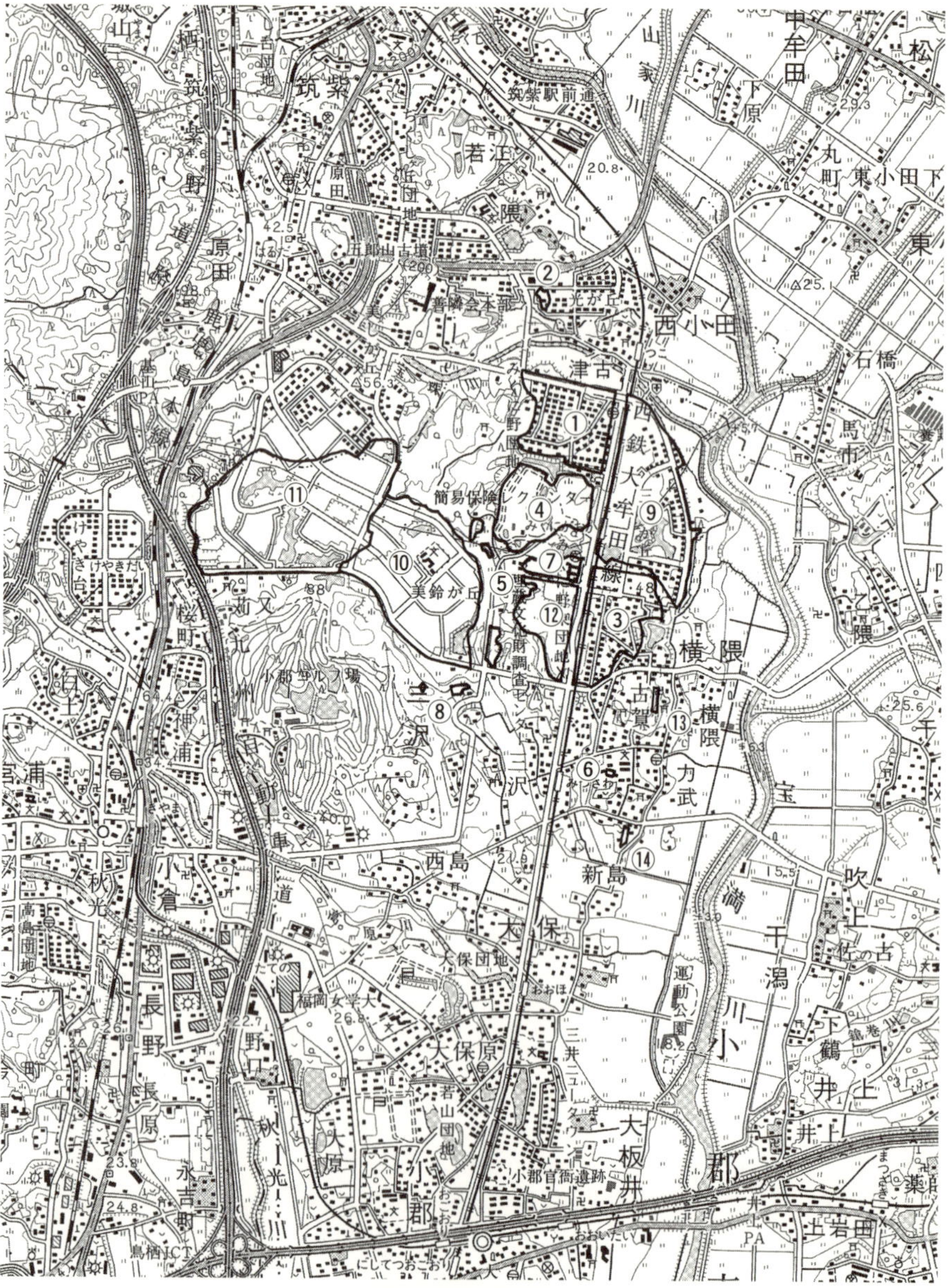

図 34　三国丘陵の位置と範囲（1/50,000）
（番号は表 2 に対応する）

は第二地点、第五地点、第六・七地点で発掘され、第五地点と第七地点では環濠が確認されている（図43）。その内外で多くの貯蔵穴も発掘された。当時から「遺構のない空間は遺跡ではないのか」という議論があったことをそのときの調査隊のメンバーから聞いたことがある。残念ながら当時の文化財保護の力量では工事側の提示する期限と範囲に待ったをかけることができないのが実態であった。

九州縦貫自動車道は三国丘陵の西側付け根付近を縦断するため、弥生集落とは直接関係しないが、その土取りが三国丘陵に及び、旧種畜場跡地をはじめいくつかの遺跡調査が実施された。種畜場遺跡（現在県指定史跡になっている三沢遺跡）もその一つで、丘の頂上付近を中心として、弥生時代前期の住居跡・貯蔵穴・環濠が発掘され、この付近一帯における最大規模の弥生集落遺跡であることが判明し、地元の木村晃郎氏などの努力でその保存がかなった。

西谷正氏は三国丘陵の特徴である独立・舌状丘陵の周囲の谷は、多くの部分が開発されて谷水田を形成していたであろうと考え、そうした考えを前提にして丘陵地に展開する弥生集落がいくつかのグループに分かれた生産母体を持ちながらも連携した農業共同体へ発展する以前の一つの世帯共同体をなしていると考えた（註2）。

こうした単位集落から構成される世帯共同体から農業共同体へと発展する考えは、近藤義郎氏を中心とした当時の集落理論（註4）を強く反映しているが、三国丘陵の弥生時代前期から中期初頭における集落の基本的な問題を提起した点で最初の画期になったといえるであろう。

九州縦貫自動車道の土取りのための調査は三国丘陵上の多くの墳墓遺跡にも及んだ。一九七一～七三年には北牟田遺跡やハサコの宮遺跡といった甕棺墓・木棺墓群の調査も行なわれ、それらは九州における甕棺の編年作業にも大きく貢献した（註10）。

地元の小郡市教育委員会の調査体制が充実するに従って、調査主体も福岡県教育委員会から小郡市教育委員会に移る。その移行過程では県立小郡高等学校新設に伴う三沢蓬ヶ浦遺跡の調査が、県教育委員会と市教育委員会の合同体制で行なわれた。私はそれを機会に三国丘陵だけで弥生前期から後期までを通した編年作業を行なった（註6・11）。

表２　三国丘陵における主要な遺跡調査年表（地図上の位置番号は図 34 に対応する）

時期	調査遺跡	文献	地図上の位置
1968	津古遺跡調査（みくに野団地造成に伴う）	1	①
1969	津古内畑遺跡調査、1969 年から５ヵ年にわたる調査	2	②
1971	三沢遺跡調査、1978 年に県文化財に指定される。	3	③
1973	横隈山遺跡調査（みくに東団地造成に伴う）、翌年まで調査。文化財保護の市民運動がおきる。	4	④
1971	北牟田遺跡・ハサコの宮遺跡の墳墓調査、1974 年まで断続的な調査	5	⑤
1980	みくに保育所内遺跡調査（市立三国保育所の建替え工事に伴う）	6	⑥
1981	三沢栗原遺跡調査（土取・農園造成に伴う）1985 年まで	7	⑦
1982	三沢蓬ヶ浦遺跡調査、1983 年まで	8	⑧
1984 1984 1984 1985 1986	みくに野第２土地区画整理事業関係調査、1987 年まで 横隈鍋倉遺跡調査 三国の鼻遺跡調査、1985 年まで 横隈北田遺跡調査 津古土取遺跡調査、1987 年まで	9 10 11 12 13	⑨
1987 1987 1987 1988 1989	三沢土地区画整理地業関係発掘調査、1991 年まで 北松尾口遺跡Ⅰ地点、1988 年まで 北松尾口遺跡Ⅱ地点、1988 年まで 北松尾口遺跡Ⅲ・Ⅳ地点 三沢一ノ口遺跡発掘調査、1990 年まで	14 15 16 17 18	⑩
1990	苅又土地区画整理事業関係発掘調査、1994 年まで	19	⑪
1999 1999 2000 2000 2002	三沢東土地区画整理地業関係発掘調査、2003 年まで 三沢北中尾遺跡１地点発掘調査、2000 年まで 三沢蓬ヶ浦遺跡３地点発掘調査 三沢北中尾遺跡５地点発掘調査、2001 年まで 三沢北中尾遺跡 4E 地点発掘調査、2003 年まで	20･21 22	⑫
1999 2000 1999 2001	横隈上内畑遺跡（弥生墳墓群）発掘調査、2001 年まで 横隈上内畑遺跡３地点発掘調査 横隈上内畑遺跡４地点発掘調査 横隈上内畑遺跡５地点発掘調査	 23 24 25	⑬
2002	力武遺跡群（弥生井堰・水田・集落）発掘調査、2003 年まで	26	⑭

文献

1 波多野晥三『筑紫史論』第三輯、1975

2 小郡町教育委員会『津古内畑遺跡』小郡町文化財調査報告書第１集、1970
　小郡町教育委員会『津古内畑遺跡第２次』小郡町文化財調査報告書第２集、1971
　福岡県教育委員会『津古内畑遺跡第３次（遺構編）』1972
　福岡県教育委員会『津古内畑遺跡第４次』1973
　福岡県教育委員会『津古内畑遺跡第５次（遺構編）』1974

3 福岡県教育委員会『福岡県三沢所在遺跡予備調査概要』1971

4 小郡市教育委員会『横隈山遺跡』小郡市文化財調査報告書第３集、1974

5 福岡県教育委員会『九州縦貫自動車道関係埋蔵文化財発掘調査報告Ⅴ』1974
　福岡県教育委員会『九州縦貫自動車道関係埋蔵文化財発掘調査報告 XXXI』1979

6 小郡市教育委員会『みくに保育所内遺跡・吹上北畠遺跡』小郡市文化財調査報告書第8集、1981
7 小郡市教育委員会『三沢栗原遺跡Ⅰ・Ⅱ』小郡市文化財調査報告書第15集、1983
小郡市教育委員会『三沢栗原遺跡Ⅲ・Ⅳ』小郡市文化財調査報告書第23集、1985
小郡市教育委員会『三沢栗原遺跡5』小郡市文化財調査報告書第28集、1986
8 福岡県教育委員会『三沢蓬ヶ浦遺跡』福岡県文化財調査報告書第66集、1984
9 小郡市教育委員会『総集編』みくに野第2土地区画整理事業関係埋蔵文化財調査報告-14- 小郡市文化財調査報告書第61集、1990
10 小郡市教育委員会『横隈鍋倉遺跡』みくに野第二土地区画整理事業関係埋蔵文化財調査報告-2- 小郡市文化財調査報告書第26集、1985
11 小郡市教育委員会『三国の鼻遺跡Ⅰ』みくに野第二土地区画整理事業関係埋蔵文化財調査報告-1- 小郡市文化財調査報告書第25集、1985
小郡市教育委員会『三国の鼻遺跡Ⅱ』みくに野第二土地区画整理事業関係埋蔵文化財調査報告-3- 小郡市文化財調査報告書第31集、1986
小郡市教育委員会『三国の鼻遺跡Ⅳ・津古膓田遺跡』宝満川流域下水道事業関係埋蔵文化財調査報告-2- 小郡市文化財調査報告書第39集、1987
小郡市教育委員会『三国の鼻遺跡Ⅲ』みくに野第二土地区画整理事業関係埋蔵文化財調査報告-8- 小郡市文化財調査報告書第43集、1988
12 小郡市教育委員会『横隈北田遺跡』みくに野第二土地区画整理事業関係埋蔵文化財調査報告-10- 小郡市文化財調査報告書第48集、1988
13 小郡市教育委員会『津古土取遺跡』みくに野第二土地区画整理事業関係埋蔵文化財調査報告-13- 小郡市文化財調査報告書第59集、1990
14 小郡市教育委員会『総集編』三沢土地区画整理事業関係埋蔵文化財調査報告-9- 小郡市文化財調査報告書第91集、1994
15 小郡市教育委員会『北松尾口遺跡Ⅰ地点』三沢土地区画整理事業関係埋蔵文化財調査報告-2- 小郡市文化財調査報告書第54集、1989
16 小郡市教育委員会『北松尾口遺跡Ⅱ地点』三沢土地区画整理事業関係埋蔵文化財調査報告-4- 小郡市文化財調査報告書第63集、1990
17 小郡市教育委員会『北松尾口遺跡Ⅲ・Ⅳ地点』三沢土地区画整理事業関係埋蔵文化財調査報告-6- 小郡市文化財調査報告書第77集、1992
18 小郡市教育委員会『一ノ口遺跡Ⅰ地点』三沢土地区画整理事業関係埋蔵文化財調査報告-8- 小郡市文化財調査報告書第86集、1994
19 小郡市教育委員会『苅又地区遺跡群Ⅰ』苅又土地区画整理事業関係埋蔵文化財調査報告-1- 小郡市文化財調査報告書第101集、1995
小郡市教育委員会『苅又地区遺跡群Ⅱ』苅又土地区画整理事業関係埋蔵文化財調査報告-2- 小郡市文化財調査報告書第103集、1995
小郡市教育委員会『苅又地区遺跡群Ⅲ』苅又土地区画整理事業関係埋蔵文化財調査報告-3- 小郡市文化財調査報告書第104集、1996
小郡市教育委員会『苅又地区遺跡群Ⅳ』苅又土地区画整理事業関係埋蔵文化財調査報告-4- 小郡市文化財調査報告書第105集、1996
小郡市教育委員会『苅又地区遺跡群Ⅴ』苅又土地区画整理事業関係埋蔵文化財調査報告-5- 小郡市文化財調査報告書第106集、1996
20 小郡市教育委員会『三沢北中尾遺跡1地点』小郡市文化財調査報告書第169集、2002
21 小郡市教育委員会『三沢北中尾遺跡1地点（環濠編）』小郡市文化財調査報告書第181集、2003
22 小郡市教育委員会『三沢北中尾遺跡3地点』小郡市文化財調査報告書第194集、2004
23 小郡市教育委員会『横隈上内畑遺跡3』小郡市文化財調査報告書第155集、2001
24 小郡市教育委員会『横隈上内畑4』小郡市文化財調査報告書第152集、2001
25 小郡市教育委員会『横隈上内畑遺跡5』小郡市文化財調査報告書第172集、2003
26 小郡市教育委員会『力武内畑遺跡7』小郡市文化財調査報告書第190集、2004

三国丘陵は、都市計画決定によって小規模な虫食い状態の開発を規制した地域が多かったため、区画整理事業などに伴って丘陵を大きく切り開いてまとまった調査が実施された。一九八四年から相次いで着手されたいわゆる小郡・筑紫野ニュータウンのみくに第二土地区画整理事業、三沢土地区画整理事業、苅又土地区画整理事業は、その三つの事業だけで総面積一三〇ヘクタールにも及び、その事業に伴って多くの遺跡を確認することができた。

大規模な発掘調査は、その成果が膨大な調査報告書として刊行された。その主要な調査については「表2 三国丘陵における主要な遺跡調査年表」にまとめているのでその文献とともに参照願いたい。

弥生時代に限っても三国丘陵の遺跡を題材として多くの研究課題があるが、個別の問題として横隈北田遺跡の環濠機能を巡る問題（註12）、横隈鍋倉遺跡・三国の鼻遺跡・横隈北田遺跡の朝鮮系無文土器をめぐる問題（註13）、三沢一の口遺跡の集落構造をめぐる問題（註1・14）など北部九州弥生文化全体に関わるような問題も検討されてきた。

こうした調査事例の増加とともに、三国丘陵全体のグローバルな歴史的位置づけも考えられるようになった。橋口達也氏は弥生農耕社会の発展過程をこの三国丘陵を題材に述べた。それが発表されてこの一〇年間、集落の拡大を農耕地の潜在的農地への進出と関連づけて理論化した考えやそれによってもたらされる争いや首長権の形成理論は、とくに若い研究者を中心に大きな影響を与えてきた。橋口氏は最初に稲作農耕文化の開始を扱った論文の中で、三国丘陵を農耕集落が丘陵地に進出するモデルとして取り上げ、曲り田（古）式～板付Ⅰ式までは水田稲作農耕の最適地への進出が進み、板付Ⅱ式以後には三国丘陵のような狭隘な谷水田をひかえた低丘陵に集落が進出せざるを得ない状況が生まれたと解釈し（註15）、続いて出された論文では、さらに丘陵地の土地開発プロセスを具体化させて、丘陵地の人口増加は分村の必要性をひき起し、板付Ⅱ（古）式以後には三国丘陵のような狭隆な谷水田をひかえ、畠作も可能な低丘陵地帯へ進出が開始され、前期末にいたって潜在的耕地のほぼすべてといってよいほどに集落が形成され、遺跡の分布は飽和状態に達し、この状況が中期前半まで継続されたとした（註16）。

北部九州において弥生時代前期に農耕が動揺しながらも定着し、中期にその動揺の中から権力機構が生まれてくるという一連の研究は、三国丘陵の研究においても一つの画期であるが、弥生社会の研究史でもひとつの到達点を示すもの（註17）として評価されるものである。

このほかにも三国丘陵はその良好な資料をもとに分析の対象となっていて、柏原孝俊氏（註18）、武末純一氏（註19）、田崎博之氏（註20）、速水信也氏（註21）などが集落論や墳墓論・遺物論などでその資料を取り上げて述べている。最近の研究を紹介しておく。著者は飯塚勝氏との共同研究で、三国丘陵の各時期ごとの発掘住居跡数の変化をもとに、数理的方法を用いて開発過程を定量的・客観的に検証した（註22）。また、これから三国丘陵の調査に関わっていく若手研究者たちによる従来の研究成果のまとめも行なわれている（註23）。三国丘陵は北部九州の弥生時代農耕文化を論じる重要な研究対象・フィールドになっている。

註

（1）小田富士雄「弥生集落遺跡の調査と保存問題―福岡県・一ノ口遺跡をめぐって―」『古文化談叢』第二二集、一九九〇年
（2）西谷　正「Ⅳ　結語」『福岡県三沢所在遺跡予備調査概要』一九七一年
（3）鏡山　猛「環溝住居阯小論（二）」『史淵』六七・六八合併輯、一九五六年
　　鏡山　猛「環溝住居阯論攷」『九州考古学論攷』一九七二年
（4）近藤義郎「共同体と単位集団」『考古学研究』第六巻第一号、一九五九年
（5）酒井龍一「弥生時代中期・畿内社会の構造とセトルメントシステム」『文化財学報』第三集、一九八四年
（6）片岡宏二「板付Ⅱ式土器の細分と編年について―特に三国丘陵の資料を中心に―」『三沢蓬ヶ浦遺跡』一九八四年
（7）山崎純男「弥生文化成立期における土器の編年的研究―板付遺跡を中心としてみた福岡・早良平野の場合」『鏡山猛先生古稀記念　古文化論攷』一九八〇年
（8）日野尚志「第一編　小郡市の地理」『小郡市史』第一巻、一九九六年
（9）木村鶴雄「自然環境」『三沢北中尾遺跡Ⅰ地点』二〇〇二年

（10）橋口達也「甕棺の編年的研究」『九州縦貫自動車道関係埋蔵文化財調査報告―XXXI―』一九七九年
（11）片岡宏二「弥生時代中期の土器編年について―特に三国丘陵の資料を中心に―」『大板井遺跡Ⅱ』一九八二年
（12）片岡宏二「弥生時代後期の土器編年について―特に三国丘陵の資料を中心に―」『三沢栗原遺跡Ⅲ・Ⅳ』一九八五年
（13）片岡宏二「Ⅳ　まとめ　一弥生時代の遺構と遺物　b遺構について　環濠」『横隈北田遺跡』一九八八年
（14）片岡宏二「日本出土の朝鮮系無文土器」『古代朝鮮と日本』古代史論集四、一九九〇年
（15）速水信也・柏原孝俊「福岡県小郡市三沢地区周辺の弥生時代遺跡」『平成元年度　九州史学会大会考古部会』一九八九年
（16）橋口達也「日本における稲作の開始と発展」『石崎曲り田遺跡』Ⅲ、一九八五年
（17）橋口達也「聚落立地の変遷と土地開発」『東アジアの考古と歴史』中、一九八七年
（18）橋口達也『弥生文化論―稲作の開始と首長権の展開―』一九九九年
（19）柏原孝俊「北部九州における弥生時代磨製石器の一様相―集落遺跡出土の『今山系石斧』とその供給形態―」『環瀬戸内の考古学』二〇〇二年
（20）武末純一『弥生のムラ』日本史リブレット三、二〇〇二年
（21）田崎博之「土器と集団（三）―弥生時代前期の集団関係―」『九州文化史研究所紀要』第三五号、一九九〇年
（22）速水信也「三国丘陵の中の一ノ口遺跡」『一ノ口遺跡Ⅰ地点』一九九四年
（23）飯塚　勝・片岡宏二「発掘住居数を用いて弥生時代前期～中期の人口増加を解析するための数理的方法」『九州歯科大学　一般教育研究紀要』第一〇・一一合併号、二〇〇六年
山崎頼人・杉本岳史・井上愛子「筑後北部三国丘陵における弥生文化の受容と展開―三国丘陵南東部遺跡群をケーススタディとして―」『古文化談叢』第五四集、二〇〇五年
（小郡市内の遺跡報告書は表2の参考文献を参照）

第二節　時期別変遷過程

1　縄文時代後晩期の生業と集落

縄文農耕の存在は古くて新しい問題である。その詳細は別項によるが、水田稲作農耕に先行する畑作農耕の可能性が高まる縄文時代後期中頃以後の三国丘陵の状況について考えたい。三国丘陵には縄文時代後晩期の遺跡数は少ない。しかし、大規模な調査によって断片的ながらも発掘されている。

縄文時代を通しての動向は先にまとめる機会があった（註1）のでそちらを参照願いたく、ここでは縄文時代後期中葉以後からの状況について説明しておく。その時期の土器は横隈山遺跡第四地点から出土する。遺構は伴っていないが、比較的大きな谷部奥の堆積層で発掘されている。外反・内傾する口縁下に幅広の粘土帯を貼り付けて肥厚させ、そこに短沈線文・連続刺突文を幅広く施す。瀬戸内の縁帯文土器にその系統が求められ、鐘崎式土器が成立する以前の在地土器型式の可能性がある。

縄文時代後期中葉には磨消縄文土器が盛行するが、その時期の土器はやはり横隈山遺跡第四地点から出土している。先の縁帯文土器同様に筑後川南岸、とくに耳納北麓では遺跡の分布密度が高いが、三国丘陵ではそれほど多くの遺跡はない。この横隈山第四地点の縄文土器は少量ながら発見され時期幅もある。

縄文時代後期後半には、筑紫平野の中でも久留米市北野町良積遺跡、赤司一区公民館遺跡（註2）などのように、沖積地にまで遺跡が降りてくる傾向がうかがえ、筑後川南岸でも同じように久留米市田主丸町千代久遺跡（註3）のように低湿地近くにまで遺跡が降りてくる。

一方、三国丘陵では丘陵地奥の勝負坂遺跡F地点から散発的に発見されているのみである。遺構は確認できていない。

引き続いて北山遺跡E地点と津古内畑遺跡でもわずかに晩期前半の土器が散発的に知られている。やはり丘陵地の奥深くである。津古内畑遺跡第四次調査でも晩期後半の浅鉢口縁片が一点採集されている。土器量も少なく丘陵奥深くに細々とした生活の場があったことを示すものである。

同様の成果は筑紫野市側の大規模開発に伴う発掘調査でも確認されていて、丘陵の各所から点々と縄文時代の遺物が採取されているとのことである（筑紫野市教育委員会渡邊和子氏教示）。

縄文時代晩期前葉から三国丘陵でも宝満川に沿った箇所に遺跡が見られる。津古土取遺跡二区・四区では晩期Ⅱ期以前の黒川式から晩期Ⅱc～前期Ⅰ期段階まで連続して多量に採集される。住居跡などの生活遺構は発見されていないが、溝や甕棺墓などの遺構があり、この段階に至って明らかに前時代とは異なる立地になる。食糧の獲得手段にも変化が現われたことを示すものと思われる。

津古土取遺跡からは朝鮮半島の前期無文土器の影響を受けた孔列文土器の出土が見られる。日本における孔列文土器出現の背景には朝鮮半島からの畑作文化の影響が考えられる。遺跡の立地環境を含めて、この段階には丘陵地における畑作農耕（焼畑農耕）が、食糧獲得の一手段として確立していたことを示唆する。

津古土取遺跡二区は谷の包含層であるが、地表から約一m下の第三層が縄文時代晩期の包含層である。その土器包含層のプラント・オパール調査ではイネ科植物の検出はなされていないが、その下の層では、ヒエ、アワ、キビなどの雑穀類が検出され、それらが栽培植物であった可能性が指摘されている（註4）。包含層からは土器の出土は少ないが、周囲が焼畑のような耕作地であれば、土器などの生活遺物が入ることのほうが不自然であろう。

津古土取遺跡では、低地に水路が作られる。水路は谷の湧水を一定量下方に流すために設けたものらしく、溝の両岸には薄い木板や木皮を貼り付けて護岸した幅二五㎝、長さは三・五mだけが発見された。丘陵上には甕棺墓が作られる。その西側の丘陵部には二基の甕棺墓がある。生産に関わる水路や一定期間の居住を示す墳墓の発見など、縄文集落の質的変化が見られる。

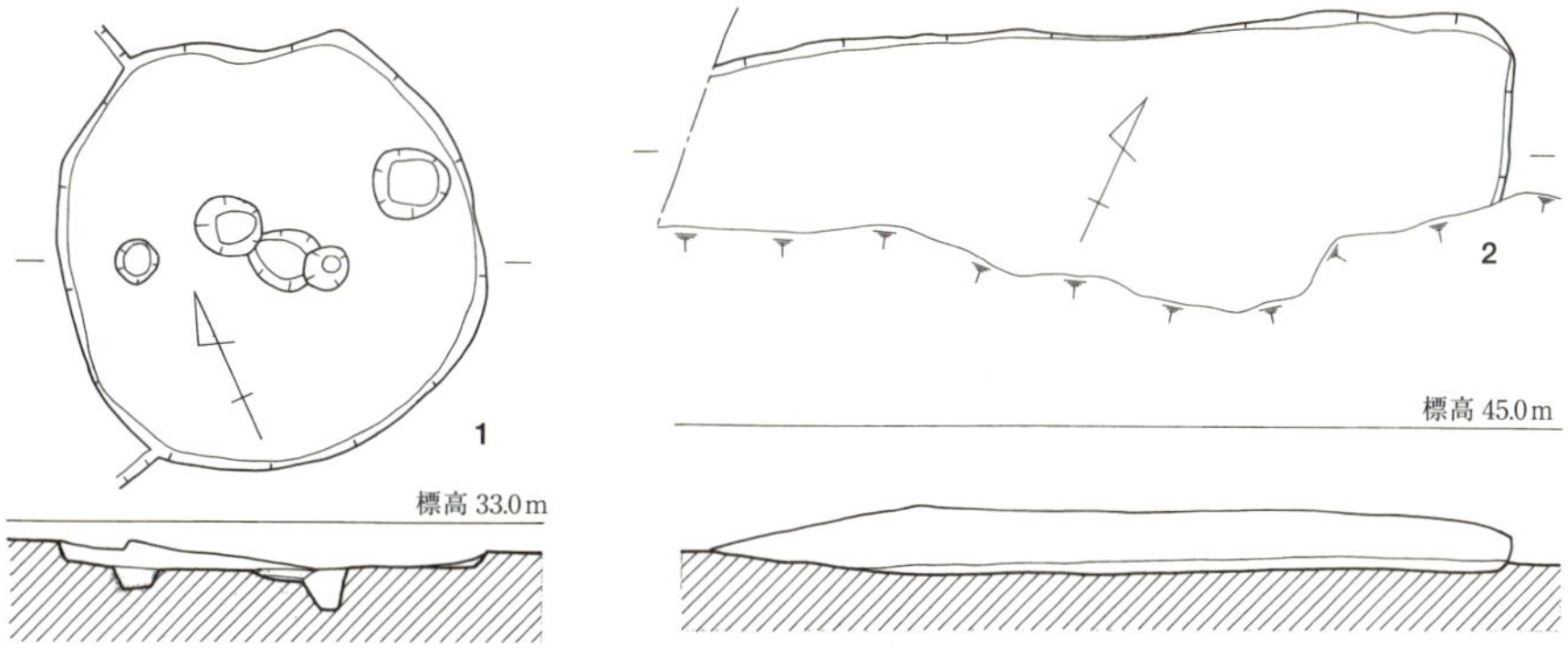

図35　縄文系集落の住居（左：三沢栗原遺跡69号住居跡、右：三国の鼻遺跡61号住居跡、1/100）
（いずれも報告書より転載・作図）

三国丘陵の刻目凸帯文土器の分布を見ると、津古土取遺跡のほかに津古東宮原遺跡でも出土している。

縄文時代晩期には食糧生産の比率を焼畑などの農耕へ依存する割合が高くなったとしても、その社会を維持するための集団が擁する土地面積はそれほど余裕があるわけではなく、その社会にあった人口とそれを支える土地面積がバランスを保っていたと考えることができるであろう。したがって、縄文時代晩期にいたっては急激な人口増加は起こりえなかったのである。三国丘陵では縄文時代晩期Ⅱ期から遺跡数が増加する現象は見られない。

2　縄文晩期の系譜をひく集落

三国丘陵の発掘調査を多く手がけていると、ときどき「離れ集落」とでも言えるような単独の一・二軒の住居跡にあたることがある。三沢栗原遺跡Ⅳ区の六九号住居跡（図35－1）のような例である。時期は前期Ⅰ期にあたる。中央に炉がある直径三・一〜三・三m前後の小さな竪穴住居跡である。同遺跡の八七号住居跡は遺物の出土がないのでにわかに時期を決められないが、同じような規模と構造（二・八〜三・三mの楕円形プラン）になっているので、これが同時期だとしても二軒のみの構成となる。

外地（ここでは三国丘陵以外という意味）から稲作農耕文化を持ち込んだ集団以外にも、今まで三国丘陵に生活していた人々がいたと考えるのはごく自然である。この集落を縄文時代以来、この三国丘陵に住んでいた在住民が、弥生時代に移行する時期に営んだ集落ととらえたい。残念ながら、このような縄文系弥生人の集落が調査で見つかることはなかなか難しい。というのは、まず規模が小規模であり、遺物量も多くなく、したがって試掘などによって捉えることが難しいからである。私たちが感覚的に持っている集落遺跡とは一定規模の広がりがあって、そこに相当数の住居があるような弥生系集落が一般的であり、その目で見ると縄文系集落は見逃してしまう。

三沢栗原遺跡では引き続いて、前期Ⅱb期段階でも住居が作られている。しかし、この住居は推定直径九m前後のしっかりした円形プランの住居跡で、しかも拡張工事を行なって大きく作り変え、貯蔵穴も複数ある。これを縄文系集落が水田稲作農耕の影響を受けて変貌していった姿と考えるにはその差が大きすぎて無理がある。

三国の鼻遺跡の前期Ⅱa期の六一号住居（図35－2）も縄文時代以来の流れを受け継ぐ住居と考えられる。ここではその後前期Ⅱc期の集落があるが、それとは断絶していて、それ以前に単独で営まれたものである。

津古生掛古墳は筑紫平野でも最古級の古墳であるが、その古墳調査の折にも墳丘下から中期Ⅰa期の住居が一軒単独で発見されている。水田稲作農耕への移行とそれを主体とする集落への同化をひたすら拒み続けたイエもあったであろう。

ここであらためてこうした集落を「縄文系集落」と呼ぶことにしよう。

これらの三遺跡は、たまたま弥生時代後期や古墳時代の遺構と重複していたので調査することができたが、単独で丘陵奥地にある例などは検出することが難しいだろう。

三国丘陵の比較的奥に入る苅又土地区画整理事業地区でも、縄文系集落の遺跡がいくつか確認できている。勝負坂A地点では標高六〇～七〇mで周囲に谷もない丘陵傾斜面で性格不明の小さな土壙があって、その周囲から遺構に伴わない中期初頭の土器が少量出土している。報告書では「住居や貯蔵穴、墓などの生活痕崩落や狩猟等による移動、活動時の遺失物」という見解が出される。また北山E地点では標高七〇mの丘陵尾根上に柱穴だけしか検出されなかったが、柱間一・一～一・四mの住居跡が発掘されている。所属時期に不明な点が残されるが、周辺からは弥生時代中期初頭の土器が発見されている。茢又地区遺跡の調査対象地を見てもわかるように、その調査地は主に古墳や窯跡調査の副産物として確認されたものが多く、ごく小規模な集落跡を全部把握することは不可能に近いと思われ、本来は北山E地点類似の遺跡、つまり縄文系集落の存在をもっと多く想定しなければならない。

三沢土地区画整理事業でもかなり奥まった標高五〇～七〇mの丘陵地の一ノ口遺跡Ⅱ地点で一〇基の貯蔵穴が発掘され、近くに集落があったことがうかがえる。ここは、たまたま上に古墳があったため調査していて確認することができたが、古墳がなければ遺跡の存在を確認することはほとんど難しかったであろう。貯蔵穴からは土器も何も出土していないため所属時期は、弥生時代前期から中期前半までのうちであろうと推察されるのみである。

西島遺跡もそうした遺跡かも知れない。西島遺跡は一九七一年工場建設で壊れる前に山本信夫氏により調査が行なわれて、弥生時代前期の貯蔵穴二基が発掘された。その出土遺物を見ると器種の中には夜臼式系統の浅鉢も残っていることや、壺の頸部がまだ長く伸びていることや甕に縄文土器からの発展と見られる直立した口唇に刻みをつけたものなど前期Ⅰ期と考えられる遺物の出土が見られる（註5）。

3　弥生前期に出現する集落

直接水田稲作農耕が持ち込まれた地域でなく、三国丘陵のように二次的に波及する地域では、水田稲作農耕の技術は在来の縄文系弥生人の中に技術として採用されたのか、あるいはそれをもとから持っていた渡来系弥生人によってもたらされたものか、その議論は長年の問題であった。西日本の広い範囲で瞬く間に広がったとされる水田稲作農耕も、渡来系弥生人がもたらした場合もあれば、縄文系弥生人がその技術を習得した場合もある。一様にどちらかに軍配を上げるわけにはいかない。各地域で、農耕が開始された段階での集落の動向などを分析しながらこの問題に対処しなければならない。

三国丘陵ではどうであったのか。前節で見てきたとおり、まず前提として縄文時代後晩期から絶対量は多くないが、

図 36　力武遺跡群を中心とした生産域・生活域・墳墓域配置図（1/6,500）（片岡作図）

三国丘陵を舞台として生活してきた人々がいたこと、そしてそうした人々が弥生時代前期に入ってからも、すぐには生活条件を変えずに営んでいた集落も存続していたことがわかっている。

縄文時代以来住み続ける集団はその環境の中で安定した社会を保っていたのであるが、こうした社会の中に水田稲作農耕の技術がもたらされた。それを示す遺構はこれから述べるように、完成された姿の技術である。そしてその集落は、縄文時代以来の生活様式を保持する集落の様相とはかなり異なったものであることもわかってきた。それゆえに著者は、弥生時代前期Ⅰ期の水田稲作農耕をもってこの三国丘陵に居を構えた集団を縄文時代の内的な発展から生まれたものではなく、外地からの移住者（渡来系弥生人）集団とみなしている。

そうした集団の遺跡が、二〇〇一年から三年にかけて道路建設のために相次いで発掘調査された、力武内畑遺跡、力武前畑遺跡、横隈上内畑遺跡である。

まずいちばん南側にあって、生産にかかる遺構が検出された力武内畑遺跡七区から説明する（図36参照）。

力武内畑遺跡七区は宝満川沖積地に突き出す中位段丘の先端に位置していて、その突き出した段丘西側には幅七～八mの小河川がある。この小河川は流路を整えるために人工的な改修を受けていたものと思われる。小河川がそのまま南側に直進してやや大きな旧口無川に流れ込む手前に井堰を設けて分水し、その分流は段丘に沿って北東側に流路を変え、その先にある水田に水を供給するようにしている。あまり水量が多くなりすぎると水量を調整して、余水をそのまま南側に流す機能も持たせている。

図37のように力武内畑遺跡の立地を周囲の表層地形図の中で見ると、まさに沖積地と段丘の境にあって、地形的にも初期の水田を営む上でうってつけの位置にあることがわかる。

井堰の設置時期は弥生時代前期Ⅰ期で、短期間のうちに何度か改修が行なわれた痕跡を示す。杭の間などから出土する土器は前期Ⅰ期から前期Ⅱａ期段階のものである。

検出された井堰は保存状態が良好で、その構造・機能がよくわかる資料である。杭を約五ｍ幅のうちに四〇〇本ほど打ち込んでいて、形式は直立型堰に分類されるものである。杭をやや斜めに打ち込んで、その内側に土を詰めて堅固にするもの、杭と矢板を打ち込むもの、二列の杭の隙間に丸太材を挟み込むものなどの各種構造が見られる。

福岡市板付遺跡では直立型の井堰が凸帯文土器単純層と板付Ⅰ式期の層から出土していて、水田稲作農耕の開始期からこうした完成された灌漑技術の導入がなされていることがわかっていた。板付遺跡G－7a区の井堰は水田の取排水に直結するもので、力武内畑遺跡の井堰はむしろG－7b区で板付Ⅰ～Ⅱ式に営まれた主幹水路の取排水を行なうものと同じである。

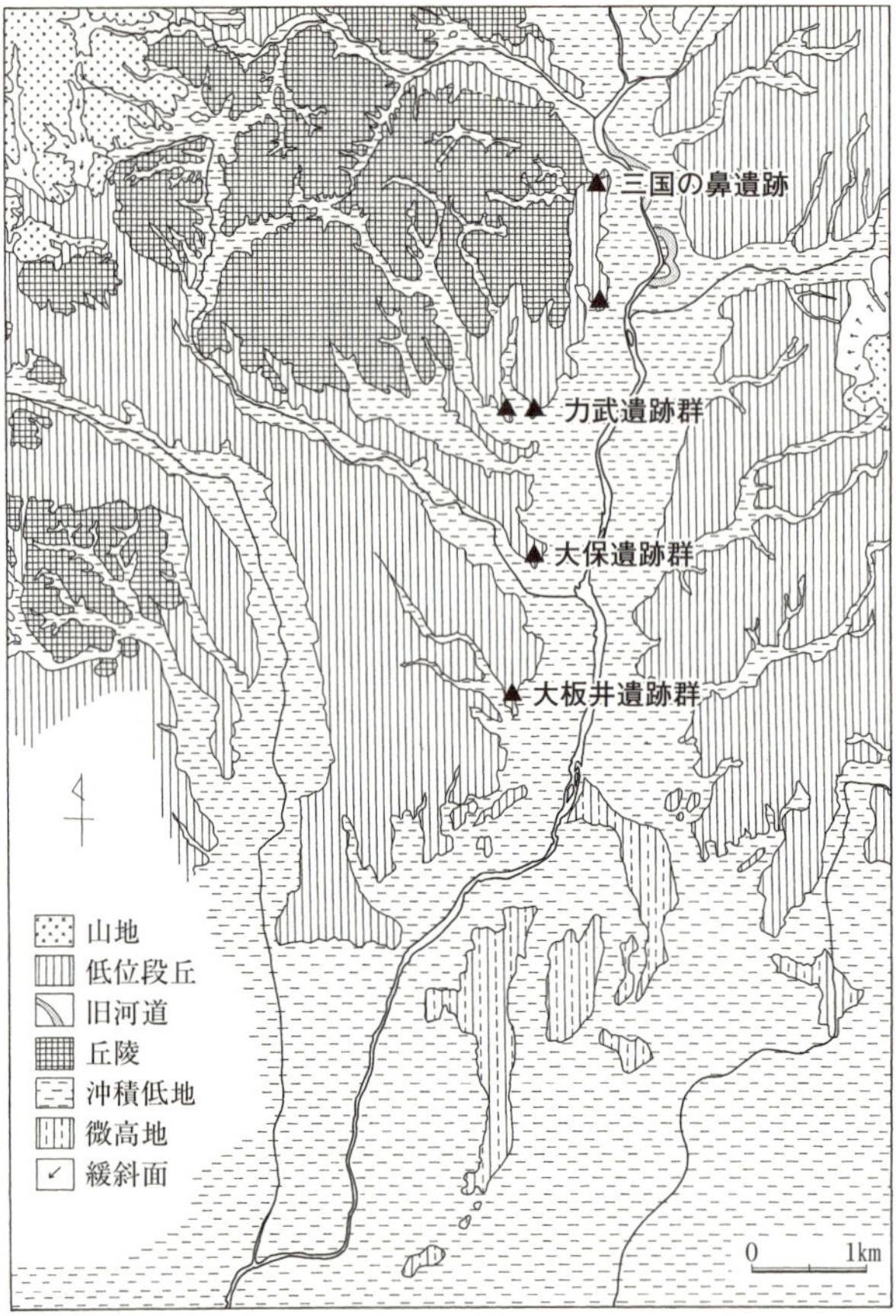

図37　三国丘陵周辺の地形と前期Ⅰ期遺跡の分布図（1/50,000）

井堰の例は板付遺跡を始め、凸帯文土器単純期の唐津市菜畑遺跡、福岡市橋本一丁目遺跡や凸帯文土器単純期から板付Ⅰ式期の野多目遺跡に発見されている。弥生前期のうちに近畿地方にも広がり、大阪府茨木市牟礼遺跡、東大阪市・八尾市にまたがる池島福万寺遺跡にも井堰の類例が検出されている（註6）。力武内畑遺跡の前期Ⅰ期の井堰例は、二日市地峡帯を越えた筑紫平野にも弥生時代前期前半に高度な灌漑技術が及んでいたことを示すことになった。

力武内畑遺跡の前期Ｉ期の住居跡が発掘された台地から標高が約一ｍ下がった湿地では、同時期と考えられる水田遺構も確認されている。方形に畦で区画したものであるが、水田がどのくらいの面積だったかはわかっていない。

次にその集落について述べることにする。集落が確認されたのは、井堰から北側に約八〇ｍを境とした台地の北側に当たり、遺跡名としては力武内畑遺跡七区北側と力武前畑遺跡一区・同二区になる。各遺跡は発掘調査の原因となる事業によって分断されているが一連の遺跡である。

力武内畑遺跡七区では大型の松菊里型住居跡が確認されている。力武前畑遺跡一区・同二区でもやはり住居跡と貯蔵穴群が確認されている。いずれもその時期は弥生時代前期Ｉ期である。

力武前畑遺跡一区は一九九七年に調査が行なわれ、二基の土壙から弥生時代前期Ｉ期～前期Ⅱａ期の良好な資料が出土した。その東隣の力武前畑遺跡二区でも二〇〇二年度調査で同時期の住居跡と貯蔵穴が発掘されている。

この前期Ｉ期に始まる力武内畑遺跡七区、力武前畑遺跡一・二区をまとめて「力武遺跡群」としておく。

力武遺跡群と時間的にオーバーラップして、北側約四〇〇ｍにみくに保育所内遺跡がある。

一九八〇年に市立三国保育所の改築工事に伴って発掘調査された遺跡である。弥生時代前期に属す遺構は四基の貯蔵穴であるが、このうち一号貯蔵穴が前期Ｉ期に属す貯蔵穴である。長さ一・一ｍ、幅一ｍの長方形プランをした竪穴の西側半分が深くなっていて、そこからさらに広い穴倉が掘り込まれた特異な形状を示すものである。この中から出土した土器には刻目凸帯文土器の甕と板付Ｉ式の小壺がある。甕（図33－33）は本来の夜臼式土器より一段階退化している。この土器の底部には籾の圧痕を残している。これがそのまま水田稲作によってできた籾と断定することはできないが、井堰・水田の出現時期に呼応していて、水田稲作の普及が進んだことを想像させる。籾痕の大きさは長さ六・八㎜、幅四・六㎜で長さ対幅の比率が一・四八となり、ジャポニカ種である。

みくに保育所内遺跡は力武遺跡群から奥に入った別丘陵にあり、力武遺跡群の別のユニットと考えられる。両遺跡を営んだ集団は、同族ではありながら、早い時期に分村化した集団と見ることが妥当ではないだろうか。

次にその段階の墓地について述べる。力武遺跡群、みくに保育所内遺跡などの集落域の北側にあって、小高く位置している横隈上内畑遺跡の墳墓について見ていきたい。

横隈上内畑遺跡五区は力武前畑遺跡・力武内畑遺跡の背後にある丘陵の南向き斜面部分にある。力武遺跡群から八〇〇m北側にあり、今でもそこから力武遺跡群が視野に入る。ここに前期Ⅰ期から前期Ⅱa期にかけての木棺墓をはじめとする墳墓群がある。墳墓群の標高はおよそ二九m前後であるから、集落との比高は一五mくらいになる。木棺墓群は主軸を傾斜に沿って北―南にとり、群としては丘陵斜面の等高線に沿って東―西方向に並ぶ。木棺墓一九基・土壙墓一六基があり、掘方の中からは小壺・鉢などの供献土器が出土し、また木棺墓群の上を東西方向に走る溝状の祭祀土壙からは高杯・小壺・鉢などが出土している。その北側のさらに標高の高い側にある横隈上内畑遺跡四区でも前期の墳墓が検出されるが、横隈上内畑遺跡五区のように密集してしかも整然とした配置ではなく、木棺墓・甕棺墓などが発掘された。供献土器を有すものだけでなく、有柄式磨製石剣と管玉五個が出土して注目される。さらにその北側もまだ丘陵斜面が続いていて、その箇所は横隈上内畑遺跡三区として調査されたが、その南側部分まで、弥生時代前期の木棺墓・甕棺墓が確認されている。

力武遺跡群から横隈上内畑遺跡までを生産領域・生活領域・墓領域として一連の遺構でとらえることができた。こうした遺構の組み合わせはあきらかにその前段階の縄文時代晩期とは異なったものである。

横隈上内畑遺跡と同時期の墳墓群が一九八四～八五年に行なわれた三国の鼻遺跡で発掘されている。地元で三国の鼻と呼ばれている細長く平野に突き出す丘陵の南東斜面にある木棺墓と甕棺墓からなる弥生時代前期墳墓群である。木棺墓が三八～三九基、土壙墓が三基、甕棺墓が二六基である。

木棺墓は前期Ⅰ期・前期Ⅱa期段階に位置している。墳墓群はA～Dの小グループに別れ、それぞれの中で板付Ⅰ式期と同Ⅱ式期へ継続する。この小グループは、すでに縄文時代の大家族（氏族社会）ではなく新しい生産様式に対応する親族の血縁関係を媒介に分化しつつある世帯共同体に対応するものと考えられる。そのグループの中でもA群に分類した二基（一九号・二〇号木棺墓）は、位置・供献品・木棺構造において他に比較して優位にあることがうかがえ、この集団の祖と考えられる。弥生時代の初期においてすでに特定個人・集団の階層分化が内在することを示す好資料と考えている。

この三国の鼻遺跡の東側の台地は調査が行なわれていないが、力武内畑遺跡と横隈上内畑遺跡の関係のように、前期Ⅰ期の集落の存在が予想できる。

現在のところ、三国丘陵では力武遺跡群のほかに前期Ⅰ期にさかのぼる集落遺跡の確認はなされていない。しかし、その立地条件を見ると、その可能性がある地域は三国の鼻遺跡のようにいくつか見られ、とくに図37に▲印をつけた箇所は、脇に小さな谷があってそこに突き出す台地になっているため、初期の水田を開発するには好条件の地理的位置にある。今のところはまだ調査できていないが、今後この部分の調査には注意を払いたい。

4　丘陵地に出現する集落の生業と環境

前期Ⅱa期にはじまる集落

前期Ⅰ期に定着を開始した水田稲作農耕集落は、その後も継続して営まれているが、中位段丘から一段高くなった低丘陵地への進出が早くも前期Ⅱa期から始まる。この段階ではあまり奥地までは進出せずに、後背湿地に面した丘陵地と比較的大きな谷をさかのぼってその谷に面した低丘陵が生活の舞台となっている。

その段階に出現する集落には津古土取遺跡、北松尾口遺跡Ⅲ地点、三沢北中尾遺跡、横隈山遺跡などがある。それぞれの集落はその前身である母村から分岐したものであって、その母村とは前期Ⅰ期に三国丘陵上に展開したいくつかの集落で、その代表的なものが力武遺跡群である。

力武遺跡群からの系譜が引ける北側に伸びた比較的大きな谷沿いの丘陵地に進出する集落を見てみよう。

力武遺跡群を母村としてそれから分村する集落は、その力武遺跡群の北側に入り込む谷を上ったところに展開する。

谷の西側丘陵部に展開を見せ、そこには後に詳しく述べるが、南側から横隈山遺跡六・七地点、横隈山遺跡五地点（三沢北中尾遺跡四・七・八地点も連続する）、三沢北中尾遺跡一地点（三沢北中尾遺跡六・九地点も連続する）などの環濠および集落が前期Ⅱa期に展開する。いずれの丘陵を見てもそれぞれ、環濠の内側には住居はなく、環濠よりも奥側、つまり環濠は谷に面しているが集落はそれよりも丘陵の付け根側に作られる構造となっている。

最も南側に位置するのは横隈山遺跡七地点である。南北に長い丘陵の南側一角で南側と東西側には湿地が広がっている。丘陵部でつながるのは北側だけで、環濠の北側には住居跡群や貯蔵穴群があり、その部分は横隈山遺跡六地点と命名されている。七地点の環濠は五二m×七八mの楕円形プランで、その内側には住居跡がない（中期の住居跡はある）。北側の六地点には三軒の住居跡と七五基の貯蔵穴が営まれている。正式報告書未刊のため時期を確定することが難しいが、環濠が機能している段階の集落であることに違いない。環濠の時期は調査成果が一部しか公表されていないが、貯蔵穴を切った環濠底部出土の甕・壺はいずれも前期Ⅱa期にさかのぼるものである。

その北側にある環濠は横隈山遺跡五地点で、狭い谷を挟んですぐ北側に対峙する丘陵先端に位置する。環濠の規模や配置は報告されていないためよくわかっていないが、その後、環濠の西側部分の調査が行なわれ、それをもとに復元すると、丘陵の中央部から東側斜面を巡り、推定復元径が約五〇m程度になることがわかった。図43は調査団が残した平板図をもとに環濠の位置を書き入れたもので、環濠はほぼ円形に丘陵をめぐっている。この環濠も丘陵先端に位置し、南北側と東側は湿地となり、丘陵は西側に伸びている。その西側部分に当たるところが、先年三沢北中尾遺跡七地点、同四地点で調査を行なった集落である。その集落には前期Ⅱa期から以後の住居跡と貯蔵穴がある。

三沢北中尾遺跡七地点は線路を挟んで横隈山遺跡五地点の西隣に位置する。途中西鉄大牟田線の線路があって、環濠は大きく寸断されている。三沢北中尾遺跡七地点では横隈山遺跡五地点からの続きの環濠がその西端を示すわずかな部分しか確認されておらず、それも大きな土取りによって調査区北側の少ししか確認できていない。環濠は最初の掘削と二回目の掘削があり、最初の掘削段階は下層出土の土器により前期Ⅱa期にさかのぼることがわかる。環濠の外側、すなわち西側には四軒の住居跡があり、その時期は前期Ⅱａ期から前期Ⅱｂ期である。

三沢北中尾遺跡四地点は住居跡五軒、陥し穴約一〇〇基、貯蔵穴約九〇基、土壙墓二基などが確認されたが、前述のように住居跡と貯蔵穴は環濠近くにある四ｅ地点に集中していて、その時期は前期Ⅱａ期から始まる。現在詳細な時期の検討中である。三沢北中尾遺跡四地点と同七地点の間は県道が走っていて、この段階で大きく掘削され、おそらく多くの住居跡や貯蔵穴が削られてしまったことは確実である。

環濠が並ぶ最も北側にあるのが三沢北中尾遺跡一地点である。約二万㎡の東西に伸びた幅広い丘陵で三沢北中尾遺跡の中ではいちばん大きな丘陵である。集落の最初の段階である前期Ⅱａ期には東側の丘陵先端側に環濠があり、その環濠よりも西側に住居跡・貯蔵穴などがある。弥生時代前期から中期にかけて、全体では住居跡約二〇軒・貯蔵穴約一八〇基などが発掘された。墓地は甕棺墓・土壙墓各一基があるが大半は生活関連遺構である。環濠の規模は東側先端が西鉄大牟田線により切られてしまっているので不明であるが、推測すると直径がおよそ八〇ｍ規模の隅丸方形に近い円形になると考えられる。発掘調査した範囲ではその形状から約半分が発掘されたと考えられる。環濠の幅は最も広いところで五ｍ以上、深いところで四ｍに達する。貯蔵穴は環濠の内外に作られていて、環濠が最初に掘られた段階から、すでに環濠の内外に貯蔵穴が作られていることがわかっている。貯蔵穴の構造や廃棄の方法に時期的な特徴があるという詳細な分析が杉本岳史氏により行なわれている（註７）。

この地区に相次いで作られる三環濠はいずれもが前期Ⅱａ期にその築造をさかのぼらせることになる。このような環濠の周囲には通常集落が営まれる。例としては、横隈山遺跡五地点環濠に対する同じ丘陵西側の三沢北中尾遺跡四地点である。環濠と同じ丘陵だけでなく、三沢北中尾遺跡一地点では、環濠と同じ丘陵の一地点西側の住居群に加えて、北側の小さな谷を挟んだ三沢蓬ヶ浦遺跡Ｂ地点などにも若干遅れるものの環濠が機能している段階で集落の開始が認められる。同じ丘陵に環濠を持つ集落とその周囲の別丘陵に展開する同時期の集落には今のところ目に見える形で経営上の差を認めることができない。近接して相次ぎ作られる環濠のもつ歴史的意義については、ここではその立地を中心に概要だけ述べることにし、詳細は第五節で再び論じることにしよう。

前期Ⅱa期における丘陵地への進出は目覚しいが、環濠の配置をみるとその分村化が環濠の配置を含めて計画的になされたことが理解されるだろう。

次に三国丘陵北側を東西に貫く宝珠川に面した丘陵地に進出する遺跡群を見てみよう。先に三国の鼻遺跡の墳墓群で想定したように、前期Ⅰ期に想定される集落は、そこから南西側丘陵地の中位段丘にある可能性が高いが、それから西側の背後にある丘陵地の津古土取遺跡へと集落の進出が始まる。津古土取遺跡を営んだ集団は、その前段階に三国の鼻遺跡の木棺墓群を築いた集団からの系譜を引く可能性が高い。

津古土取遺跡は宝珠川を挟んだ対岸の津古内畑遺跡とともに三国丘陵のうちでも丘陵部へ進出して、農耕集落の形態を確立する早い段階の遺跡である。潜在的耕作地を求めて丘陵への第一歩を示す立地である。

津古土取遺跡の集落存続時期は前期Ⅱa期からⅡb期にかけてである。Ⅱc期以後の遺構は検出されていないので、短い時間でその営みを終えていることが特徴である。集落構成は住居跡二六軒、貯蔵穴・竪穴二〇九基、甕棺墓三基、土壙墓一四基である。住居のタイプを見ると、前期Ⅰ期に出現する松菊里型住居のように弥生系集落が備えたしっかりした構造を持ったものがある。径三・五～四m以上の円形プランの松菊里型住居や一辺が四・五m以上の方形プランの住居跡など、この遺跡では大きな部類に属す形の整ったしっかりしたつくりのものである。一方、縄文時代の小型の住居の流れにあるものもあって住居タイプは二通りに大別される。

二〇九基の土壙のうち本格的な貯蔵穴は一五〇基である。貯蔵穴からの出土品のうち注目されるものはイノシシの骨である（註8）。この時期はイノシシをとらえて飼育が始まる時期である。大分市下郡桑苗遺跡や吉野ヶ里遺跡の獣骨がイノシシでなくブタであると発表され議論を呼んだが、現段階で動物遺体としてのブタの認定段階であり、遺構として動物の飼育を示すものは未確認である。福岡市雀居遺跡（福岡市教育委員会力武卓治氏教示による）や鹿児島県国分市上野原遺跡で四四基もある「円形柵列遺構」（註9）が動物小屋ではないかという問題提起がなされるものの、現段階では確認できていない。津古土取遺跡のようなイノシシの生息地に隣接した丘陵地で、野生種のイノシシを頻繁にとらえる機会があったとすれば、すぐには手間のかかる飼育化は進まないのかもしれない。

津古土取遺跡は縄文時代晩期のところでも説明したとおり、その丘陵下の二・四・六区で縄文時代晩期の土器が多量に発掘されているが、その一部は前期Ⅰ期まで継続している。それらの土器を使用した人々の住居は未発見であるが、その住民も一部混在し、そのまま継続居住して前期Ⅱa期に渡来系弥生人とともに丘陵部分に集落を構えたのではないだろうか。そのことは、粕屋町江辻遺跡に代表される、住居タイプが画一的な松菊里型だけで構成される水田稲作農耕の集落を象徴するようなものとは違っている。三国丘陵では力武遺跡群やそれに後続する多くの遺跡がそうしたタイプに属すが、津古土取遺跡はその様相が異なっている。

また次のように土器の分析からも、津古土取遺跡は縄文的な様相が見られる。前期Ⅰ期のような刻目凸帯文土器系統の土器はほとんどみられないが、代わって夜臼式土器の退化した断面三角形貼付口縁を持つものなどが出現する。如意系口縁の口縁下に凸帯を巡らす甕が増加する。壺では口縁の形状を比較すると、夜臼式に見られる口縁部が先端で短く外に反るものがわずか二・一%、板付Ⅰ式に見られる口縁部の外側から粘土を貼り付けて段になるものが二四・五%、その折衷の形態を示すものが七三・四%を占めて、縄文土器の影響を残しながらも板付Ⅰ式土器をベースにしたあらたな板付Ⅱ式土器の割合が急速に増加する傾向が認められる。出土土器には、朝鮮半島を故地とする系統の松菊里型土器もあり、この土器は日本各地でも初期農耕文化の伝播と深いつながりがある点は注目すべきであろう（註10）。

津古土取遺跡はその主体は新たな生業を基本に分村化を果たした移住民（渡来系弥生人）であったと考えられるが、内容的には縄文的な要素を多分に含んでいて、三沢北中尾遺跡や横隈山遺跡、北松尾口遺跡Ⅲ地点などとは違って前期Ⅱa期段階ですでに縄文系在地民との混住が開始されていた可能性がある。三国丘陵を見渡しても縄文時代晩期土器がまとまって出土し、甕棺墓などの遺構も発見されているのは津古土取遺跡だけであるから、もともと縄文系在地民のいたこの津古土取遺跡のように、三国丘陵の中でも一部に限ってではあるが、早い段階で混住、そして混血（人的交流）

が開始されていた遺跡があったと考えても不思議ではない。

対岸の津古内畑遺跡の環濠・貯蔵穴出土土器を見ると、環濠の最下層の土器や貯蔵穴のいくつかからは前期Ⅱa期にさかのぼるものがあって、その段階の住居は特定できていないが、周囲にその時期の住居・集落があることが推定される。この津古内畑遺跡の母村が三国の鼻遺跡であるかどうかは不明である。

津古内畑遺跡の遺構は貯蔵穴と環濠である。貯蔵穴からは大量の弥生土器、各種の石器、炭化米などの植物遺体が出土した。環濠も同時期のもので、出土する遺物も貯蔵穴とほぼ同じ性格といえる。環濠に囲まれた内部と外部の両側に貯蔵穴がある。

環濠は第一次調査・第二次調査合わせて全長三六mの円弧の部分を発掘している。仮に正円に近い平面形だとすると、環濠の直径は約六〇mくらいに復元できるだろう。環濠上層（第二層）は中期初頭の城ノ越式土器、第三層は板付Ⅱ式の新しい段階、その下の第四層・第五層は板付Ⅱ式の古い段階の土器を出土している。環濠が掘られた時期は前期Ⅱa期で、徐々に埋没し、一部は前期Ⅱc期まで埋まりきっていないという状態ではなかったであろうか。そうすると環濠がその機能を持続しえたのは前期Ⅱa期からⅡb期であったと思われる。

環濠が埋没した後にその上に木棺墓が営まれるが、この木棺墓と甕棺墓が重複した切り合い関係を見ると、多くは甕棺墓の時期の方が新しくなり、木棺墓の下限は木棺墓に引き続いて作られる中期初頭の甕棺墓であるから、環濠は前期Ⅱc期には一部埋まってしまってその機能を果たしていないことがわかる。

五次にわたる津古内畑遺跡の発掘調査の結果、貯蔵穴は二六〇基が確認された。

第二次調査で調査された三軒の住居跡は環濠の内外に分布する。三・四号住居跡は中期前半のもので環濠の埋没後に営まれ、五号住居跡は板付Ⅱ式までさかのぼって、これは環濠の外側に作られている。やはり環濠外の北側で行なわれた第五次調査では弥生時代前期後半と考えられる長方形の住居跡を二軒と、前期末から中期初頭の円形住居跡を五軒確認している。第五次調査は調査区北側に位置し、全体的に北側に行くに従って新しくなる傾向を示している。

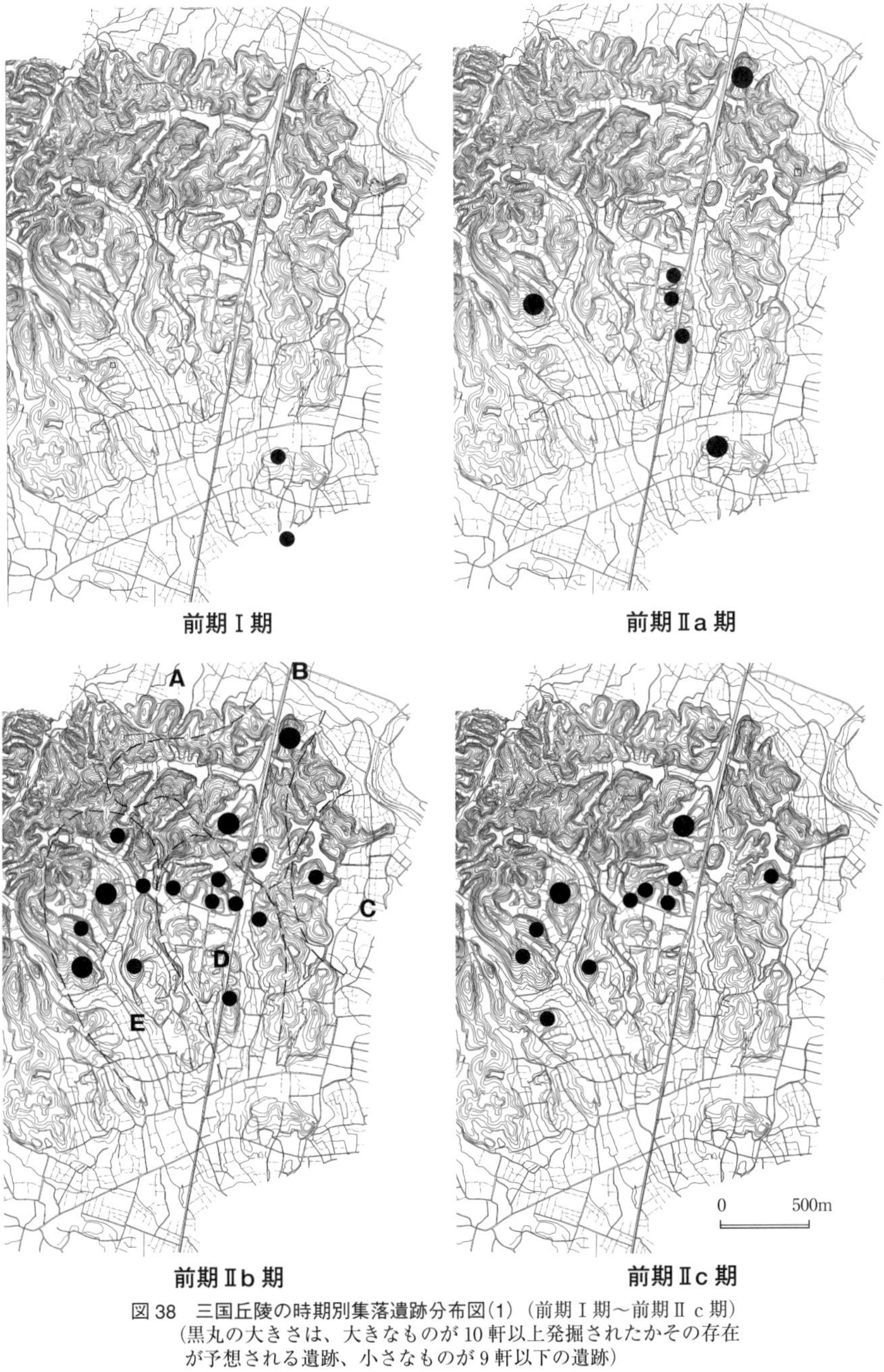

図38　三国丘陵の時期別集落遺跡分布図(1)（前期Ⅰ期～前期Ⅱｃ期）
（黒丸の大きさは、大きなものが10軒以上発掘されたかその存在が予想される遺跡、小さなものが9軒以下の遺跡）

弥生時代遺構に先行する縄文時代遺物は第四次調査でわずかに発見された縄文時代晩期御領式の浅鉢口縁部破片のみである。この遺跡が縄文時代から直接的につながることはないと考えている。

詳細は割愛するが北松尾口遺跡Ⅲ地点もその存続時期は前期Ⅱa期と前期Ⅱb期に限られ、その時間幅の短い点が津古土取遺跡に共通するところとして注目される。北松尾口遺跡Ⅲ地点の分岐する以前の母村が力武遺跡群になる可能性は高いと考えられる。

以上のように前期Ⅰ期に水田稲作農耕を生業とする集落が入って、それからすぐにその周辺に集落の進出が認められるが、その広がりは前節で述べたところの縄文人とその後の縄文系弥生人の生活領域の周辺部であり、しかもそこは水田稲作農耕を行なうには適した潜在的耕地だったのである。

前期Ⅱb期にはじまる集落

前期Ⅱb期から経営が開始される集落があるが、それはその段階では条件のよい広い平坦部を持つ丘陵とその周囲に潜在的耕作地を確保できたためである。この時期に作られた集落は中期初頭まで継続して営まれることが多いが、さらにその中でも、とくに条件のよい丘陵部に作られる遺跡は、複数の世帯共同体を抱えて多くの住居数を維持して継続・成長するものもある。その代表的な遺跡が三沢（種畜場）遺跡と三沢一ノ口遺跡である。

三沢（種畜場）遺跡は土取り工事に先立って調査が開始されたが、その遺跡の重要性から保存地区に変更され、現在は県指定史跡となっている。完掘していないため、まだ詳細が不明な部分が多いが、西谷正氏が指摘したように弥生時代前期後半から中期初頭にかけての大きな集落へと成長したことは間違いない。

三沢一ノ口遺跡の報告では遺跡の時期は三期に分けられている。報告では1期を板付Ⅱa式から板付Ⅱb式、2期を前期末から中期初頭、3期を中期前半におく。土器図と時期を示す遺構図の照合が難解であり、かつ資料数が膨大なことと切り合いもかなりあることから、示された土器の時期判定の検証を行なうにはかなりの時間と労力を要すが、そこで再検討した結論は、以下のとおりである。集落の時期は上限が板付Ⅱa式までさかのぼるものはなく、板付Ⅱb式の

中期Ⅰa期　　中期Ⅰb期

図39　三国丘陵の時期別集落遺跡分布図(2)
(中期Ⅰa期〜中期Ⅰb期)

範疇に収まると考えてよい。報告書で1期として上げられたものを拾ってみると古い様式を残したものもあるが、それはどの時期でも言えることで、たとえば口縁側の積み上げた粘土紐から下端を垂下させたまま、そこをそのまま口縁下の凸帯として利用し、そこに刻みを持つような甕が古く認識されていて、それが土器の時期を押し上げているようであるが、これは弥生時代前期末の朝鮮系無文土器を供伴した三国の鼻遺跡の貯蔵穴からも出土していて、この地域では前期Ⅱc期にまで残る。また2期としてあげたものは、前期末から中期初頭となっているが、研究史的にも甕における厚底と上げ底の差、亀の甲タイプの口縁の流入は前期と中期を分け得る基準となっていて、これを無視することはできない。したがって、2期は前期Ⅱc期と中期Ⅰ期に分離して考えられる。最後に3期であるが、少なくとも須玖式土器という型式設定の研究史から見れば、この3期段階はまだ北部九州土器文化に斉一化をもたらす須玖式土器以前であって、あえて時間を与えるならば中期Ⅰ期の後半、中期Ⅰb期に当てることが可能であろう。

以上の私の編年観から見ると三沢一ノ口遺跡は、前期

Ⅰb期に始まり、中期Ⅰb期に終わる集落だと考えられる。

三沢一ノ口遺跡の個々の住居跡の時期を、その出土土器を基準に分けてみると、全一一七軒中、前期Ⅱb期一二軒、前期Ⅱc期三一軒、中期Ⅰa期二二軒、中期Ⅰb期二一軒、不明三一軒という結果になった。この結果、最盛期と考えられる前期Ⅱc期でもその一時点での住居は遺跡全体でもせいぜい一〇軒程度であって、複数の世帯共同体が小さな鞍部で分割された丘陵に拠って集落を営んでいたものと思われる。ここには環濠がないが、三沢一ノ口遺跡のようにたとえ大きな丘陵にあったとしても、前期Ⅱb期に新たに開始された集落では、環濠掘削に構成員を動員する力、あるいは労働の提供を受ける社会的な地位もなかったためではなく、集落の開始時期が環濠掘削の行なわれた前期Ⅱa期を過ぎていたためであると考えられる。

三沢（種畜場）遺跡は津古土取遺跡と合わせて、また三沢一ノ口遺跡は北松尾口遺跡と合わせて考えると理解しやすいだろう。津古土取遺跡は前期Ⅱb段階で集落の経営をやめ、その後三沢（種畜場）遺跡へとその拠点をシフトする。北松尾口遺跡Ⅲ地点と三沢一ノ口遺跡の関係も同様である。この前期Ⅱb期段階においてそれぞれ小さな谷筋を単位とした村落としてのまとまりができてくる。その際、確かに三沢（種畜場）遺跡や三沢一ノ口遺跡は丘陵規模が大きくて、住居跡数も多く存在しているが、そこに居を構えた世帯共同体の数単位が、別の丘陵に一単位ずつ居を構えた集団との間にどれほど格差ができたのか、それを顕在化する証拠はない。同時期の墓における墓群間の等質性を見れば差がないと考えるほうが普通である。

横隈山遺跡や三沢北中尾遺跡を含む一帯では、面積の広い丘陵が存在しないために、見た目で三沢一ノ口遺跡クラスの大規模な遺跡は発見されていない。しかし、近接する各丘陵における遺構密度はきわめて濃く、とくに環濠の密集度はそのまま住居数の多さに比例している。したがって、このエリアにおいては、先に環濠の項で述べた遺跡のほかに、前期Ⅱb期には三沢蓬ヶ浦遺跡や三沢北中尾遺跡などのように調査が進んでいる周囲の遺跡も含めて村落の形成が進んでいたものと考えられる。

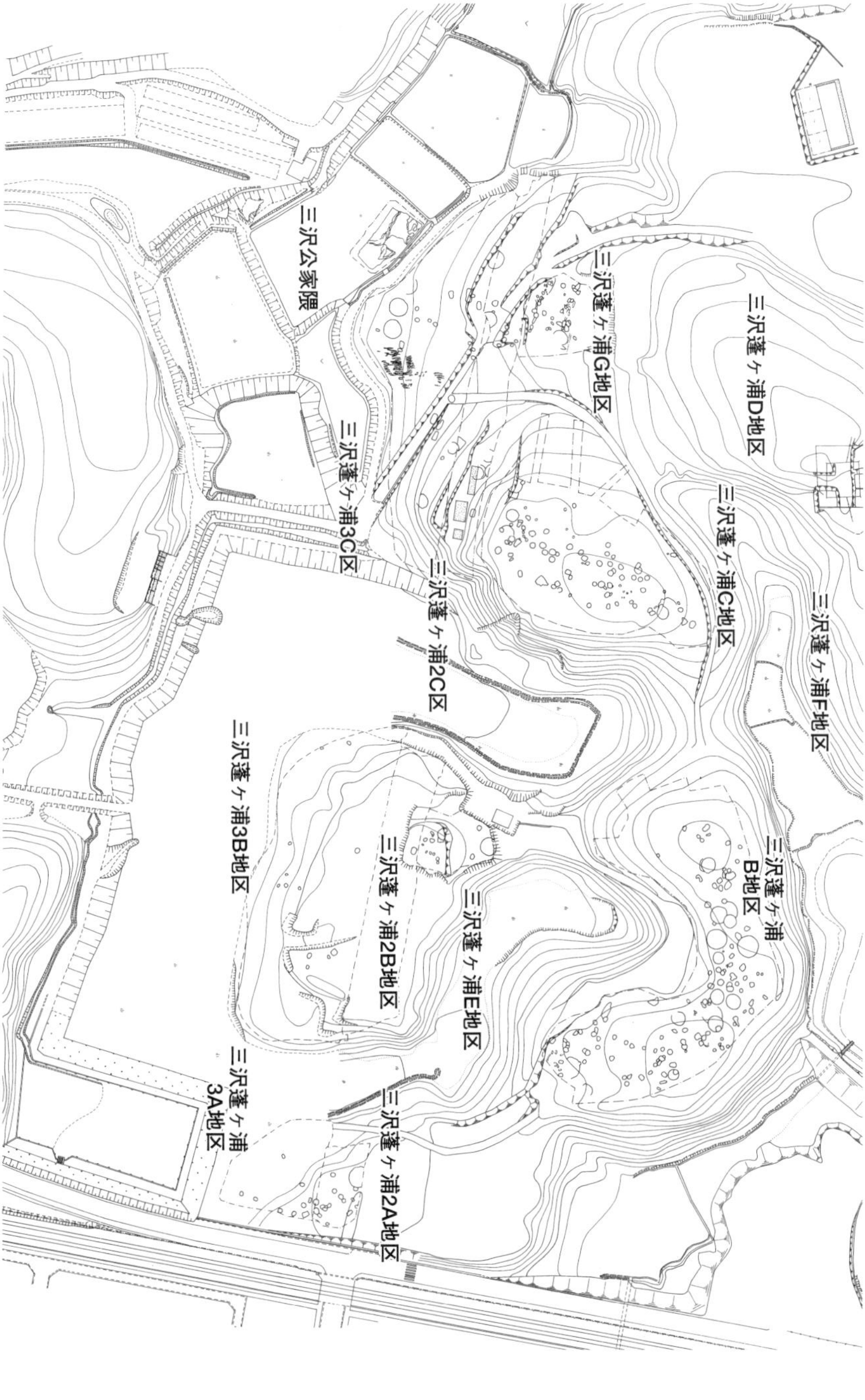

図40　三沢蓬ヶ浦遺跡全体図（1/3,000）

三沢蓬ヶ浦遺跡は三次にわたって調査されているが、福岡県立小郡高等学校の新設開校のために一九八二年度に発掘調査が行なわれたB区・C区・E区・G区とその南側に隣接した都市計画街路の調査区（2A・2B・2C区）とさらにその南側で三沢東土地区画整理事業造成計画に伴い、二〇〇〇年に発掘調査された3A・3B・3C区に分かれている。遺跡名は一つであるが、丘陵によってかなり様相が異なっているので、それぞれ説明を加えることとする（図40）。

第一次調査の対象となる土地の総面積は約七ヘクタールである。丘陵ごとにA～Gの七工区に分けたが、遺跡のあった丘陵はB区・C区・E区・G区の四丘陵であった。

B地区は東西に長い痩せ尾根上に立地している。この丘陵上に住居跡一五軒、貯蔵穴一一〇基、土壙墓、木棺墓一〇基、甕棺墓一基、石棺墓二基がある。住居跡の時期は前期Ⅱa期に始まり、中期Ⅱb期まで存続する。住居跡は一五軒あったとしてもその存続時期の長さからみても一時点では小規模な集落であったことがうかがえる。

C地区も緩やかな広い丘陵のため、B地区同様に本遺跡の中核となる集落であったと考えられるが、全体に深い貯蔵穴でも一m前後しかないので、かなりの高さが削平を受けているらしく、全体に遺構の残りはよくない。住居跡六軒、貯蔵穴六六基、甕棺墓二基が検出され、B地区が弥生前期Ⅱa期から始まるのに対し、若干遅れてC地区は前期Ⅱc期から始まっている。

E地区はB・C地区に比較すればやや狭い丘陵で、しかもその東・南・西の三方が削られて頂部平坦面に遺構が残っているだけである。住居跡四軒、貯蔵穴一〇基が発掘された。B地区の開始から若干遅れて前期Ⅱb期に始まり、中期Ⅰa期まで断続的に営まれる。

G地区は南側に傾斜する斜面であるが、高い北側は建物を建てた際の造成で遺構が削られてしまっている。遺構としては住居跡一軒、貯蔵穴一九基である。弥生前期中頃に始まり中期初頭まで継続するが、E地区と同様その規模は小さい。

以前私は三沢蓬ヶ浦遺跡に北接する三沢遺跡（県指定）が集落拡大に直接つながる母村であり、その分村としてまず三沢蓬ヶ浦遺跡B地区に弥生時代前期中頃に集落が作られ、それは中期初頭にまで継続し、三沢遺跡はC・E・G地区を含めた三沢蓬ヶ浦遺跡群の中核になったと考えた。またさらに、三沢蓬ヶ浦遺跡のE・G地区のような集落では、大規模なB地区集落とほぼ同時に始まるが、その規模は比較的小さく、縄文時代以来の狩猟的な生活を営む縄文系弥生人集団にとって、必ずしも農耕に適した場所が最良の地ではなく、こうして少し山に入った場所こそ、最適の地であったと考えた（註11）。しかし、その後の検討により、本論では三沢（種畜場）遺跡と三沢蓬ヶ浦遺跡は地形的に見て別の谷筋に発達していて、もとから異なる集団と考えているので、三沢（種畜場）遺跡を母村とした分村とは考えていない点、そして一貫して述べているように、三沢蓬ヶ浦遺跡のE・G地区のような集落も、縄文系弥生人が主体となって経営したとは考えていないのでここで訂正しておく。

横隈鍋倉遺跡（みくにの東遺跡を含む）の開始時期は前期Ⅱb期である。この遺跡の出現経過はよくわからない。先行する旧村がわからないことによる。ここには同一丘陵に環濠が作られることはなく、谷を挟んだ北側丘陵の横隈北田遺跡に環濠が作られている（図43）。環濠との棲み分けがはっきりした集落といえる。

横隈鍋倉遺跡はその丘陵の西半分が一九七七年に福岡県教育委員会によって調査された。その遺跡名はみくにの東遺跡となっているが、報告書未刊で実態がよくわかっていない。東側半分が一九八四年に小郡市教育委員会が調査を行なった横隈鍋倉遺跡である。横隈鍋倉遺跡は弥生時代後期の集落や古墳時代の集落も複合しているが、ここでは弥生時代前期から中期初頭段階の集落に限って取り上げることにする。

集落は前期Ⅱb期に始まり、中期Ⅰa期にまで及ぶ。全体が住居跡約三〇軒、貯蔵穴四三基から構成される。この時期の住居跡と貯蔵穴の割合からみれば、貯蔵穴の数が異常に少ないが、それを補完するものとして横隈北田遺跡の環濠内外にある貯蔵穴を考えると問題は解決する。つまり、丘陵は離れていても横隈北田遺跡の環濠と貯蔵穴群は横隈鍋倉遺跡の集落の一部とみなすべきなのである（図46）。

環濠の機能を考える上で北側に独立した丘陵上にある横隈北田遺跡は興味ある遺跡である。弥生時代前期の貯蔵穴と環濠が発掘遺構の大半を占め、それ以外に弥生時代中期後半の住居、古墳時代後期の円墳と住居跡があるが、これは割愛する。

環濠は池に面した南側箇所の一部を残して、全長一一一mの長さが発掘されている。環濠幅は平均二・五〜三・〇mで、最大幅は四・〇mのところもある。深さは深いところで二・二mである。前期Ⅱb期に始まり、前期Ⅱc期に埋まっている。何度か埋まりかけては土をさらう作業を行なったことが、土層断面の観察によってわかる。前期Ⅱc期に埋まったもので、その段階の土器の中には朝鮮系無文土器の破片も多く含まれている。

この横隈北田遺跡では集落と呼ぶに価する同時期の住居跡が環濠の内外で関係なく検出されていない。環濠内部には弥生時代中期後半の住居跡や古墳時代の住居跡も残っているので、前期の住居跡だけ削られたという可能性は少ない。貯蔵穴は全部で六一基が発掘されている。これらの貯蔵穴群は丘陵尾根を境にして、東側のA群と西側のB群に分かれ、B群はすべて環濠の内側にあるのに対し、A群は環濠内外にある。A群貯蔵穴の中でも新しい貯蔵穴は環濠の外側に営まれるものがあり、環濠が埋没して機能が低下した後には環濠の区画に関わらず貯蔵穴が営まれていたことを示す。

前期Ⅱb期以後に造営が開始された集落は、数えれば枚挙にいとまない。それほどまでに密度濃く三国丘陵に進出した集落でも、その元は前期Ⅰ期に三国丘陵に水田稲作農耕をもたらした一握りの渡来系弥生人の集団であったと考えられる。一方で、縄文系集落は細々とその営みを続けながらも弥生系集落と接触する機会が増え、その独自性を維持する生産手段・生業にも固執することがなくなり、婚姻などを通じた混血が開始されたと思われる。それはすでに、渡来系弥生人が三国丘陵で多数を占めるようになってからである。

水田稲作農耕を生業の主としていた最初の移住者から、時を経て生活の場所をやや奥に構えた集団がどのような経営を行なっていたのか、それを知る上で良好な資料が、三沢蓬ヶ浦遺跡3C地点で発見されている（口絵7）。住居跡の際に弥生時代前期の畠状遺構が発見された。畠は丘陵の緩い傾斜に沿って、長さ三〇m、幅二〇mの広さで、約五〇〜七〇㎝間隔の畝とその間の溝が連続している。畠の土からは米が検出された。ＤＮＡ鑑定によると分析を行なった六粒

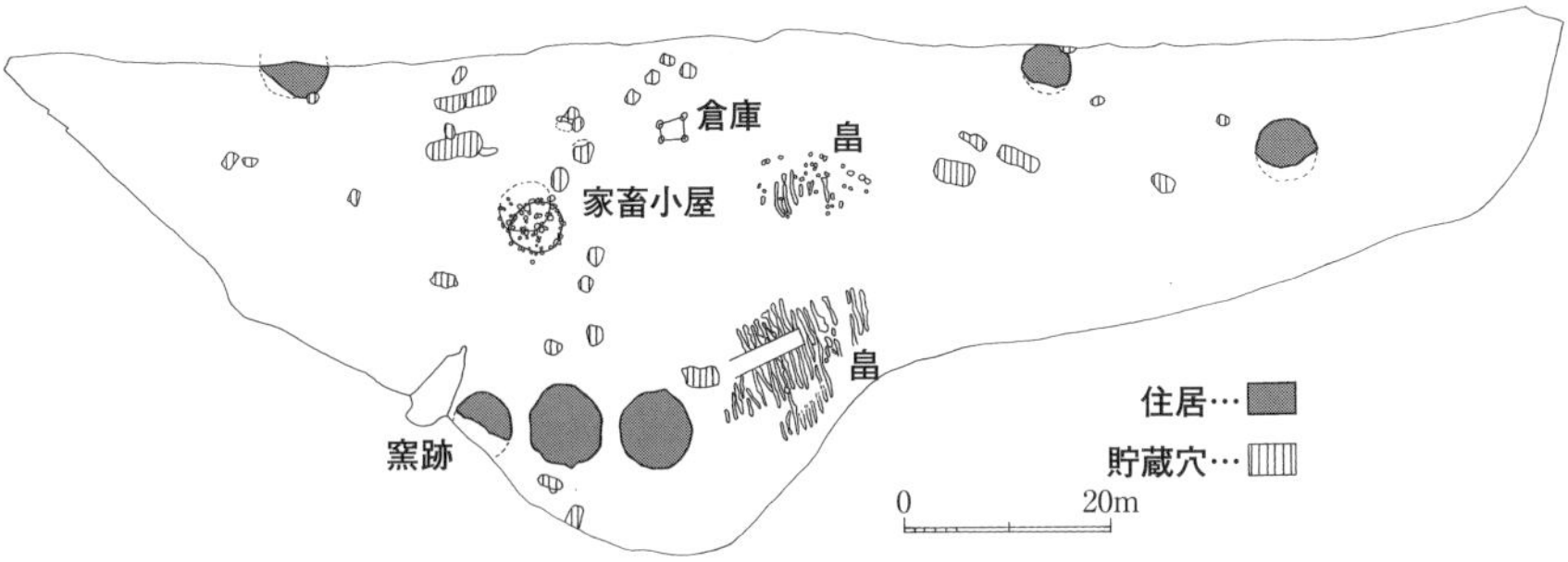

図41　三沢蓬ヶ浦遺跡3C区全体図（小郡市教育委員会『三沢蓬ヶ浦遺跡見学資料』より作成）

の米粒のうち半分にあたる三粒が熱帯ジャポニカ、残りが温帯ジャポニカとされた（鑑定依頼した佐藤洋一郎氏教示による）。高い比率で熱帯ジャポニカが検出され、しかもそれが陸稲に属していることを考えると、渡辺忠世氏が主張するように初期の稲は水陸未分化米で、その水陸未分化米には熱帯ジャポニカが多いという指摘はきわめて興味深い（註12）。

畠や住居跡がある丘陵縁から約五～一五mの比高差をもってその下に水田が営まれている。水田部分は三沢公家隈遺跡である。三沢公家隈遺跡は三沢蓬ヶ浦遺跡第三次調査に先立って一九九九年度に調査された。谷の幅は四〇m程度の小さな谷である。谷全体を試掘したが、そのうち弥生土器が包含され杭を確認した約一〇〇㎡が調査対象地となった。それ以外の場所では水田の可能性は低いものと判断した。土を採取してプラントオパールの分析を行なったところ、木杭列の打ち込まれた層から稲の存在を示すデータが得られ、科学的な分析からも水田ということがわかった。この位置は谷の中でも谷頭が北西五〇〇m上方にあり、そこから南東に伸びた細い谷の北斜面側にある。水は谷を流れる小川を利用したのではなく、上の丘陵部からの伏流した地下水が常に溜まる直径一～二m程度の溜井を利用している。溜井の上の方の水だけを徐々に水路に引き出し、その水路を蛇行させて水温を上げる工夫をしている。

矢部川自然堤防後背地の低台地縁の筑後市津島九反坪遺跡でも弥生時代前期～中期の溜井が発掘されている。東西に細長い形で長さ六m以上で北側の一カ所から幅一〇～一五cmの溝が出ている（註13）。三沢蓬ヶ浦遺跡同様に溜井の上澄みを流し、途中で温度を上げる装置であろう。

谷部の中央から北寄りの半分が水田の営まれたところであるが、谷の中央部はおそらく度重なる氾濫で水田も流出と堆積を繰り返したであろう。水田の北端は丘陵に続くところで、現地表面からわずか二〇㎝掘り下げたところで地山にあたり、そこから南向きに傾斜して徐々に深くなり、弥生土器を包含する層は上下二層にわたって確認されたが、それらが水田である。杭列は下層の水田に伴うものであり、上層水田の下には、無遺物の腐食土層があって、プラントオパール調査では上下層ともに稲の痕跡を確認しているが、中間腐植土層からは稲作を示す痕跡はまったく検出できていないところが興味深い。下層の水田は洪水でいっきに埋まったのであろう。

上層水田から出土する土器によってその水田が営まれた時期は前期Ⅱb期あるいは前期Ⅱc期から須玖Ⅰ式期で、下層水田は前期Ⅱb期か前期Ⅱc期の時期に考えている。詳細は報告書によられたい。少なくとも前期中頃には水田の開発が行なわれていたものと想像される。なお水田下に埋められた礎板があり、そのC14年代測定では、ＢＰ二四一〇年±六〇年の数値が出ている。

次に存続時間の短い集落の例について述べておこう。

三沢蓬ヶ浦遺跡B地点の北東側に谷を挟んだ丘陵斜面に三沢京江ヶ浦遺跡がある。弥生時代集落と古墳時代後期から奈良時代の墓で構成されるが、ここでは弥生時代の遺構について述べておく。主要な遺構は住居跡一三軒、貯蔵穴二八基、周溝状遺構一基で、その他に溝や竪穴などがある。住居跡と貯蔵穴は弥生前期Ⅱc期から中期Ⅰa期にかけて営まれる。独立丘陵の頂部から東側斜面に集落が作られ、中には三号住居跡のように径八・五mを測る大型円形住居があり、この住居の建築場所を確保するために斜面上側を削り出して傾斜面を整形しているものもある。わざわざ斜面に住居を作るにはその集落の経営する生産地と連動するはずである。一時期に限ってみれば小規模な集落でしかない。斜面下の谷部は調査されていないが、三沢蓬ヶ浦遺跡のような水田を控えていたのかもしれない。

三国の鼻遺跡は前方後円墳を含む複合遺跡であるが、弥生時代前期後半の遺構としては、竪穴住居と貯蔵穴、竪穴がある。規模は小規模で、住居跡四軒と貯蔵穴は一四基だけである。尾根を挟んでまとまって竪穴群が出土するが、この竪穴で注目されるのは、多量に朝鮮系無文土器を出土していることである。

横隈井の浦遺跡は周囲を湿地に囲まれた丘陵頂部にあって、弥生時代中期初頭住居跡群が発掘されている。三国丘陵の多くの遺跡では、前期から始まって中期に継続する集落が多いが、この横隈井の浦遺跡は弥生時代中期初頭だけで完結していて、建て替えなどもなく一時期のまとまった集落構造を見るうえで好資料である。

住居跡は一軒の大型円形住居跡を中心に五軒の小型方形住居跡が取り巻く構造になっている。貯蔵穴も五基が検出されている。住居跡には炉がないが、その代わり屋外炉が一ヵ所ある。

三国の鼻遺跡・三沢京江ヶ浦遺跡・横隈井の浦遺跡の三遺跡を例に挙げたが、このような遺跡は限られた時間にしか営まれていないために、かえって集落本来の姿を知る上でわかりやすい資料になっている。三沢一ノ口遺跡のように、各時期に重複しているうえに複数の世帯共同体が尾根単位で分かれて集落を造営した場合には、調査時点で視覚的には大集落の様相を呈し、調査している私たちも大集落、拠点（的）集落と錯覚してしまいがちであるが、そのような大規模な集落も時間と住居のまとまりで区切ってとらえていくならば、上に上げた単独で営まれる小規模集落の集合であることが理解されるであろう。

しかし、同じ世帯共同体が長期間にわたって、場所を移動せずにずっと集落の経営に当たっていることは過小評価されるものではない。そうした立地条件の集落は長期にわたって生産を続けることが可能な安定した生産母体を持っていることであり、短期間で移動せざるを得ない集落よりも経営としては有利であったことが想像されるからである。

註

（1）片岡宏二「宝満川流域の縄文土器概観」『干潟向畦ヶ浦遺跡』一九九八年

（2）北野町教育委員会『赤司一区公民館遺跡』北野町文化財調査報告書第四集、一九九六年

（3）田主丸町教育委員会『千代久遺跡』田主丸町文化財調査報告書第三集、一九九三年
（4）藤原宏志「二区のプラントオパール調査」『津古土取遺跡』―第四分冊―、一九九〇年
（5）山本信夫「小郡市西島出土の弥生時代遺物」『九州考古学』四九・五〇、一九七四年
（6）山崎頼人「初期灌漑技術の発展過程Ⅰ―水田稲作開始期における井堰構築技術とその集団―」『九州考古学』第八〇号、二〇〇五年
（7）杉本岳史「第七章　調査の成果　2　貯蔵穴の形態と変遷」『三沢北中尾遺跡一地点』二〇〇二年
（8）金子浩昌「一区二八号貯蔵穴出土の貝と獣骨」『津古土取遺跡』―第四分冊―、一九九〇年
（9）鹿児島県立埋蔵文化財センター『上野原遺跡』鹿児島県立埋蔵文化財センター発掘調査報告書（23）、一九九七年
（10）片岡宏二『弥生時代　渡来人の土器・青銅器』一九九九年
（11）片岡宏二「原始　第三章　一五　三沢蓬ヶ浦遺跡」『小郡市史』第四巻、二〇〇一年
（12）渡部忠世「第八章　アジア稲作の〈多様のなかの統一〉」『稲のアジア史　第二巻　アジア稲作文化の展開―多様と統一―』一九八七年
（13）筑後市教育委員会『津島九反坪遺跡』筑後市文化財調査報告書第四二集、二〇〇二年

第三節　視覚的・景観的構造

1　視覚的にとらえられる「集落」の範囲

遺構のない丘陵のとらえ方

一般的な発掘調査の現場で、集落としてとらえるのは住居跡が密集、展開する空間である。住居跡が作られていない空間でも加曾利貝塚のように集落が馬蹄形や環状に営まれている場合、その内側の空間、すなわち広場的な意味を持った空間を集落の一部ではないと言う人は少ないであろう。ところがその外側となると、一般的にいう集落という空間から切り離して考えることも多い。

それでは集落というのはどのような範囲にとらえたらよいのであろう。三国丘陵上の集落調査では住居跡が検出される丘陵頂部とそれから下って遺構の切れるところまで剥ぐのが通常の調査である。比較的奥に入った丘陵部分は周囲の現況水田部分からははっきりと境があって独立した丘陵地形をなしている。そういう点では、三国丘陵の集落遺跡はそれだけで完結した様相を呈す。

一方で丘陵全体として遺構が確認できないところもある。例えば、三沢蓬ヶ浦遺跡のB地点北側にあるF地点とした細長い丘陵がそうした場所である（図40）。こうした丘陵地は、集落との関係においてはどのように理解すればよいのだろう。まったく生活と関り合いのない空間として理解しておいてよいのであろうか。

それに加えて、ある時期にだけ遺構が存在し、それ以外の時期には生活の痕跡が何も残っていない遺跡もある。というより、ほとんどすべての遺跡において、弥生時代前期から中期初頭まで途切れることなく連続して営まれるほうが少ないのである。例えば、横隈井の浦遺跡は弥生時代中期初頭の一時期だけ集落が営まれるが、それ以外の時期には生活の痕跡はない。それでは、集落が営まれなかった長い時間には、集落とは無関係な空間と理解しておいてよいのだろうか。
このように集落縁辺に位置しながらそこには何も関連遺構が見つからない丘陵が数多くあるが、そのような空間が、生活する人々と無関係だとは考えられない。縄文時代であればそうした丘陵地は狩猟・採集の生産活動の場として利用されていたことは、前に述べたとおりであるが、水田稲作農耕が入った段階には、そうした土地はどのように認識されていたのであろうか。

ムラの円圏構造

ムラというものをどうとらえるのか、民俗学などの考えが参考になる。民俗学者福田アジオ氏は村の構造を意識の上から三重構造の概念に分けて示している（註1）。

すなわち、普通の生活の場としての「ムラ」、ムラの周囲にあって生産母体となる田畑が広がる「ノラ」、そしてさらにノラの周囲にあって食料・燃料の採取地となる「ヤマ」があるのである。

ムラ・ノラは少なくともムラによってその領域の所属意識があるが、ヤマも同様にムラの領域であった。後に入会地になる里山は、人の出入の頻度はノラほどではないにしても、その領域は確実にムラの一部なのである。

三国丘陵では弥生時代の陥《おと》し穴《あな》が多数発掘されている。そうした陥し穴はムラに住む人々が出入りする里山、ここでは「ヤマ」に作られたものである。陥し穴は、動物だけでなく誤って落ちた人間も致命的な傷を負いかねない。そうした陥し穴が作られているのは、ムラ以外の人間が認識できるものではないから、よそ者は「ヤマ」に自由にはいれるものではないことを示している。

少なくとも、この範囲をムラととらえることに異議はない。とすると、私たちが調査の中でほとんど重視することがない何の遺構もない丘陵も、実はムラの中では「ヤマ」という領域にあたっていたことになる。

酒井龍一氏は拠点集落と周囲の社会環境を合わせて「円圏構造」で表現する。拠点集落を中心に求心的な重圏構造を次のように整理した。

中核にあたる集落は生活の拠点となり、環濠などの区画施設を伴う。大きさを概略半径一五〇ｍ程度とし、集落の基本生活領域とする。その周囲には、常畠・水田などに代表される各種機能施設が展開している領域がある。大きさは概略半径三五〇ｍ程度とし、中核的な基本生活領域は道でつながる。酒井氏は、この二つの領域を「一個の『集落遺跡』の概念で考古学的にも把握できうる」としている。

酒井氏によるとさらにその外側には、「スパンＡ」と命名される日常的な生業活動がなされる「生業活動圏」が半径五㎞程度にわたって取り巻き、そこには周辺の小集落なども散在し、相互の集落間を結ぶ道も存在する。この空間的範囲をもって「考古学的には一個の『遺跡群』概念で把握できる」とするのである。

さらにその外側には集落住人たちの日常的生活空間には属さない「有事的世界」が広がり、居住地から一日で往復可能な半径一五㎞程度以内の範囲を「スパンＢ」と呼び、一日で到達可能な半径三〇㎞程度以内の範囲を「スパンＣ」と呼び、その外はもう一日では到達不可能で特別に有事的な「遠き世界」と表現される世界となる。

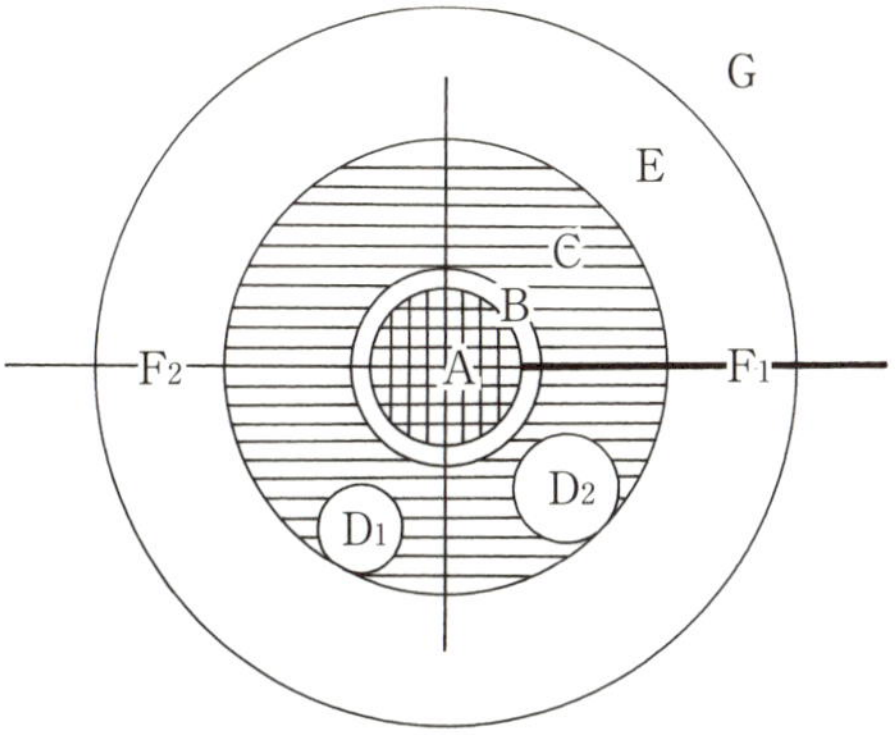

A：基本生活領域、B：外帯空間、
C：機能空間、D：墓域、E：キャッチメントエリア、
F：道、G：外界

図42　拠点集落遺跡の基本構造概念図
（酒井龍一 1990より転載）

こうした円圏構造は各拠点集落が持つものであってそれらが道という情報ネットワークを通して広域社会を形成する（註2）。

酒井氏のセツルメントパターンは畿内の拠点集落を対象とするが、住居群だけを中心に考えがちな集落論に新たな展開をもたらした。三国丘陵の遺跡群を見る場合に、今後は遺構の存在しない空閑地の存在には注意を払わなければならないだろう。

三沢北中尾遺跡の場合、環濠に切られた陥し穴があるように、環濠が築かれて本格的な集落の様相を呈す以前には、そこが縄文時代以来の長きにわたって里山であった可能性が高い。里山が集落になる場合もあれば、その逆に横隈北田遺跡のように中期には環濠も含めて完全に廃絶され、その段階では里山の環境に復したものもあったであろう。三国丘陵で集落を考える際には、そうした里山を含んで考えていく必要がある。それは里山が集落の経済的維持に関わっているし、分村化に際しては、水田稲作や常畠の経営に限りのある新しい集落の生産母体の一翼を担うものになっていくからである。

三国丘陵の拠点集落

拠点集落の概念は田中義昭氏により提唱されたものである。田中氏は南関東鶴見川流域の弥生時代中期後葉の集落を題材に、そこで見られる本格的な水田稲作農耕集落を一河川単位の集落群の類型として「拠点型」と「周辺型」を設定し、さらにその集合を農業共同体ととらえた。「拠点型」設定には大きな二条件がある。

一、複数の「単位集団」によって構成されること。かつ、

二、集落出土の土器型式において二型式以上の期間にわたる継続性が認められること。

である。この拠点型にあたらないものが「周辺型」とされる集落類型である。これは「拠点型」とは逆に、

一、一単位集団で構成されること。あるいは、

二、一土器型式の期間内の短期間にしか居住が営まれないこと。

である（註3）。

提唱者の思いとは別に「拠点集落」の概念は、一般的に視覚的に大きな集落、青銅器などの重要遺物を出土する集落などに対して用いられることが多かった。

実際、膨大な遺跡の中には「拠点型」には組み込まれないが、短期間で複数の単位集団が居住する集落、それも環濠によって完結した中で営まれる集落などの実態が明らかになるにつれ、「拠点型」—「周辺型」の範疇では処理できないものが出てきたことは事実である。田中義昭氏は、このような複雑さを整理するために新たな類型化を行なうのでなく、「むしろ『拠点』、『周辺』を固定的に設定するのでなく、……（中略）……『拠点型』とするよりも『拠点的』と呼称す

ること、『周辺型』とするよりも『周辺的』とするのが、動態的な把握にとってより適切といえるかもしれない」とし、さらに、「周辺」とした用語はその「単位集団」の主体的な経営側面に眼を向けていないとも思われるのでその形態的特徴と想定される集落の性格に相応しいものとして「単子集落」という言葉の使用を提唱した（註4）。

三国丘陵の遺跡群を見ると、拠点（的）集落というべきものがどれほどあるのだろうか。まず、単純に複数の土器型式（連続していなければ意味がない）にまたがっていて、住居が少なくとも数軒単位ではなく、複数の単位集団を擁していると考えられる一〇軒以上の単位の遺跡を見ると、前期Ⅱa期に始まる津古土取遺跡と北松尾口遺跡Ⅲ地点、前期Ⅱb期に始まる三沢一ノ口遺跡とそれに調査は部分的にしか行なわれていない三沢遺跡などがそれに該当する。あらたに前期Ⅱc期以後に始まる集落において、拠点集落の存在は確認できない。これは、三国丘陵全体で時期別住居数が前期Ⅱc期以降、増減の変化を示さず、新たな拠点集落ができていないことを示している。

それ以外の遺跡となると、土器型式でその存続時間幅が一型式以内という遺跡もあるが、多くは小規模な住居構成、すなわち単一家族（血縁）集団で営まれた遺跡が大半である。それらの集落は、適当に二ないし三の土器型式の間に集落を継続させ、やがてそこを離れて別の場所に移動すると考えられる。そこでは、移動はあっても大規模な集落出現は認められない。

2　丘陵にまたがる遺跡どうしの関係

前期Ⅰ期の集落（力武遺跡群とみくに保育所内遺跡）の関係

前期Ⅰ期の集落は、力武前畑遺跡・力武内畑遺跡にみるように小河川が沖積平野に注ぎ入る台地先端の好条件の土地に立地していて、その広がりは南北約五〇ｍで先端が細くなった形状である。この部分の地形は集落の山側（北側と西側）がもう一段高い丘陵に続いていて、三国丘陵で一般的に見られるような周囲が谷によって切り離される独立性の高い丘陵地形とは異なっている。

前期Ⅰ期の段階で水田稲作農耕を本格的に行なっていた集落が確認されるのはこの遺跡群だけである。こうした地形は図37に示すとおり、先述した三国の鼻遺跡の前期Ⅰ期の木棺墓群を擁した遺跡群のほか、三国丘陵のいくつかの個所に見られるが、その部分の調査はまだできていない。力武内畑遺跡七区で調査されたような本格的な井堰を持った水田稲作農耕を導入するのであれば、まず開発に着手される候補になるのは、力武遺跡群と同じような地形を持った場所であろう。

やはり前期Ⅰ期に開始されるみくに保育所内遺跡は力武遺跡群からは北側に約四〇〇m離れていて、地形も力武遺跡群の立地した台地からさらに一段高くなった丘陵上にある。ここでは前期Ⅰ期から前期Ⅱa期に続く貯蔵穴群が確認されている。発掘された面積が小さいため貯蔵穴しか検出されていないが、周囲には住居群があったと考えられる。

そこで、力武遺跡群とみくに保育所内遺跡の関係をどのようにとらえるのかということである。みくに保育所内遺跡周辺に他地からの移住があって集落が始まるのか、力武遺跡群からの分村化が前期Ⅰ期段階ですでに起きているのか。私は後者だと考える。すでに力武遺跡群の立地するような地形のところは開発が終了して、後はさらに南下して別の地域に新天地を求めるか、あるいは母村近くの丘陵地に入り込むかしかないのである。別の地から生産性の高い農耕地を求めてきた別の集団がわざわざ丘陵地に進出することはないと考えるからである。そうした集団はもっと南の水田稲作農耕適地、例えば大保遺跡周辺や大板井遺跡周辺などに根をおろしたであろう（図37）。その遺跡はまだ発見されていないが、そこではわずかながら前期Ⅰ期の遺物が見つかっているので今後発掘される可能性がある。

そうすると、力武遺跡群とみくに保育所内遺跡の集団間には、母村と分村という図式ができ、それらは一つのムラを形成していたと考えられる。視覚的に見ると別々の遺跡にとらえられるものも、社会的な組織としての一つのムラでとらえた方がよいかも知れない。

ムラでは、その所有する畠・水田などの経営地を共同の管理においていたが、同時にその生産を補完するための集落隣接地の里山なども同時に共有の土地と認識していた。そうした里山がまず分村の進出地候補になったと考えられる。

表3　弥生時代遺跡の時期別住居数
（縄文系集落□は1軒、渡来系集落○は1軒、◎は5軒、●は10軒）

遺跡名	前期Ⅰ期	前期Ⅱａ期	前期Ⅱｂ期	前期Ⅱc期	中期Ⅰａ期	中期Ⅰb期
三沢栗原遺跡Ⅲ・Ⅳ	□					
三国の鼻遺跡Ⅰ		□		○○○		
津古西台遺跡				○○	○○	
津古東台遺跡				○		
横隈十三塚遺跡Ⅰ				○		
津古片曽葉遺跡					○○	◎○
津古東宮原遺跡4						○○
津古東宮原遺跡2					○	
津古中台遺跡						○
津古土取遺跡		◎○○○○	●			
(三沢遺跡)						
津古生掛遺跡2					□	
横隈鍋倉遺跡			○○○	◎○○○○		
三沢京江ヶ浦遺跡			○	○○○	○○	
三国の鼻遺跡4				○		
横隈井の浦遺跡					◎○	
力武前畑遺跡2	○					
力武内畑遺跡7	○○○					
横隈山遺跡第2地点			○		○	
横隈山遺跡第5地点						
横隈山遺跡第6・7地点			○			
三沢北中尾1地点			○○	○	○○	○○
三沢北中尾2地点						
三沢北中尾3地点			○○○	○○	○	
三沢北中尾4地点						
三沢北中尾5地点						
三沢北中尾6・7地点		□	○	○○		
三沢蓬ヶ浦遺跡B地区			○○	○	○○	○○○○
三沢蓬ヶ浦遺跡E地区			○	○	○	
三沢蓬ヶ浦遺跡G地区			○			
三沢蓬ヶ浦遺跡2a地区			○			
三沢蓬ヶ浦遺跡2c地区				○○○	○○○	
三沢蓬ヶ浦遺跡C地区				○	○	
三沢東古賀遺跡						○
ハサコの宮遺跡3			○○			
ハサコの宮遺跡4			□○			
北松尾口遺跡Ⅲ		○○○○	◎○○○			
北松尾口遺跡Ⅱ			◎○○	●◎○	●●	●●●●◎○○
一ノ口遺跡Ⅰ地点			●○○	●●●○	●●○○	●●○
北牟田遺跡			○	○○	◎○	
ハサコの宮遺跡			□			
北松尾口遺跡Ⅰ					◎	○○
(三沢栗原遺跡Ⅲ・Ⅳ)				○○○	○	
三沢栗原遺跡Ⅰ・Ⅱ					○	○
三沢栗原遺跡Ⅴ					○○	○
牟田々遺跡					○○	
宮裏遺跡					○	○
縄文系合計	1	2	2	0	1	0
渡来系合計	4	13	58	83	84	89
合　計	5	15	60	83	85	89

力武前畑遺跡・力武内畑遺跡は最初はみくに保育所内遺跡付近が里山であったが、最初の分村は母村のすぐ北側の丘陵地に当たるその付近に伸びていったものと考えられる。そうすると、力武前畑遺跡・力武内畑遺跡とみくに保育所内遺跡は人間にたとえれば親子の関係になる。

前期Ⅱ期における準母村の出現

先に母村となる集落について、前期Ⅱa期には津古土取遺跡・北松尾口遺跡Ⅲ地点がそれに当たると述べたが、それら以前の段階で分村化の基となる母村をあげるとすると力武遺跡群がそれに当たるであろう。ただし、この遺跡群は単位集団でないという確証が今の段階ではないので、拠点（的）集落という概念には当てはまらないことになる。図式的にみれば、この力武遺跡群からの分村化によって、谷奥に進出した集落を含めた親族共同体が派生し、さらにそれらの分派のなかでも継続的かつ複数の世帯共同体の拠点となった遺跡が、先にあげた三沢一ノ口遺跡と三沢（種畜場）遺跡などということができるのであろう。

例として図38の前期Ⅱb期に示すエリアEを例にして、力武遺跡群から北北西側に伸びた大きな谷における集落の展開を上げてみよう。まず力武遺跡群から近くで、一定の広がりをもった手ごろな丘陵地がその分村の第一候補となる。ここでは、前期Ⅱa期に始まる北松尾口遺跡Ⅲ地点である（図38の前期Ⅱa期左端の黒丸）。新しい集落を分岐させる際重要な要因が、視覚的に母村を望めるということではなかっただろうか。もちろん今では家も立て込み、地形が改変されて直接望むことは不可能だが、古い地形図を見るとそれは可能なようである。有事に際して協力体制をとることができるだけでなく、精神的な連帯感を保つことができるという点もある。

前期Ⅱb期まではまだ潜在的耕作地が残っていたので、さらに分村化が可能であり、その動きはさらに進む。今度は前期Ⅱa期の北松尾口遺跡Ⅲ地点が「母なるムラ」の地位を得て、そこからの分派活動が行なわれる。そこからは北松尾口遺跡Ⅱ地点・三沢一の口遺跡などが分村として生まれたのであろう。分村化した集団は母村との間に労働提供を通しての緩やかな上下関係を有していたものと思われるが、そうした分村の中には準母村的な地位を占める集落が成長してくる。そのなかでもより広い丘陵に立地した三沢一ノ口遺跡は北松尾口遺跡Ⅲ地点にその地位を取って代わる集落として成長した。いわば準母村である。それは単に規模が大きくなるというのではなく、北松尾口遺跡が前期Ⅱb期で終わることから、その集団が三沢一ノ口遺跡に移動してきたと考えている。つまりその集団は、他の周辺集落に優越した一定の権利（おそらく当時にあっては労働の供与を得る権利）をあらたに獲得し、エリア内におけるその指導的地位を高めていったものと考えられる。

分村としてその経営を開始した集落はその食糧確保のために潜在的耕作地の開発を行なうが、三沢蓬ヶ浦遺跡３Ｃ地点の様子を見ても、力武遺跡群と比べれば、水田稲作農耕に依存する割合が少なかったことは明らかである。一方で畠作を行ない、動植物資源の確保のため、自然樹林を切り開いて里山を形成するなど、水田稲作農耕に依存する集落よりも広い活動領域の掌握に努めたであろう。そうなれば、エリア内の潜在的耕作地は飽和状態となり、もはやこれ以上の人口を抱えることが不可能になり、必然的に新たな分村化の波は収まらざるを得ない。

準母村的な集落は大きく見ると二つのパターンからできてくる。まず最初は酒井龍一氏が「有事的空間」としたような土地感のない場所に広い耕作地を求めて、単独でその地の開発にあたった遺跡である。こうした集落はもとの母村との距離的な問題もあって独立性が強く、その地域における新たな母村となっていく。力武遺跡群もこうして生まれた集落である。このような過程で生まれた母村を準母村Ａタイプとしておこう。この準母村Ａタイプはその地から再び別の地（有事的空間）に準母村Ａタイプを生みだすもとの集落となる。

一方、丘陵地に進出した集落の中でも三沢（種畜場）遺跡や三沢一ノ口遺跡などのような集落がその長期的経営の持続から準母村的な性格を帯びてくる。新しく進出してきた準母村Ａタイプから、同じ地域の丘陵部に進出して、あらたな準母村となるこのような遺跡を準母村Ｂタイプとしておこう。これらの集落の特徴は集落が立地する丘陵占有面積が大きいというだけでなく、長期にわたって継続して住みつづけているということである。継続時間が長ければおのずから発掘される住居跡数・貯蔵穴数も多くなるので、視覚的には大集落の様相を呈すが、準母村Ｂタイプに過大評価を下すにはもう少し慎重であるべきである。なぜなら、一つの集落として限られた生産手段しか擁していない中で、構成員数だけが増加することは集落全体を危機に落としいれるからである。実際、三沢一ノ口遺跡でも任意の一時期の存続軒数は一〇軒という数値が示される。単純に約一一九軒を四期（前期Ⅱb～中期Ⅰa期）で割ると一期約三〇軒、一期三〇年として一〇年で家を建て直すとするとそれを三で割ると一時点で一〇軒という数字になる。注目しなければならないのは、前期Ⅱb期に始まって、中期Ⅰb期まで継続していて、絶えずここに人が住み続けたという点であろう。前期Ⅱb期以後は、三国丘陵において急激な住居数の増加は認められない。つまり潜在的耕作地の開発は限界に達し、集落規模は現状を維持するにとどまるとみられる。そうなると、いくら規模が大きな遺跡といえども拠点（的）集落という扱いはできないであろう。複数の世帯共同体の集合という枠組みを脱することはできなかったが、他の丘陵どうしよりはもっと密接な関係を有した集団としての三沢一ノ口遺跡が存在したのかもしれない。

三国丘陵には前期Ⅱa期にこのような準母村Bタイプができてくるが、それももともとは限られた一つの準母村Aタイプから枝分かれしたものであって、家系上の同一の祖先を祀る同族意識はあった。しかし、準母村Aタイプとの間に労働力の提供を通しての社会関係を有していた準母村を含めた三国丘陵の集落は、全部がずっと長期にわたってそうした関係の中にあって、したがってムラ概念として括れるものかというとそうではない。

というのは、準母村Bタイプができる前期Ⅱa期には、今度はその準母村単位での母村―分村関係が生まれるからである。そうすると、もとの準母村Aタイプとの同族意識は次第に薄れていくであろう。おのずから労働提供の関係も少なくなる。変わってその準母村Aタイプとそこから発した分村との間に新たな関係が生まれてくる。

準母村Bタイプは、その立地を見ても前期Ⅰ期の準母村Aタイプとはその生業形態に違いが生じている。生業形態が違うから準母村と分村との間の関係が希薄になるとは必ずしもいえないが、両者の間には、前期Ⅰ期の集落では顕在化しない里山の共有関係や縄文時代からの在地住民との接触機会が増加するために生じる里山所有関係など新たな問題が生じていたはずである。

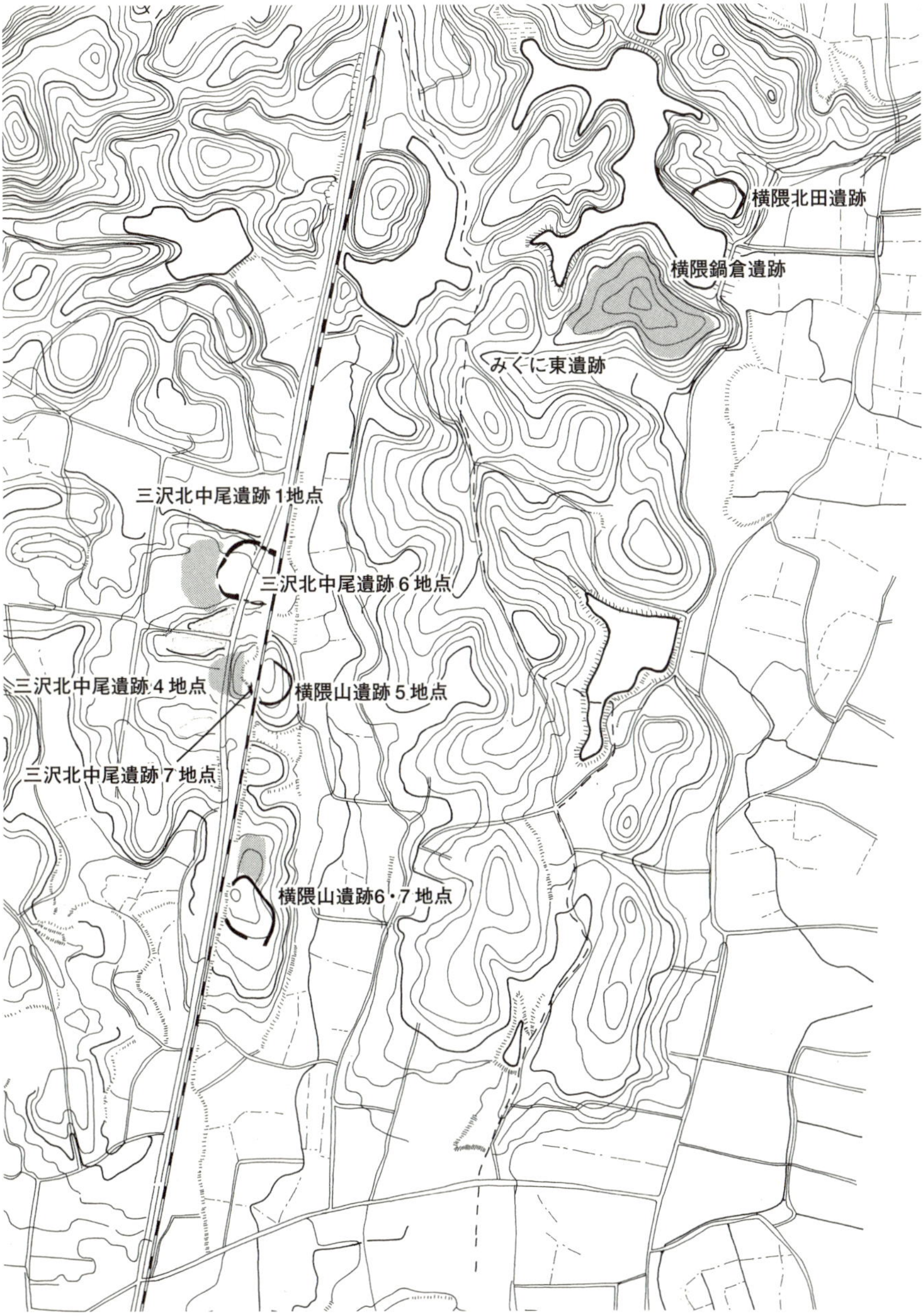

図43　三国丘陵の環濠とそれに隣接する集落の位置（1/10,000）（アミは環濠に隣接した住居区域）

まだ未熟な弥生時代の集落にあっては、母村―分村は個々の自立しがたい経済状態を相互扶助によって経営しなければならない。準母村とその分村が共有するこのような問題は、準母村が主体的に解決を進めなければならず、そこに準母村Bタイプが前期Ⅰ期の準母村Aタイプから独立する契機があったと思われる。

労働力供与からみた環濠の意義

それでは、母村を核とする母村―分村関係を持った単位は三国丘陵でどのくらいあったのであろうか。ここで着目したいのが環濠である。

三国丘陵には図43のような前期の環濠がある。全環濠が発掘されたわけではなく、これからも新たな環濠を確認することができるだろうが、現状でわかっている環濠を図にしてみたものである。

環濠は前述したとおり、丘陵単位の集団を横断する労働提供を前提とする協働作業である。そして、この環濠掘削に労働を提供した集団が、そのまま一定の枠組みで括られた血縁を媒介とした集団とみなすことができるだろう（前述のとおり、もとは前期Ⅰ期の限られた準母村Aタイプから分岐したものであるからその同族意識は明確であるが、準母村Bタイプの発生により、その中から新たな同族の枠組みが生まれてきている）。

その一例を上げると、横隈北田遺跡ではその周囲に控える前期Ⅱb期の横隈鍋倉遺跡や、三国の鼻遺跡や三沢東古賀遺跡、三沢京江ヶ浦遺跡など同時期の集落の協働作業により環濠が掘削されたものと考えられ、そうした集落の準母村Aタイプとして、三国の鼻遺跡の前期Ⅰ期集落がそれらを束ねて一つの同族組織を形成していると考えることができるだろう。津古内畑遺跡も同様に津古土取遺跡などの宝珠川流域に点在する集落の協働作業による掘削を前提としている。

このように環濠がうまく分散していれば、同族組織の範囲もとらえられやすいのだが、三沢北中尾遺跡一・六地点と七地点（これは横隈山遺跡五地点につながる）、横隈山遺跡六・七地点のように場所も近接し、その築造時期も近接する三つの環濠はどういう契機で作られたのだろうか。この三環濠の面した広い谷を下ると力武遺跡群に出る。若干奥まったように見えるが、前期Ⅰ期からの耕地拡大がまず谷に沿って上るとすると、この三環濠の位置にあたる。力武遺跡群の集団は、前期Ⅱａ期の段階に、母村とそれ以外の集団との関係においてその労働力提供を基に、相次いで三ヵ所の環濠を掘削したのではないだろうか。つまり力武遺跡群の集団の直系は力武遺跡群（三国保育所内遺跡周辺を含めて）に依拠しながら、その最初の分派である集団が丘陵地帯に進出したところに、自らとさらにそれから分派した集団の全体の食糧管理地として三つの環濠を掘削したと考えられるのではないだろうか。その掘削時点では、環濠掘削の主体者は環濠内にも環濠隣接地にもいない母村（準母村Ａタイプ）集団であった。

いずれの環濠もその掘削開始期の時期が前期Ⅱａ期にさかのぼることを考えると、まず母村との連携を取りやすいこういう位置に環濠および集落を築いている。

一見無造作に掘られたように見える環濠も、それを旧地形図に落として見ると極めて計画性に富んでいることがわかる。その計画性とは、次のとおりである。

①　谷に面した丘陵の中でも、別丘陵とつながっていない先端が途切れる側の方に環濠が掘られている。
②　全体の環濠のレベルは、丘陵の先端に向かう方が低くなるように配されて水平ではない。
③　環濠の内部には住居は営まれず、谷に面して掘られた環濠とは反対側に住居が営まれている。

このように環濠集落を作るにあたって計画的に環濠を配置するのは、そこに進出する最初の段階でなければできないことである。しかもこの三環濠は力武遺跡群の谷をさかのぼってまず最初の丘陵地にある。このように考えれば、環濠を営んだのはそこに住む人々ではなく、その前に分岐するもとになる集落・集団であったことになるだろう。その集団が分村する人間も含めて、全体の協働作業としてこの環濠を作ったのではないだろうか。

3　遺跡の周りの畠

畠作の再評価

ここでは「はたけ」にあてる漢字を「畠」と「畑」で使い分けている。詳細は一九四ページを参照願いたい。

三沢蓬ヶ浦遺跡3C地点やそれに隣接する三沢公家隈《こうけんくま》遺跡の生産遺構発掘によって提起される問題がある。遺跡の概要は別に詳細に述べたものがあるので参照願いたい（註5）。三沢蓬ヶ浦遺跡3C地点では弥生時代前期Ⅱc期から中期Ⅰb期にかけての集落とその集落の中で営まれた畠が確認されている。常畠だけでなく倉庫・家畜小屋と思われる遺構など、このような集落を構成する一単位がわかるような状況を確認できたことも大きな成果である。また三沢公家隈遺跡は、その三沢蓬ヶ浦遺跡3C地点に隣接した谷部分に当たり、そこでは小規模な水田が発掘調査されている（図40）。

当時の三国丘陵における集落が、やたらと集落を拡大させていきながらその営みを支えていく食糧確保をどのような手段でどういう単位で行なっていたのかを知る上でよい資料になる。

三沢蓬ヶ浦遺跡では住居跡の間隙に畠状遺構が確認されている。畠作が弥生時代前期に果たした役割を再確認してみたい。研究史の上から、畠作が稲作ほど重視されていないのは、畠作物が米ほどに社会経済の根幹をなす商品、あるいは収奪の基準になっていなかったことによる。種類が多様で、収穫時期もばらばらの畠作物は、米に比較すれば経済上の基準になりにくい側面がある。弥生時代の農耕は水田稲作農耕を中心に考えがちだが、佐々木高明氏が主張するように生産物の主体は畠作であった可能性が高い（註6）。少なくとも国内では大正時代まで全耕地面積中に畠が占める面積は水田よりもやや広かったわけで、時代をさかのぼればさかのぼるほど、水田面積に対する畠面積の割合は高かったものと考えられる。

現在水田となっているところも、最初から水田ではなく、道具の改良をはじめとする技術の進歩とともに、収奪の基礎となる米生産への強制的移行などによって、水田化が図られたところも多かったであろう。

畠そのものの痕跡を考古学的調査で検出することは困難な作業といわざるを得ないが、それでも縄文時代晩期にさかのぼる最初の水田遺構（板付遺跡や菜畑遺跡）よりも古い畠が発掘されている。

日本の畠作の起源は、水田稲作農耕と同じく朝鮮半島に求められる。とくに近年、青銅器時代の大規模な畠状遺構が相次いで発見され、とみに注目されている。

植物遺体の出土状況を見ると、青銅器時代に朝鮮半島北部を中心にコメ、アワ、コウリャン、ダイズ、キビなど畠作物の穀類植物遺体が数多く報告されている。中部では無文土器時代前期の京畿道麗州郡欣岩里遺跡一二号住居跡から出土した炭化したコメ、オオムギ、アワ、コウリャン、同一四号住居跡から出土した炭化米がよく知られた例である。日本において畠作物が植物遺体として検出されたものは数多いが、弥生時代への連続性という観点から縄文時代後晩期に限った例をあげておく。

福岡市四箇遺跡では縄文時代後期の西平式〜三万田式土器、石器や木製品とともにオオムギ、ヒエなどの穀物とエノコログサ、ヒメシバ、野生イチゴ、イヌタデなどの雑草が検出された。これらは焼畑耕作に伴う雑草である可能性が指摘された（註7）。熊本県上の原遺跡からは、縄文時代晩期御領式の住居跡から、炭化オオムギ一粒と米二粒が出土していたが、その後土器胎土からもイネのプラントオパールが検出され畑作が行なわれていた可能性がますます強くなった。佐賀県菜畑遺跡でも縄文時代晩期後半の層から周囲に畠作の存在を示す畠作雑草の種子が検出されたほか、栽培されたと考えられるアワ、シソ、メロンなどが採集された（註8）。そこで水田の上の丘陵地に畠があったと考えられ、現在唐津市で復元されている菜畑遺跡の模型でも畠がしっかりと入れられている。

朝鮮半島では早くから欣岩里遺跡などで穀類が検出されていて、発見当初から朝鮮半島南部でも畑作農耕が無文土器時代前期にはじまっていたことが想像されていた。そうした中で近年釜山市立博物館が調査を行なった東三洞貝塚の新石器時代住居跡から櫛目文土器に伴いアワ、キビの雑穀が検出され、朝鮮半島南部でも畑作農耕がさらにさかのぼることが知られた。東三洞遺跡には日本の縄文土器も持ち込まれ、日本との交渉があったことがうかがえ、縄文農耕の関連からも注目される（註9）。また藤原宏志氏のグループは櫛目文土器胎土からイネのプラントオパールを検出することに成功し（註10）、その方面からも新石器時代の陸稲栽培の可能性を提起した。

そうした中、朝鮮半島中南部でこの一〇年間、相次いで無文土器時代前期の遺跡から大規模な畠状遺構が発掘された。

栄山江支流極楽江流域の新昌洞遺跡や漢江流域の渼沙里遺跡、南江流域の大坪魚隠遺跡、玉房遺跡などである。とくに一九九七年からダム建設により水没するため発掘調査された慶尚南道晋陽郡大坪里遺跡群は南江の自然堤防に相次いで畠が発見される画期的なものとなった（註11）。自然堤防の頂部には住居跡が営まれ、川の背後斜面に傾斜と同じ方向に畝を設けた畠が作られている。畝間の距離が心々で約六〇㎝くらいであることや、密集する小ピットを伴っているなどその規模・構造が三沢蓬ヶ浦遺跡の畠の構造に似ている点は注意しておきたい。

弥生時代研究の中で、畠は水田に比較して地味な扱いであったが、一つのテーマとして取り上げられるようになった（註12）。それにしてもまだ弥生時代以前の畠状遺構の検出は少ないと言わざるをえない。

日本での畠検出例のうち弥生時代以前にさかのぼる例がいくつかある。沖縄の貝塚時代中期の畠状遺構である上原濡原（ヌーリバル）遺跡では幅七〇～九〇㎝で溝間が一二〇～一五〇㎝の畝間の溝が平行して九条確認された。常畠の遺構と考えられる。北海道千歳市美々貝塚北遺跡では縄文時代前期前半の畠遺構も確認されている。このような溝状の遺構ではなく、グスク時代の宜野湾市野嵩タマタ原遺跡では直径三〇㎝前後の浅い穴が密集して多数発見され、系統の異なる畠跡ではないかと考えられている（註13）。

九州本土を見ると、三国丘陵と同じ筑紫平野北部の朝倉市（旧杷木町）クリナラ遺跡では、縄文時代晩期黒川式住居埋没直後の堆積層の上面から幅二〇～七〇㎝で深さ三～二〇㎝の平行する溝列が八〇～一四〇㎝間隔をおいて発掘された。報告では住居との時期差はないと判断されている。花粉分析も行なわれたが、条件が悪くて栽培種は確認されていない。しかし、土器の胎土に籾圧痕が残されて、陸稲栽培の可能性を髣髴させる。石器は扁平打製石斧を多量に出土している（註14）。

三沢蓬ヶ浦遺跡三C地点以外に弥生時代前期にさかのぼる畠の調査例がなかったが、二〇〇一年度の国道二三号バイパス中勢道路建設に伴う発掘調査で、三重県松阪市の雲出川下流域平野に位置する筋違遺跡から弥生時代前期の畠跡と水田跡が検出された。弥生時代前期の遺構面は二面が確認され、下層遺構面は幹線水路を境に微高地側には畠、微凹地では水田が検出されていて微地形に対応した土地利用形態となっている。三沢蓬ヶ浦遺跡同様畝間の溝が平行に並ぶが、溝の長さは一様に短い点が異なる。畝間の長さも極めて狭い。下層遺構面と上層遺構面の間には洪水層があるためそれで区別可能となる（註15）。

伊勢湾岸は弥生文化の第一次波及限界とされている。この地域では上箕田遺跡や納所遺跡において水稲農耕の開始の可能性が指摘されてきた。とくに納所遺跡は弥生時代前期から後期にかけての大規模な集落遺跡で、イネの他にもソバ、ヒエ、マクワウリ、ヒョウタン、スイカ、シソ、アサ、モモ、スモモなどの栽培も行なわれていたことがわかっている（註16）。

三沢蓬ヶ浦遺跡同様、この筋違遺跡の畠状遺構は縄文時代以来の畠作技術を継承したものではなく、水田稲作農耕の技術とともに波及してきたものと理解したほうがよさそうである。水田では灌漑施設も整い、高度な技術を会得した農耕民の移住という点では、地理的に離れた場所でありながら、共通した要素をもつ点は興味深い。

畠作の必要性

畠には焼畑と常畠がある。焼畑と常畠は聞きなれた言葉であるので説明を要しないと思われるが、実際の民俗例で報告されているように、それぞれの分類の垣根はあいまいなところがあり、焼畑から常畠に、逆に常畠から焼畑に変わることもある。

畠が最初から常畠として開かれた場所は、すでに定住を意図した集落となっているため、畠は住居の近くに作られる。というよりも逆に住居は畠の間隙を縫って作られるといったほうがよいのであろうか。集落の調査では、新しい住居が以前の住居と切り合う関係で発掘されることが多い。これは住居の周囲の空間に今まで利用されていた何かがあったからで、必然的に住居は今までの位置とさほど変わらない位置に再建されるからである。その空間が何かに利用された痕跡は発掘調査ではほとんど見つかることがないが畠であった可能性は高い。

三国丘陵に見られる弥生時代集落は、少なくとも数百年前から定住していてそのまま継続していたものでなく、自力開墾による新しい集落である場合が多い。したがって、そうした集落では、畠を住居間に挟むために住居が散居する形式になる。この逆が現在の多くの農村に見られる集住の形式で、この場合住居は密集し、個々の住居が経営する畠は住居配置とは無関係に別の場所に区画される。

いまでも「屋敷」というと家屋とその中の屋敷畠を含めていうが、弥生時代のムラでは住居とそれが経営する畠、家畜小屋、倉庫などを単位として認識されていたのではないだろうか。

畠を作るには、水田稲作農耕で収穫できるコメに限界があったということだけでなく、気象の影響で水田が不作に終わった場合にも畠作のほうで収穫できるという危険分散の考えもあったであろう。寺沢薫氏の試算によると登呂遺跡の水田から収穫された米を集落で消費すると一日あたり二・二合になり、これは一日の平均的な消費量を三合とすると、一年間三六五日のうちの二六七日分にしかならないという。その結果、その不足分を補うためにドングリが澱粉質食料となっていて、そのため弥生時代の自然遺物の中でドングリの検出量が多いと考えている。ドングリは弥生人たちの主要生産目的物であり、米が不足した場合の保険として農耕生産体系の中に組み込まれたプロセスだというのである（註17）。水田稲作農耕が主体的に行なわれた弥生時代後期の登呂遺跡でさえこのような状態である。それほど水田稲作耕地に恵まれていない三国丘陵では、ドングリもさることながら、畠作による陸稲や雑穀・根菜類などがかなり生産されていたと考えざるをえない。

常畠とともに焼畑も併用されていたと考える。その焼畑による雑穀の収量も見逃せない。佐々木章氏によると実際に焼畑を行なっている宮崎県椎葉村の焼畑での一反（一、〇〇〇㎡）あたりの玄ヒエの収量は一〇六kgであった。玄ヒエ一〇〇gのエネルギーは三一一キロカロリーなので、一㎡あたりのカロリーは三三〇キロカロリーとなる。仮に子供も含めた人間一人あたりの一日の必要エネルギーを二、〇〇〇キロカロリーとすると、一年間に一人当たり二、一五八㎡の焼畑があればいいという計算がある（註18）。さらに狩猟による動物資源もあるから、そういうさまざまな食料資源を組み合わせて必要エネルギーを摂取していたのであろう。

4　遺跡のまわりにある未調査地区の意味

試掘で遺構のかからなかった個所の調査例

弥生時代前期の集落・環境などについて考えるきっかけになった三沢北中尾遺跡と三沢蓬ヶ浦遺跡の調査事例を紹介し、導入として問題点を以下述べてみたい。

まず、三国丘陵全体の調査に関することである。今までの開発に対する文化財調査の多くは、開発予定地点に試掘を入れて、遺跡の有無を判断するという方法で行なってきた。この方法を採用することは開発側にも一定の理解を得ている。逆にいえば、試掘において遺跡が確認できなかったところは、全面的に表土を剥ぐこともかなわず、開発にかかられてしまうのである。その結果、調査対象外地域の思わぬところから重要な遺物が発見されることもあった。

時代をさかのぼればさかのぼるほど、遺跡の存在が無視されたり、十分な調査が行なわれなかったりしたことは仕方がないことであるが、それも多くの先学の努力によって少しずつ改善されていった。最近の調査では三沢北中尾遺跡四地点の西側斜面あるいは同三地点、三沢蓬ヶ浦遺跡3B地点などのように、一九八九年度に福岡県教育委員会が行なった試掘調査においても、その後の区画整理事業直前に小郡市教育委員会が行なった試掘調査においても、かなりち密に試掘トレンチが設定されたものの遺跡の存在は確認できず、遺物もほとんど出土しない地域があった。しかしそこにも調査の手がおよんで大きな成果を得ることになった。今までの調査であれば、表土を剥ぐことがなかったであろう部分まで、今回はいちおう表土を剥いでしまう方針を立て、弥生集落間の周辺の空閑地とされる部分を調査することができた。こういうことが、社会的に認知される状況になったことは、今まで行政発掘に携わってきた多くの先学が調査に傾けた努力のおかげであることを切に感じている。

さて、そうした調査によって、今までの三国丘陵の調査では確認できなかった新しい事実が私たちの前に突きつけられることになった。

三沢北中尾遺跡第四地点は東側の谷に突き出す丘陵にあり、周囲を小さな谷に挟まれたゆるやかな舌状の丘陵上に位置する。a・b・c・dの各地点は、環濠とそれに隣接する集落域があるe区の西側にあたる。遺構としては、集落からのつながりである貯蔵穴が九基あるが、それも東側の集落に近いほうで、大半の地区は遺構として確認されるのは陥し穴だけである。その数は八六基に及ぶ。全体の面積が一三、〇〇〇㎡であるから平均一五一㎡を剥いでやっと一個の陥し穴にあたる計算になる。試掘段階で遺構がないと判断されても致し方ないところだろう。この陥し穴は当初すべて縄文時代のものと決めてかかっていた。しかしその後、弥生時代のものも含まれていることがその出土土器により判明し、同時に行なわれた土壌分析でもアカホヤ火山灰がまばらに含まれ、弥生時代の可能性が高いとされた。

さて、このような空閑地はどのように理解されてきたのであろうか。遺跡論としては、酒井龍一氏が拠点集落の周辺地域の概念としてとらえる生産地・墓地などの「機能空間」のもっとも外縁に位置するものか、それよりもさらにその外側にあたり考古学的調査の実態としてはわかっていなかった部分である。文化人類学や社会学ではこのような空間を「里山（ヤマ）」などと呼び、村落を構成するその一部としてとらえられてきた。

今までは里山の実態がつかめていなかったこともあって、こうした里山を含めたところでの弥生時代集落論は構築されていないのが現状である。弥生時代前期における三国丘陵の集落の周辺「里山」の意義・変遷について考えると、それが三国丘陵の弥生集落の急激な増加とその停滞に大きな影響を与えていることがわかった。ただし、本論で扱うことのできる里山はあくまで集落本体がある程度解明されたものであって、しかも弥生時代前期から中期初頭に限ったものなので、こうした集落論がすべての弥生時代集落に当てはまるものではないことは最初にお断りしておきたい。

里山の意味とその環境

三沢北中尾遺跡の調査で、ほとんど遺構がないところに点々と陥し穴が発見されて、そこが里山だった可能性を述べた。住居跡が集中する集落の周囲を取り巻く里山の意義について考えてみたい。第一節で三国丘陵の植生について述べているように、もともとこの付近の里山は自然林の照葉樹林帯であった。そこはまったく人の手が入っていないところ

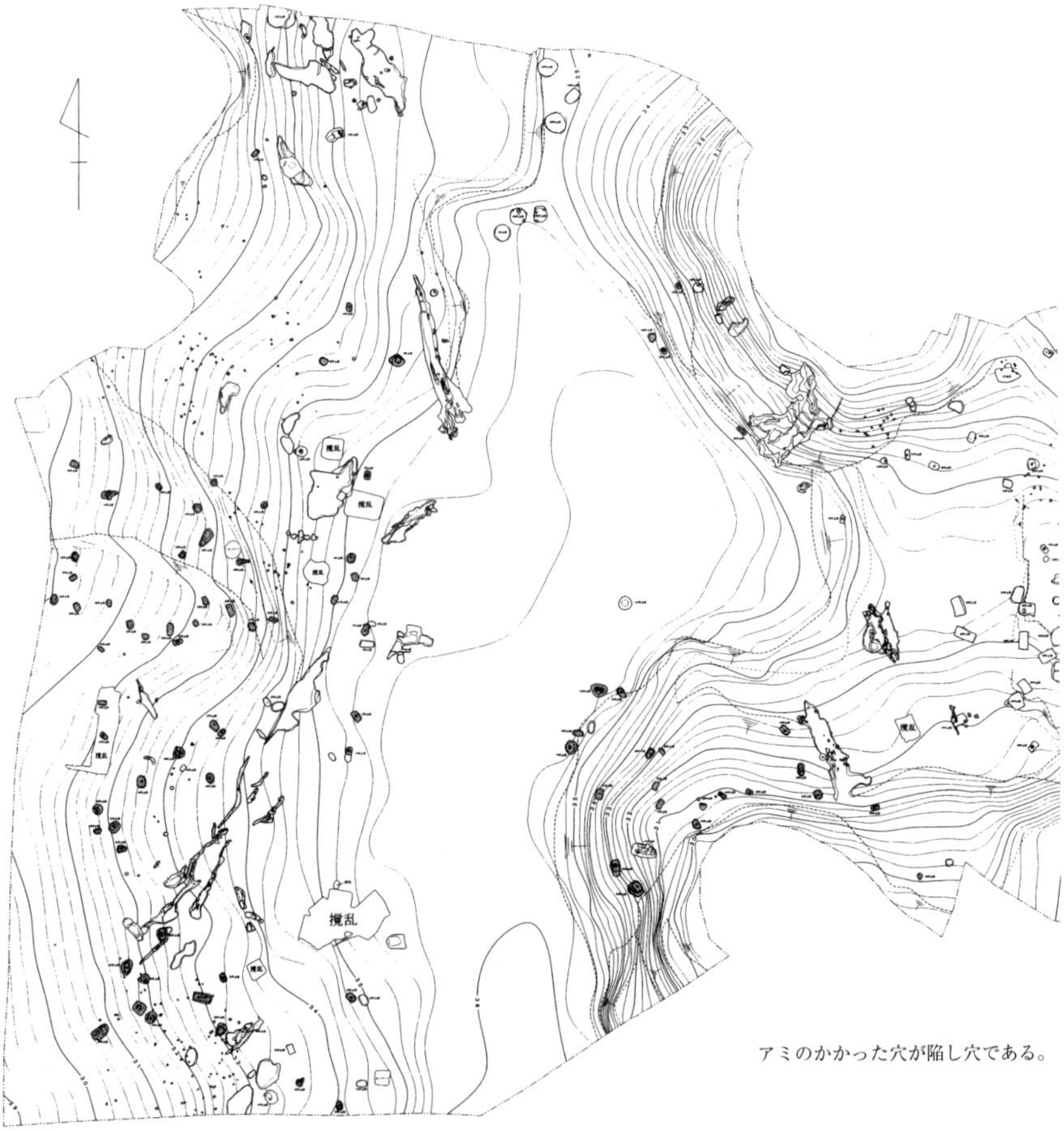

アミのかかった穴が陥し穴である。

この図の右側（東側）は一部に貯蔵穴群が図示されているが、この貯蔵穴群は住居跡も伴って集落を形成していて、集落本体は図に示されていない東側丘陵部に続いている。図の大半の部分は生活遺構がない丘陵と緩斜面であるが、そこにはアミをかけたように陥し穴群が点在している。丘陵中央部は後世に削平された様相を呈すが、少々削平されたとしてもあるはずの貯蔵穴北側に一部固まった部分があるほかは、まったく生活遺構の痕跡はない。このような陥し穴群だけしかない地域は、当時里山だったと考えられる。

図44　三沢北中尾遺跡 4a、4b、4c、4d 地点（1/1200）（小郡市教育委員会提供の図を一部改変）

ではなく、縄文時代以来の先住民が闊歩していたところであり、また焼畑の行なわれていた可能性もある。しかし事実上発掘調査でそれを検証することは難しい。仮に焼畑が行なわれていたとしても、再びその地に焼畑がめぐってくる周期は長く、照葉樹林の植生は充分に回復されていた。

そうした場所が弥生時代前期から集落の進出によって、時には集落となり、生産地となり、里山（ヤマ）になっていく。集落の姿、農地の姿は今と弥生時代ではずいぶん違ったものであろうが、人間の手が入っていないといわれる原生林の次に昔ながらの姿をとどめているのが里山であろう。

環境省自然環境局が一九九九～二〇〇一年度に調査を実施した「日本の里地里山の調査・分析について（中間報告）」がある。それによると、「里地里山とは、都市域と原生的自然との中間に位置し、様々な人間の働きかけを通じて環境が形成されてきた地域であり、集落をとりまく二次林と、それらと混在する農地、ため池、草原等で構成される地域概念である（二次林約八〇〇万ha、農地等約七〇〇万haで国土の四割程度を占める）。一般的に、主に二次林を里山、それに農地等を含めた地域を里地と呼ぶ場合が多い。」と書かれている。

日本各地の現在の里山は、その気候・気温などによって、四タイプの特性に分けられる。

ミズナラ林は本州北部の比較的寒冷で高標高の地域に分布し、コナラ林は本州東部を中心に中国地方日本海側などに分布し、アカマツ林は西日本を中心に、コナラ林より乾燥した土地にも分布して、燃料などとして広く利用されてきた。やはり管理を怠ると常緑広葉樹林などに移行する。そして、シイ・カシの萌芽林であるが、南日本を中心に比較的温暖で低標高の地域に分布し、この三国丘陵の里山もこれに含められる。

日本の気候や土壌に適して、西日本の高地をのぞく一帯にはじめから生息していたのは常緑広葉樹林であった。これらの自然環境を変えたのは、人間の所業である。弥生人の集落近くでは、常緑広葉樹の伐採が進められる。最初の目的は、その場を集落空間にするためである。こうして伐採が進んだところに集落の形成が始まるが、集落の周辺でも弥生人の活動の場は広がる。そこには、かつて集落を作るために伐採した常緑広葉樹林があったが、それらは木器・建築材などの材料として伐採され、変わって薪炭を確保するための落葉広葉樹などが主体的な植生を占めるようになる。

この里山は、当然生物の生態系に変化をもたらす。すなわち、林を生息の場とする昆虫相や動物相にも大きな変化を生じるのである。里山はその生態系も自然林とは違っている。かつて私たちの身近にいた多くの小動物も、絶滅危惧種になっている。そうした里山が弥生時代にどこにあったのか、それはどの範囲だったのか、それを確認できるのは、現段階では集落遺構がなく人が出入りしたことが確認できる陥し穴の存在する範囲とみることができるであろう。

陥し穴

陥し穴は陥穽という字も当てられる。穽（せい）だけで陥し穴の意味を持つ。陥し穴は一般的に動物を落として食料を確保する目的と考えられている。しかし民俗例では、その目的はむしろ畠の周囲などに掘ってイノシシ・シカなどの害獣から畠を守る目的のほうが強い。おそらく里山と接していた弥生時代の農耕集落においても、里山あるいは里山近くの照葉樹林に好んで生息するイノシシやシカは、畠の作物を荒らすことが多かったであろう。こうした害獣の通り道に陥し穴を仕掛けて、害獣が寄り付くのを防いだのであろう。

また、陥し穴は遺構として残るが、陥し穴よりも一般的に用いられるのは仕掛けわなのほうである。残念ながらその遺構が残ることはない。

陥し穴は旧石器時代から出現していて、東日本の縄文遺跡で多数見られたが、近年では西日本でも類例が増加し、また弥生時代と考えられる陥し穴もこの三沢北中尾遺跡をはじめ、類例を増加している。獣類の捕獲のためだけに考えがちであるが、集落に近寄る人間を捕獲したり、殺傷する目的がないとはいえない。実際、検出された陥し穴にはかなり大型のものもあって、下に槍を立てていれば、人間でも充分に殺傷する機能を果たすものもある。陥し穴に親子のいのししが落ち、子だけが助かって、それを飼育したことから牧畜が始まったという考えもある（註19）。

陥し穴は弥生時代にはなく、縄文時代固有のものだという考えがあった。その一例として次のように書かれているものがある。「縄文時代の東日本で大いに発達した陥し穴を用いた猟法は、弥生時代にはほとんど用いられなかったようです。現段階では、弥生時代の陥し穴は、一例も検出されていません」（註20）。

しかし、今回の調査でも明らかになったとおり、陥し穴は確実に弥生時代にも存在するし、それ以後今日まで続いているのである。そして今も不法にそれが作られているため、罰する法律もある。

「鳥獣保護及狩猟ニ関スル法律」

第一五条【捕獲手段の制限】

爆発物、劇薬、毒薬、据銃又ハ危険ナル罠若ハ陥穽ヲ使用シテ鳥獣ノ捕獲ヲ為スコトヲ得ス但シ環境省令ノ定ムル所ニ拠リ環境大臣ノ許可ヲ受ケタルトキハ此ノ限ニ在ラズ　（圏点は著者）

もっともどこの里山にもこんな危険なものがあるとおちおち山歩きなどできるはずがない。一般のハイカーが入り込む可能性のある里山にはこのような危険なものは通常ない。

里山にこのような陥し穴を設置する権利があるということは、その里山が少なくともどこかの集団に帰属したものであったことを示す。陥し穴はその存在を知るムラ人には有効であっても、その集団に帰属しない人間にとっては危険極まりなく、その存在は排他性の強いものであり、間違えば命に関わる危険さえ伴う。

前期Ⅰ期の段階では里山はそれほど頻繁に利用する場所でなく、食糧獲得も水田稲作と畠作に多くを依存しているために、里山の動植物資源を当てにすることもなかったであろう。それだけに縄文以来の在地住人との接触も少なかったと考えられる。

ところが前期Ⅱa期にはいると、集落の丘陵部への進出が始まり、いままでは里山と認識されていた土地が集落や農耕地へと開発され、それに従い里山ももっと奥に広がりを見せる。さらに丘陵部へ進出した集団は、水田稲作農耕だけではなく、畠作、狩猟、採集などさまざまな食料獲得手段を必要としたので、その資源となる里山もより広くなっていった。その段階から縄文系弥生人との接触が始まる。

陥し穴の検出は最初の段階から、苦労が伴っていた。日本で最初に陥し穴を考古学的な遺構と認識した今村啓爾氏は、それが発見された神奈川県横浜市緑区の霧ヶ丘遺跡の調査について次のように記している。

「この調査の団長が民俗学者の宮本常一氏であったことは、まったく幸運としか言いようがない。その晩のミーティングでこの発見と私の考えを話したところ、宮本氏はその豊かな見聞のなかから現在の陥し穴についていくつかの実例をあげ、私の考えに賛成してくださった。このときから、縄文時代の陥し穴の解明が霧が丘遺跡調査の大きな課題となったのである」。

しかし、考古学的探究心の前には、常に調査費と期間という壁が立ちふさがる。

「このように広大な地域をすべて人力で発掘することは、発掘参加者の数からいっても、費用の点からいっても不可能である。予算の限度内で人力で発掘すれば、一〇分の一の面積を掘ることも難しいであろうし、それではこの土坑群の問題を解決することはできない。そこで私たちは、ブルドーザーでロームの上面まで掘り下げ、露出したローム面上に黒色土の落ち込みとして現れる土坑の部分だけを人力で掘ることにした。発掘の方法としては前代未聞の荒っぽいやりかたであり、私たちの意図を理解しない人たちの間からは、調査ではなく遺跡の破壊にすぎないという非難の声もあがった」(註21)。

幸運だったのは、一つに考古学以外の視点から物を見る人が調査団に加わっていたということ、そして従来の調査方法ではタブーとされた重機による全面表土剥ぎを断行したことである。全面の表土を剥ぐということは今はあたり前だが、トレンチにかかった遺構だけを調査していた当時は、開発側との確執があったに違いない。これは一見幸運な発掘に見えるが、私はそうではないと思う。調査に対する執着と自ら信じる調査方法を断行した調査団の勇気に敬意を表したい。

焼畑農耕の可能性

縄文農耕の主体が焼畑だったという意見がある。焼畑は考古学的な調査で確認できるのだろうか。今まで数千ヵ所と考えられる縄文遺跡の発掘調査で一つの例も検出されていないことを見れば、その検出がほとんど不可能であることがわかる。

焼畑の民俗学的調査事例は多くの著作と論文にまとめられるが、近くの例として今でも焼畑にかなりの時間・労力を費やし、生業の一部となっている宮崎県東臼杵郡椎葉村で実際の焼畑痕を見たことがある。

その椎葉村は柳田国男の処女作『後狩詞記《のちのかりのことばのき》』の舞台になった地である。柳田は一九〇八（明治四一）年の七月に椎葉を訪れたが、そのきっかけになったひとつに、五木の役場で「文化十二年」銘の五木村絵図に、「畠」と「畑」を区別してあるのを見て、「畑」とされる焼畑が椎葉で行なわれていることに興味を持ったといわれている。漢和辞典などによると畑（はた）は火田（ほだ）に由来して焼畑を示し、畠は水田に対する乾田で白田を意味するところからくるという解説がある。そこで、本論では常畑には「畠」を焼畑には「畑」を用いることにした。

椎葉では深い谷に面した山斜面が焼畑農耕の舞台になっている。焼畑に入る場所は一年前にヤボキリといって樹木の伐採が行なわれ、焼畑をはじめる一年目は、草木がよく乾いた七月下旬頃に火をつけて焼く「ヤボヤキ」を行なう。そこが焼畑である。火を炊いた直後は白い灰がうっすら積もる程度で、燃え残しの炭化した枝などが目につくが、太い木はあらかじめ別の目的で運び出しているので、そうした木が残ることはない。

ヤボヤキの直前には、まわりに火が燃え移らないように一定の幅をきれいに伐採するカダチを行なうが、特に溝を掘ったり地面に加工を加えるわけではないので、遺構として残ることはない。常畠特有の畝は作らず、排水用の溝など何もない。

いろいろな作物を植えるが、椎葉では基本的には一年目にソバ、二年目にはヒエ、三年目にはアズキ、最後の四年目にはダイズを植えて、一定の周期を完了する。焼畑の耕作が可能なのは四年だけで、五年目は下草も地を這う程度にしか見られないほど地力が低下してしまうので、作付けは不可能である。長期にわたる耕作などはまったく不可能である。焼畑が終わった場所はアラシといって、また二〇年～三〇年ほどすれば地力が回復するので焼畑が可能になる。その間、ヤボに火を放つのは最初だけで最初に見られた灰もすぐに目につかなくなる。

このような焼畑の状態を見る限り、平面的に焼畑の痕跡を考古学的調査によって確認することはほとんど不可能と思える。

断面観察ではどうだろうか。焼畑伝承者の椎葉クニ子さんが嫁にきてすぐに焼いたという焼畑に案内していただいた。今から五〇年以上経過して、その後は何も手を加えていないというところに近年林道が作られて、地面が切り取られている場所があった。そこの断面を観察する限り、とても焼畑の炭・灰の堆積など確認できるものではなかった。完全に表土と一体化してしまっている。焼畑の研究をしている宮崎大学農学部の宇田津徹朗氏によればプラントオパール分析によるイネ科植物の検出にしても短期間の耕作ではほとんどその検出は難しいらしい。

三国丘陵といわず、縄文系集落で焼畑が行なわれていたのかどうかを考古学的調査によって確認することも、否定することもできないという結論に行きつかざるを得ない。

三国丘陵における何も遺構のない土地、あるいはある時期にだけ遺構はあるが、その前後にはまったく遺構がない土地などは、焼畑を行なっていたのか、いなかったのか、早急な結論は出ない。

註

（１）福田アジオ『日本村落の民俗的構造』一九八二年

（２）酒井龍一「拠点集落と弥生社会—拠点集落を基本要素とする社会構造の復元—」『日本村落史講座二　景観一』一九九〇年

（３）田中義昭「南関東における農耕社会の成立をめぐる若干の問題」『考古学研究』第八七号、一九七六年
田中義昭「弥生時代集落研究の課題」『考古学研究』第一二三号、一九八四年

（４）田中義昭「弥生時代拠点集落の再検討」『考古学と遺跡の保護—甘粕　健先生退官記念論集—』一九九六年

（５）片岡宏二「三沢蓬ヶ浦遺跡」『小郡市史』第四巻　資料編　原始古代、二〇〇一年

（６）佐々木高明『稲作以前』一九七一年

(7) 笠原安夫「福岡市四箇遺跡の種子分析について」『四箇遺跡』一九八七年

(8) 笠原安夫「菜畑遺跡の埋蔵種実の分析・同定研究―古代農耕と植生の復元―」『菜畑』一九八二年

(9) 河仁秀「東三洞貝塚浄化地域発掘成果」『第二三回韓国考古学全国大会　考古学を通じてみた加耶』一九九九年

(10) 藤原宏志・郭鐘喆・宇田津徹朗・柳沢一男「新石器時代土器に含まれたプラント・オパール」『韓国考古学報』三二、一九九五年

(11) 慶尚大学校博物館『晋州大坪里玉房二地区先史遺蹟』慶尚大学校博物館研究叢書第二〇輯、南江ダム水没地区遺蹟発掘調査報告書第四冊、一九九九年

国立晋州博物館『晋州大坪里玉房一地区遺跡Ⅰ・Ⅱ』国立晋州博物館遺跡発掘調査報告書第一四冊、二〇〇一年

(12) 日本考古学協会二〇〇〇年度鹿児島大会実行委員会『はたけの考古学』二〇〇〇年

(13) 工楽善通「いまはたけの考古学に熱い視線が注がれている」『はたけの考古学』日本考古学協会二〇〇〇年度鹿児島大会資料集　第一集、二〇〇〇年

(14) 福岡県教育委員会『九州横断自動車道関係埋蔵文化財調査報告書』四三、一九九七年

(15) 川崎志乃「筋違遺跡の発掘調査」『日本考古学』第一四号、二〇〇二年

(16) 三重県教育委員会『納所遺跡―遺構と遺物―』一九八〇年

(17) 寺沢　薫「稲作と植物食」『弥生人の四季』橿原考古学研究所附属博物館編、一九八七年

(18) 佐々木章『おばあさんの山里日記』一九九八年

(19) 西村真次『技術進化史』一九四〇年

(20) 橿原考古学研究所附属博物館編『弥生人の四季』一九八七年

(21) 今村啓爾「3狩人の系譜」『日本の古代10　山人の生業』一九八七年

第四節　ムラ社会の構造

1　母村と分村の関係

新しい農耕文化は集落のありようも変えた。丘陵地にはそれまで閑散と生活を営む縄文系集落があったが、その一角、とくに平野に近い側や比較的大きな谷に面した、それもなるべく低い丘陵に集落が展開する。この現象はより条件のよい河川後背地の水田開発が限界に達した母村から分岐した分村がその経営にあたったものである。

それでは、渡来系弥生集落がどのように母村から分村化を行なっていったのであろうか。

発掘調査で掘り上がった集落を見ると一見、ひとつに固まったムラのように見えても、実はその中は新旧のムラで構成されることもある。

分村ができる契機は、多くの場合、分家の集まりか他所からの移住と考えられる。どちらの場合でもムラ経営のイニシアティブは母村が持っていることが多い。それは、分家したイエの経済的基盤の多くは分家する以前の本家に依存することが多く、その本家を母体とした母村が必然的にさまざまな場面で影響力を行使するからである。

現代のムラでは本家、分家が混在して集落を構成することが多いが、それでも中には、旧村と新村が分かれている場合も少なくない。地名で「本村」などと呼ばれている地域に対して、「新村」などと呼ばれる地域がある例などである。「母村」―「分村」関係が経済的な関係が重視されるのに対して、「旧村」―「新村」関係はムラの大小に関わらず時間的な経過を重視するものである。

今ここで述べる三国丘陵の拠点（的）集落は、前述のとおり田中義昭氏の提起した拠点（的）集落とは、その政治的経済的影響力を長期間において維持するという点から分けて考えるべきで、私は三国丘陵における前述のような拠点

（的）集落を表現するとき、分家・分村を主体的に見た場合には「母村」、時間的な経過を主体的に見た場合には「旧村」という表現を用いることにしたい。

弥生時代集落を見ると、近畿地方弥生集落では田中義昭氏が提唱する拠点（的）集落がそういう母村であり、同時に旧村とも言えるだろう。前期Ⅰ期に初めて三国丘陵の水田稲作農耕を開始する力武遺跡群は、まず最初の段階の母村的な集落とみてよいであろう。力武遺跡群が母村となって、前期Ⅱａ期以後に出現する多くの分村を生み出すのであるが、それでは力武遺跡群が拠点（的）集落と言えるのかというと、最初の段階では一単位集団の移住地の可能性が強く、そうした意味では、田中氏の言う拠点（的）集落とは言えないであろう。三国丘陵では最大規模の三沢遺跡や三沢一ノ口遺跡などのように、新村でありながら次の段階の前期Ⅱｂ期に母村的性格に変わりながら、同時に拠点（的）集落の体裁を整えていった遺跡があり、そこはやがて力武遺跡群の規模を凌駕して、母村の地位を占めることになる。

母村からの分村化を考える上で、ムラがどういう人間集団で成り立っているのかを抜きには考えられない。三国丘陵の母村に展開する住居群の総体は同族意識を共有する血縁集団である。同族は完結する経営体という側面も持っている。どんなに血族として結束が強くても、経営上その組織を維持・管理できないとなれば破綻をきたす。

分村を生じない母村だけの段階でそれを充分に維持し得る生業手段をもっていても、次の段階にそこから分家・分村が発生して、その分家・分村の維持を母村が負う状態になったとき、その分家・分村を維持し得るだけの生産手段を本家・母村が持っていない限り、本家―分家、母村―分村の関係は成り立つことはない。

分家は労働力を提供して本家の維持にあたり、本家はその労働を注入する土地を分家に提供することによって、両者の関係は成り立ちそこに同族集団として経済上の秩序が生まれる。

自給自足生活からほど遠くなった現代社会では、本家から分家が独立しても、サラリーによってその生活を維持することが可能であるから、分家することは同族の中で深刻な問題を生じることはない。しかし、農業生産がその生活維持の唯一の手段となっていた弥生時代社会において、その農業手段の分配が不可能な状況の中では、分家という行為が行似ている。弥生時代においても、安易な分家は同族集団全体を危機に陥れる危険性を孕んでいるからである。

三国丘陵の前期Ⅱa期～前期Ⅱc期までは順調に住居数が増加するが、これは潜在的耕地のあらたな開発とそれを補う里山の確保が可能であったため、あらたな分家・分村が行なわれたのであるが、前期Ⅰc期以後は全体の集落数がほぼ一定の状態を保つ。これは分家・分村が不可能なまでに開発が進んだことを示す。

本家・母村と分家・分村の機能分化はまず分家・分村からの労働力提供という点からとらえられる。

縄文時代を含めて、農耕開始期のムラの労働には個人的な対価を求めたり、あるいは個人的な余剰生産を生み出すものは存在しなかったと考えられる。労働は協働であり、そこで生み出される余剰生産もその所有はムラ全体に帰する。それでは、協働は等質かと言うと必ずしもそうではなかったであろう。前期Ⅰ期に三国丘陵に集落が営まれ始めた段階では、旧村も新村もないわけであるから、構成員個々人の労働力に差はあっても、ムラ全体としての労働は一定であった。しかし、その後ムラの中に旧村から新村が派生すると、そこに労働の受益に対する分配に差が出ると考えられる。

協働作業は基本的に旧村と新村がそれぞれの目的を達成するためには、個々の総労働力だけでは不足するために、互いの労働を提供しあって目的を達する作業と、旧村だけ、あるいは新村だけでの利益を得るための労働に分けて考えることができるだろう。前者の例が、たとえば母村から分岐する新たな分村のために、新たな耕作地開拓を行なうときに、旧村だけの構成員労働力でまかなえるものではなく、すでに分岐している同族新村からの応援＝労働力の提供を得て目的を達成するのである。今でも農村に残る「ユイ」などの制度がこれに近い形態を持つだろう。

環濠はどこの遺跡にもあるわけではなく、同時期に環濠のある集落とない集落がある。環濠の規模は各時期の遺跡概説を行なう中でも述べたように、どれも環濠本体の直径は数十～一〇〇m前後で、幅五m、深さ四mもある。そのような規模の溝を、それが隣接する三沢北中尾遺跡の四・五軒の住居構成員だけで、あるいは横隈北田遺跡のようにその対岸にある横隈鍋倉遺跡の住居構成員だけで掘削することは無理である。

著者は、環濠の掘削に当たってはそれを掘削する時点における、旧村と新村、すなわち同族組織が旧村と新村両方の食糧管理を行なう施設として、無条件で提供される労働力供与による協働作業によるものと考えた。

視覚的に距離があって、一見環濠とは無関係なようにみえる遺跡でも、環濠を掘るにあたっての労働提供とその後の食料管理施設の使用という約束ごとが成り立つのであれば、その遺跡は母村を中心とした集落の集合体である村落の一部と見ることができるであろう。例えば前期Ⅱb期に始まる三沢蓬ヶ浦遺跡B地区の住居群が三沢北中尾遺跡Ⅰ地点や横隈山遺跡五・七地点の環濠群とは無関係に見えつつも、力武遺跡群の母村を媒介として、その前期Ⅱa期時点では環濠掘削作業を分担する村落の一部であるというような例である。

弥生時代中期後半になると大型高床式倉庫の建築などもこうした形態の労働提供で目的が達成されたものと考えられるが、この段階における大型高床式倉庫は拠点（的）集落の内部に作られ、旧村と分村の経済的格差や政治的発言力の差がいっそう開いた結果と考えることができるだろう。

2　ムラの経済構造

ヤマの総有

三国丘陵で個人の所有が認められるのは弥生時代中期初頭頃からで、それは甕棺墓に副葬された青銅器に見ることができる。それ以前にはムラ全体の労働によって生み出された有形・無形の富はムラに帰すものであっただろう。三国丘陵の弥生集落のムラとしての所有形態、ムラの中でも旧村と新村のそれぞれの所有形態、そしてその個々の構成員の所有形態はいかなるものであったのだろうか。

ムラはその周囲にある日常の生産母体となる田畑などのノラ、そしてさらにその周囲の食料・燃料の供給地となるヤマを所有している。

いちばん外側にあるヤマを考えてみたい。近年多くの里山は複数の個人所有の共有名義になっていることがある。この場合、その売却などの決定権は個人にあり、かりに売却されればその収益は個人が受けることになる。しかし、よくある例だが、一応個人名義になっているが、それは当時のムラ役員の名義として登記しただけであって、その管理に関する決定は村全体が行なう規則になっていることがある。こうした例は個人の共有ではなく村の「総有」ということになる。規約に最初から村の総有をうたっている場合もある。

ムラが山を総有する場合、ヤマにおける作業が、ムラ全体の協働作業によるものとなる。ヤマで行なう作業には、薪など燃料を確保したり、木の実などの食糧を収穫する日常的作業のほか、不定期に建築材としての樹木を伐採するなどの作業がある。いずれもが考古学的に検証することはほとんど不可能である。しかし、検出が唯一可能なものが陥し穴である。民俗例では、農耕に入った段階の陥し穴は動物を食糧として獲得することは二番目の目的で、いちばんの目的は害獣をムラに近づけないことである。陥し穴がどこに仕掛けられているのか、それを認識しておかなければムラの人間に危害が及ぶことになる。つまり、陥し穴はムラの構成員全員が認識する中で営まれていなければならない。そういう意味でも、ヤマの所有はムラに帰属していなければならない。

そのヤマはもともと縄文時代以来、在住民のテリトリーであったが、その土地使用の目的は狩猟であったり、何十年に一回行なうだけの焼畑であって、テリトリーの設定には曖昧な境界はあるが、是が非でも土地所有を明確にしておかなければならないようなものではなかったと思われる。弥生時代に入ると、そうした土地の周辺に水田稲作農耕を持ち込む新しい集落ができるが、彼らが労働を投下する場所はほとんどが縄文時代には無用な土地であったために、農耕民の農耕地開拓にはすぐに軋轢を生じることはなかったと考えられる。水田稲作農耕集落と縄文時代以来の集落の唯一の接点が里山である。しかしその里山も当初は集落縁辺に限られ、さほどの問題を引き起こしたとは考えにくい。

集落が丘陵地へ進出し、その密度が濃くなるにつれ、それまで棲み分けしていた渡来系弥生人と縄文系在地民との接触機会が多くなる。その際にそれぞれが対立して戦闘的行為に走るよりも、平和的な解決を望み、実際そういう結果になったのではないだろうか。殺傷痕跡の残る人骨は、むしろ弥生時代中期前半以後の遺存人骨に集中し、それは地域間抗争の激化を物語っているもので、この段階の殺傷例はさほど多くない。

集落と密接に結びつく生産母体である水田や畑などのノラは、今までの弥生時代研究では、この開発のために土地の拡大・開発が丘陵地への進出を促したと言われている。しかし、実際に発掘された三沢公家隈遺跡の例では水田の規模はせいぜい集落の下に広がる谷の一部一〇〇㎡程度に限られていて、谷がすべて水田化していたと考えるのは難しい。また、住居の間隙に開かれた畑もせいぜいその広さは一五〇㎡である。先に述べたとおり分村経営は、母村同様の食糧生産形態を維持することは不可能であって、その補完としてヤマへの依存度が高かったのであろう。

しかし、水田稲作農耕に依存する割合に対して、丘陵地の畑作農耕とヤマの動植物資源に依存する割合が高い集落でも集落間に食糧獲得上の差が生じたとは考えにくい。このことは、弥生時代中期初頭までの三国丘陵の墓地を見ても、墓群単位で質の高低を見出すことができないからである。労働集約が実を結んで、水田稲作農耕や常畠の収益が圧倒的にそれ以外の生産を上回って、余剰生産物を生み出し、農耕地を多く持っているムラあるいは母村が他のムラあるいは分村に対して政治・経済的に優位に立つのは、弥生時代中期前半以後、つまり三国丘陵ではそれだけの生産地を維持できずに多くのムラが三国丘陵を離れた段階以後のことである。

一般的に北部九州において、甕棺墓から出土する青銅武器類と装飾品を中心とした副葬遺物に墓群単位で偏りができるのは、弥生時代前期末からと言われている。これをそのまま個人所有の始まり＝個人間の階層化の始まりとみなすことができるかどうかにはまだ疑問が残る。しかし弥生時代中期初頭の吉武高木遺跡のように、副葬品を持った特定の墳墓群が周囲の甕棺墓群に比較して優位にある墳墓が出現してくることは明らかである。農耕文化の先進地であり、しかも弥生時代中期初頭になってはじめてそうした集団間の格差を見出すことが可能となった早良平野に比較すれば、同時期の三国丘陵弥生社会はその段階にまで達しておらず、母村と分村の差を顕在化する墓の違いを見出すことはできない。

3　ムラの支配組織

現代家族制との比較

ムラの社会関係を見ていくが、まずその最小単位である家族がどのようなものかを問題としたい。

家族の説明で私がよく経験することがある。それは遺跡説明会を開いたときに、見学者から決まって出てくる質問である。

「この竪穴住居跡には何人くらいの家族が住んでいたのですか。」

というものである。普通の見学者は、現在の家族制度がそのまま弥生時代にもあったと思っているので、こちらが千葉県市川市姥山《うばやま》貝塚の人骨出土住居などの例などを出して、およそ四・五人くらいですと答えると、たいていは、

「それじゃあ、夫婦とその子供たちですね。」

というふうに理解してしまう。弥生時代の家族＝一夫一婦制の夫婦とその子供という単純な図式でないことは、今までにも多くの考古学的な検証がなされているところである。

現代社会に生きる私たちは、「家族」という言葉に対して一定のイメージを持ってしまっている。日本の家族制度について、古典的な社会学者戸田貞三氏の言葉を借りると、

「家族は夫婦、親子というがごとき特殊の関係にある者を中枢的成員とする、少数の近親者の緊密なる感情融合にもとづく小集団である。」(註1)

図式的に述べれば、世帯主である男性とその配偶者である女性が夫婦でいて、その夫婦の間に実子がいる。その実子のうち家を継承する者は一定の年齢になると別に配偶者を有し、継承しない子は分家するか婚出する。これは現代の典型的な家族パターンであって、実子でなくても養子によって家を継承する場合もあるし、子が分家や婚出せずに家にとどまる場合もある。いずれにしても、私たちの家族観というものは、一組の夫婦とその子によって核家族的に構成され

たものをベースにしていることに違いなく、こうした家族観は西ヨーロッパ中産階級に確立された家族制度の影響を受け、いわゆる英語のFamilyを日本の「家族」に置き換えて解釈しているという。

日本特有の家族形態をまとめた鳥越皓之氏は家族に次の三つの要素を挙げている（註2）。

一、家は財産としての家産をもっており、この家産にもとづいて家業を経営している一個の経営体である。

二、家は家系上の先人である先祖を祀る。

三、家は世代をこえて直系的に存続し、繁栄することを重視する。

（ここで用いられる「家」とは「家族」という概念の中でも、とくに日本の個別性を重視して「家」と称したものである。）

一～三の定義にもとづく生活共同体も時代によって枠組みに変化がある。現代の一般的家族は史上最も単純な構成を持っていて、独立した子とその配偶者とその子供というのが、多くの家族単位となっている。

歴史上、家族をこのような単純な家族に考えているとたいへんな過ちを犯す。そもそも弥生時代においては夫婦関係が原則的に一生一度の婚姻に基づくものか、一夫一婦制があったのか、子供は両親あるいは片方の親がその保護をしていたのか、さまざまな問題がここに生じてくる。

『魏志』倭人伝にみる家族構成

弥生時代にどういう家族構成があったのか、わずかに残る文献資料としての『魏志』倭人伝の記載は有名である。

「其の法を犯すや、軽き者は其の妻子を没し、重き者は其の門戸及び宗族を滅す」。

邪馬台国の組織には、まず末端に「門戸」があり、それを束ねる「宗族」があり、さらにその法を犯したものを処罰するより大きな組織があったことになる。いうまでもなく、古墳時代以後地縁的・血縁的関係を超えて政治的な組織になる前段階の組織である「宗族」は生産手段を共有し、その社会規範を内外に認識させうる社会の一単位である。その「宗族」を構成する「門戸」が弥生時代の「家族」である。

「下戸、大人と道路に相逢へば、逡巡して草に入り、辞を伝へ事を説くには、或は蹲《うずくま》り或は跪《ひざまず》き、両手は地に拠り、之が恭敬《きょうけい》を為す」とあって、そこに大人《たいじん》—下戸《げこ》という身分階級があった。しかし、「其の俗、国の大人は皆四・五婦、下戸も或は二・三婦」とあり、その階層差は隔絶したようには描かれず、なかでも「其の会同は、坐起に父子男女別なし」と、その階級内では家父長制的な父子、男女といった個人間の序列がまだ明確でない。階級的にはそのさらに下に「生口《せいこう》」と呼ばれる奴婢身分がいる。そこで「大人」は族長やその他の有力者、「下戸」は一般生産大衆を意味するという解釈が一般化している（註3）。三国丘陵の集落は、邪馬台国時代よりもさらに数百年古く、そこまで身分階層の分化が認められないので、この記事は参考程度にしかならないが、それでもこの記事で記されるところの「大人」がまだ出現せず、「生口」も身分制度の中に位置づけられていない段階である。一般生産大衆の大多数が「下戸」へつながっていくと考えられる。

竪穴住居跡の家族構成

竪穴住居にどのくらいの人間が生活していたのか、弥生時代の検出例はないが、縄文時代、関東の貝塚では不遇な死を遂げた（疫病かフグ中毒など）人骨が竪穴住居から出土している。貝塚なので、カルシウムを摂取して骨がよく残っていたのであるが、その例では直径約六mの円形竪穴住居に四〜五人である。

縄文時代の姥山貝塚で一九二六年に発見された一軒の竪穴住居跡から発見された五体の人骨は、偶然不慮の死を遂げた一家であるという解説のもと、一軒の竪穴住居跡に住む人数やその構成を語るものとして古くから取り上げられてきたものである。五人の性別年齢は次のとおりである。一号人骨＝女性、二〇〜二九歳。二号人骨＝男性、二〇〜二四歳。三号人骨＝男性、三〇歳代（後半？）。四号人骨＝男性？、五〜七歳。五号人骨＝三〇〜四〇歳である。当時の平均寿命を考えても、これを単系婚姻関係にある親族、つまり両親とその子ども夫婦とその子とするには、少し年齢が近すぎて無理があるものである。

春成秀爾氏は千葉県子和清水遺跡、同県加曽利貝塚など関東地方の縄文遺跡で、住居跡から出土した人骨が、三人以上の成人骨で構成される例が多いことや東海地方晩期の合葬墓から出土する人骨の抜歯痕跡から、血縁関係のあるものどうしが同一墓穴内に埋葬され、それが生前には一軒の竪穴住居に同居していたという点から、一夫多妻婚、あるいは一妻多夫婚を想定した（註4）。縄文時代の基本的な家族構成について現段階での解釈である。

弥生時代の家族構成

古墳時代に下るが、田中良之氏は古墳時代の横穴墓に複数埋葬された人骨の歯の特徴を中心として、その組み合わせがどのように変化するのか形質人類学的な分析を行なった。五世紀後半を境に夫婦と二次家長にならない子がいっしょに埋葬される例の増加から家父長制的な家族制度の発達を考え、それ以前の弥生時代には永岡遺跡甕棺墓の分析などをとおして、結婚後も出自集団を出ない選択居住形態をもっている双系的な家族制度であったことを考えている（註5）。このように、先行研究を見ても弥生時代には多様な家族制度が想像でき、一つの竪穴住居の中に夫婦とその子供が生活していると考えるのはあまりに現代的な発想である。

それでは竪穴住居に居をひとつに構えた集団はどのような家族集団であろうか。

三沢北中尾遺跡の弥生時代前期の例では、住居が一時期に併設されているのは五軒程度である。三沢一ノ口遺跡でさえ、あれほどの大集落に見えるが、各尾根単位でみるとやはり一時期にかたまりをもって営まれる住居跡は三〜五軒程度である。

この五軒程度の各住居構成員が単婚を基本にした核家族と見られないことは、前述のとおりである。これらの五軒全部が血縁を媒介とした一家族であって、それに加えて族外の婚族を含め、その中身は春成秀爾氏が想定したような一夫多妻制かもしれないし、多夫一妻制であったかもしれない。経済状態によってはうかつに分家などできないなかで、生涯、出自の家族を離れることのない構成員も多かったと思われる。つまり、五軒の竪穴住居跡は単純に五核家族を示すのではなく、そこには家長となるべき人物もおらず、その集団を出自とする兄弟とその子供が同居し、そこでは親—子の関係と叔父—甥・姪の関係の差がさほど大きくない家族観があったと考えられる。

一組の夫婦とその子あるいは孫などで構成された等質的な家族がそれぞれ一軒の竪穴住居に寝起きしていたと考える

のは現代的な見方であろう。津古土取遺跡のように、同時期で大きさも形もまったく異なった住居跡が共存する例が多い。そうなると住居はそれぞれ違った役割を果たしていたことになる。例えば家族の中の未婚青年だけが寝起きした竪穴であるとか、中年女性と幼子の寝起きした竪穴などがあって、年齢や役割にもとづく棲み分けが行なわれていたのかもしれない。

一集落を一つのムラであり、同時に家族であると理解すると、分家はそのまま分村と言い換えることができる。水田稲作農耕を営んだ家族はその家族構成員が比較的容易に分家・分村を果たしたと考えられる。今まで開発されていない潜在的耕作地はいたるところにあり、そこを開発することで分家・分村をしても経済的に保障できるからで、実際に三国丘陵の遺跡を見ると前期Ⅱａ期以後の集落が急増しているのはこうした分家・分村化の促進が原因となった。

新しい耕作地の開拓を担ったのは、分家あるいは分村した当事者であるかのように考えられるが、実際は分家・分村させる側の本家・母村であったであろう。三沢一ノ口遺跡を見ても、すでに耕地の開拓が終了しているはずの遺跡からも多くの伐採具を出土するのはその母村の開拓のためではなく、分村の居住地と耕作地を切り開くためであった。素材とした今山産玄武岩の比率により集落間の格差を指摘する意見がある（註６）。集落間の優劣というより母村―分村の関係を重視した方がよいと考える。

三国丘陵に限らず、最初に水田稲作農耕を開始した福岡平野でも、このように初期の水田稲作農耕や常畠の耕作を生業の基本においた集団には、潜在的耕地を開発することによってその子孫を拡大するイデオロギーを備えていたのかもしれない。福岡平野を抜け出して、三国丘陵にも水田稲作農耕を持ち込んできた集団はそうした集団であったと思われる。決して在地縄文系弥生人が学習し技術を会得した結果とは思われない。

戦前の日本には人口を増やすことが国力の増強につながるという「産めよ増やせ子は宝」のスローガンがあった。政策的に人口増が図られるいっぽう、人間の増加が経済的な面で集団維持に影響を及ぼす古代には産児制限が多く行なわれていた。人類はほうっておいても人口が増えるのは常らしい。産児制限の代表的な例は、生まれた子を間引く行為である。狩猟採集民であれ、農耕民であれ、産児制限が行なわれていたが、その制限の強さが狩猟採集民と農耕民では異なる。人類学的に見た渡来系弥生人の急激な増加を理解するには、潜在的耕地を多く持ち、人口増の対応力がある水田稲作農耕民のほうが自然の人口増に対する産児制限が緩やかだったと考えられる。子孫の増加＝家族の繁栄＝氏族の繁栄のイデオロギーは、増えた人口を養う潜在的耕地が多い社会にしか生まれない。

年齢階梯集団およびその指導体制

現代社会に生きる個人はさまざまな集団関係の中に属している。サラリーマンであれば平日の昼間は職場という社会があり、家庭に帰れば家という社会があり、休日に地域の集まりに出れば地域の社会があり、親戚一同がよれば血族という社会がある。社会が複雑になればなるほど、一人の人間はこのようにさまざまな社会を横断して、より多元的な社会に属するようになる。弥生時代のムラではどうだったのであろうか。

基本的な社会関係は、血のつながりを基本にした親子・兄弟などの親族と、さらにそこから派生する本家・分家関係を基本とした同族関係である。

こうした血のつながりとともに重視されるものに、年齢階梯制がある。年齢階梯制は、ところによっては今でも形を変えて残っている。最も身近な例としては、もとは青年組といった青年団である。すでに壊滅したが、私の住む市内の青年団では、中学生になった男子は有無を言わさずその組織に属さねばならず、結婚と同時にそこから脱退した。引越しで脱退する以外の途中脱退は、青年団だけでなく、その母体となる地域集団からの離脱を示す反社会的な行動とみなされた。

今ではほとんどなくなっているが、かつてはいたるところにムラ社会をその出自とは無関係に年齢を基礎に横断する組織があった。子供は子供組、青年は青年組（女性だけで娘組を組織する例も多い）、年齢を経れば中年組、さらに年寄組などがある。

そしてそれぞれの年齢階梯集団には役割が与えられる。青年組の役割は協働作業による労働力提供が大きな役割であろう。子供組は青年組の前段にある教育期間と見ることができる。ムラの決定、外部との交渉などの実権を握るのは中年組、あるいは年寄組である。平均寿命の短かった弥生時代には中年組と年寄組との区別はないのかもしれない。生きながらえた少数の年寄りは今で言う「長老」とでも言う格づけがあったのであろう。年齢を増すとともに責任が生じ、人格が敬われるという社会は、現代でこそ崩れかけているが、それでも厳然として残された習慣である。これは仏教や儒教の影響もあるが、基本的には人間社会がそれを維持するための知恵として慣習化された規範である。

年齢階梯制において、そのムラすべてが構成単位となる事例ばかりではない。先に述べたように、ムラ内部には旧村と新村といった単位がある。こうした単位は、旧村ほど結束が強い。それは自集団の権益を維持するために結束が必要になるからである。

新村と旧村にある経済的格差、政治的関係はそれを母体とする各年齢階梯集団の中にも同じような問題が生じたのであろう。母村の年齢階梯集団はそのまま母村と分村を横断したムラを包括した集団指導体制をとるのであろう。

さて、三国丘陵の弥生社会でも当然年齢階梯集団というものが存在したはずである。それは一集落＝一家族集団を超えて、エリアでくくった範囲の村落＝数単位の集落＝数単位の家族を包括していたであろう。各家族は経済上・政治上の立場は同等であり、したがってそこから出てくる各年齢階梯集団の構成員も同等であった。三国丘陵の弥生時代前期から中期初頭の社会では、階層が分化するにはまだ未熟な社会であったが、やがて階層分化へとつながる家父長制度や世襲制度の兆候が生まれる。

吉武高木遺跡の副葬品を有した集団甕棺墓・木棺墓群（口絵1）は、集団指導体制をとる特定の有力な年齢階梯集団が、弥生社会の中で顕在化してきたことを示すと理解している。筑紫平野ではそれが弥生時代中期前半になってもまだ特定個人墓の卓越する段階にまでに発達せず、集団指導体制にあったことは、吉野ヶ里遺跡弥生時代中期前半の墳丘墓に埋置された副葬品を持つ数個の甕棺墓群を見ても明らかである。

家父長制の萌芽

家父長制が確立する過程を考えるに先立ち、旧村から新村ができる過程において、旧村に残る者、新村に出て行く者、その区別がどのようになされたのかを見ていく必要がある。

等質性の高いムラの構成員の中で、その差が生まれるのはまず血統である。その差を支えるのは、どういう立場の人が母村にとどまり、どういう立場の人が新しいムラに出て行くかというムラ構成員の意識である。その意識は暗黙の約束ごとになり社会規範が生まれる。その社会規範がやがて、家父長制という制度へ発展していく。つまり、最初の段階は、旧村を維持していくための集団とそうでない集団の存在の差別化があり、そして次に旧村に属す者の中でも、そのムラを指導する集団とそうでない集団とに分かれていく。後者は年齢を基礎とした年齢集団による集団体制から、血のつながりを重視する単系家族へ変化し、そしてその中で生まれる家父長制へと発展する。親族共同体の形態の変化はムラ支配の形態変化をも伴っていく。

橋口達也氏は家父長制の発生を土地争いのための指導的役割りと絡ませて考えている（註7）。むしろ私は、本家・本村を維持する者と分家・分村を担う者が、家族の中でどういう立場にあったのかと考えるとき、本家・母村に停まることができる地位と、分家・分村して母村を出て行かなければならない（生涯出自集落にとどまることができない）地位の差が生じたことにより、そのことが、一つの家族のなかで特定人物が家父長へと発展するきっかけになったと理解している。土地争いの危険性は潜在的にあったとしても、三国丘陵というせいぜい五km四方程度で、同じ祖先を祀る同族意識の強い集団が水利争い・土地争いに明け暮れたとは考えていない。

弥生時代前期から中期初頭にかけては、三国丘陵の村落は一つのムラそのものが家族であり、ムラ長兼家父長以前にムラ＝家族を横断する年齢階梯集団の集団指導体制があった。

家父長制と世襲は一体の関係にある。ムラで家父長制が萌芽した段階、最初はその血統が重視されたであろう。そしてそれは伝統となっていく。ムラ構成員はその血統に、そして伝統に恭順の意を示すことが、すべてのムラ構成員の参加する年齢階梯集団による指導体制から、選抜された家父長集団による指導体制への変化を行なわせる前提である。

家父長制における血縁の重視は、次世代の家父長を選抜する際の重要な資格要件となる。はじめのころは、分家・分村は本家・本村とその経済的格差を持たず、同等に近い経営を行なっているために、家族の中で誰が本家・本村に残ろうが、分家・分村に出ようが、切実な問題はなかったはずである。かりに家族が分離しても、三国丘陵の遺跡を見てもわかるように、それらの遺跡は近接して、視覚的にも見通すことが可能な位置にある。しかし、意識としては、本家―分家、母村―分村の差は大きかった。

本家家父長の役割も当初は、自分のムラと家族の安全を守ればよかったのであるが、やがて家父長集団としてムラの集合＝村落の安全を守らなければならない立場に変わっていったであろう。しかし、そうなっても家父長集団は、後の時代のようにその行為が無制限かつ恣意的なものであるはずはなく、ムラ構成員が通常の合理的な説得をもって充分にその行為を規制する手段を擁しているのである。家父長の被選抜権利は出自により決定するのであるが、それが長子相続を基本とするのかどうかはまだ不明なところが多い。少なくとも血統を重視した継承が原則である。こうした基本原則が確立しても、その権利を有する人物が「ムラのために好ましくない」というムラ構成員のレッテルが貼られれば、当然、分家、族外の養子というような擬制的血縁関係による継承ということも行なわれたはずである。

註

(1)　戸田貞三『家族の構成』一九三七年
(2)　鳥越皓之『家と村の社会学』増補版、一九九三年
(3)　佐伯有清『研究史　邪馬台国』一九七一年
(4)　春成秀爾「縄文・弥生時代の親族組織をさぐる」『日本の古代　第一一巻　ウヂとイエ』一九八七年
(5)　田中良之『古墳時代親族構造の研究―人骨が語る古代社会』一九九六年
(6)　武末純一「石器の生産と流通―石包丁と蛤刃石斧を中心に―」『筑紫野市史』資料編（上）考古資料、二〇〇一年
(7)　橋口達也「聚落立地の変遷と土地開発」『東アジアの考古と歴史』中、一九八七年

第五節　開発の再検討

1　丘陵地と水田開発に関する研究

最初の研究史の中でも述べたように、三国丘陵はそれまで水田稲作農耕の伝統がなかった土地に、どのようにして水田稲作農耕の技術を有した集団がそこを開発していったのか、その過程を見ていくのにモデルとなる遺跡群とその調査が進んだ地であった。

その研究史は前述したとおりなので重複は避けたいが、研究の現状についてだけはここで確認しておきたい。三国丘陵の開発に関して、今日まで多くの支持を得ているものが橋口達也氏の説である。橋口氏は次のように述べる。

「狭隘な谷水田をひかえ畑作も可能な低丘陵へ弥生前期後半頃から集落が進出し、墓地が営なまれ、弥生中期前半まででそれが引き続いている。これらの集落は住居跡の規模・構造等からみても低地に営なまれた集落のものと遜色はない。このような状況は嘉穂郡穂波町の彼岸原台地でもみられ、北部九州では一般的な現象であったといえる。したがって先にみた曲り田（古）式～板付Ⅰ式までの間は自然的条件に恵まれた水稲適地への進出でことたりたが、板付Ⅱ式以後上流域もしくは狭隘な谷水田をひかえた低丘陵をもきり拓いて集落が進出せざるを得ない程急激な人口増加があったものと想定できる。この新たな土地開発をめぐって近隣集落との土地・水をめぐる対立抗争が頻繁に起り、殺傷におよぶこともあった。」（註1）

橋口氏の提唱した農耕開始期から定着に至るまでの一連の土地開発プロセスは、弥生時代研究において大きな成果をもたらした。もうひとつ橋口氏の考えを要約した個所があるので抜き出しておこう。

「稲作は開始当初より用排水施設、各種木製農具等の体系化された様相をもっている。この稲作の採用によって生産

図 45　三沢遺跡の集落と水田想定範囲図（S ＝ 1/600）
（斜線部分は集落範囲、中のアルファベットは単位集団、アミ部分は推定された谷水田の範囲）
（西谷 2001 より転載）

力は急速に発展し、余剰生産物をうみ出し、人々の生活は安定し、人口も増加していった。人口の増加は新たな可耕地への進出いわゆる分村の必要性をひき起した。稲作開始当初の遺跡は玄界灘沿岸部の後背湿地に臨んだ低台地に立地している。弥生早期～前期前半にかけてはさきに早良平野を例にとって詳述したところであるが、低地の可耕地への進出が中心に行なわれ、それでことたりたが、板付Ⅱ（古）式以後には狭隆な谷水田をひかえ、畑作も可能な低丘陵地帯へも進出が開始された。前期末にいたると当時の可耕地のほぼすべてといってよい程に聚落が形成され、遺跡の分布は飽和状態に達した観を呈する。このような谷水田をひかえた丘陵部への進出はひきつづき中期前半まで継続されている」（註2）。

北部九州において弥生時代前期に農耕が動揺しながらも定着し、中期にその動揺の中から権力機構が生まれてくる。橋口氏の一連の研究は、弥生社会の研究史でも一つの到達点を示すもの（註3）として評価されるものである。

橋口氏がこの結論に達する以前、西谷正氏は三沢（種畜場）遺跡を分析する中で、弥生時代中期初頭における集落構造の解明を行なった。

「少なくとも四つの『単位集団』があり、もともと一つの丘陵に立地し、相互に近接しているという地理的条件からみて、それらがまた、より大きなまとまりである『単位集団の結合体』を形成し、一つの共同組織をなしたことが想定される。つまり、『単位集団』の枠をこえた農業祭祀、生産用具や農耕地の共同開発などの種々の条件を紐帯として結合されたことが予測される」（註4）。

その際に西谷氏が示す土地利用は図45のようなものであった。

西谷氏の谷水田の開発の考え以来、三国丘陵の特徴である独立・舌状丘陵の周囲の谷は、多くの部分が開発されて谷水田を形成していたであろうと考えられ、そうした前提に丘陵地に展開する弥生集落がいくつかのグループに分かれた生産母体を持ちながらも連携した農業共同体へ発展する以前の一つの世帯共同体をなしていると考えられてきたことは前述のとおりであり、橋口氏はこうした前提をもとに、後背湿地に臨む低台地に立地した集落が、潜在的可耕地への進出をはじめたという理論で丘陵地への集落展開を解釈している。
西谷氏、橋口氏が述べたとおり、著者も今までの調査の中で、とくにこの地域をフィールドとして調査研究に携わってきた立場から農耕集落が丘陵地に展開することを認めつつも、それは水田の一方向的な拡大・拡散ばかりでなく、畠・里山利用など多様な展開があると考えてきた。

2　水田と畠をめぐる問題

谷水田の評価をめぐって

渡部忠世氏は縄文時代にイネの品種に水田にも畠にも対応する水陸未分化米があったとしている（註5）。三沢蓬ヶ浦遺跡では近接して水田と畠が検出されているが、水田からは米が出土していないので米そのものでの比較はできなかったが、検出されたプラントオパールの形状が水田と畠のそれとではきわめて似ていて類似性の高いことが指摘されている（宮崎大学農学部宇田津徹朗氏教示）。水田に使用された品種と畠に使用された品種が同じ可能性があるということである。水田と畠による米の収穫量と生産に投下された労働力がさほどに差がないものであるならば、弥生時代における水田稲作農耕の評価は今まで言われてきたことと変わってしまう。しかし、集落が丘陵地に進出する以前に、河川の後背地を生産の場として選んだのは、一定の面積に労働を投下するのであるならば、やはり水田稲作農耕のほうが有利であるという判断があったからであろう。

縄文時代後晩期以前の段階でプラントオパール検出や籾圧痕の存在から、もはや米の存在を否定できなくなった今日、渡部氏が言うようなイネの品種が水陸未分化米ならば、まだ潜在的耕地として十分に場所のあった湿地でなぜイネの耕作が開始されなかったのか。そこに技術の問題があることは明らかである。

一九七〇年代に福岡市板付遺跡や佐賀県唐津市菜畑遺跡で縄文時代晩期にさかのぼる水田が発見され、水田農耕の発展過程に問題を投げかけることになった。というのは、これらの遺跡の水田遺構では、すでに水路や堰など灌漑施設、畦畔による区画そして完成された木器・石器などの農具体系が伴っていて、これらの施設が灌水地の水田でない可能性を強く示しているからである。板付遺跡、菜畑遺跡の水田施設が、すでに稲作農耕の導入元である大陸において体系化された水田稲作農耕の高度な技術を最初から持ったものであったことは、それまでの水田開発を段階的なものとする考えを批判することになる。広瀬和雄氏は段階的な水田開発論を「進化論的水田開発論」として、それがいまだに通論で踏襲されていることを確認し、再批判を行なっている（註6）。しかし、多くの研究者はそうした進化論的水田開発論を認めてきた。

水田稲作農耕という部分に限ってみれば、それは明らかに先進的な技術を持ったものである。水田稲作農耕の導入期（縄文時代晩期）に先進的技術を運び広めた集団とそれをスムーズに受け入れた集団が汎西日本で弥生社会全体の質的変化にどれほど直結したのかという問題は、今後に残された課題である。

三国丘陵の開発を見るとき、谷水田の開発を前提としてその上の集落が営まれたとした西谷氏の考え、それに引き続いて谷水田の開発が集落を丘陵部まで進出させたとする橋口氏の考えのいずれにおいても、谷水田の評価は大きい。優良な潜在的農耕地を開発し尽くした集団が、さほど優良でもない未開拓耕作地に進出せざるを得なかったのは、その集団がもつ分村化、人口増というイデオロギーによるもので、実際分村として成立した三沢蓬ヶ浦遺跡のように、小規模な谷水田と、小規模な常畠と周囲の里山の資源を相互に補いながら、生活していたという姿のほうが実際の開拓ムラの姿であっただろう（口絵7）。

常畠の系譜をめぐる問題

三沢蓬ヶ浦遺跡で畠状遺構が検出されたときに問題となったことがある。それは畠が縄文時代以来の系譜を引くものかどうかということである。畠は縄文時代以来の生産母体で、新しく取り入れられた水田稲作農耕と併用されたという考えと、水田稲作農耕とともに新たに採用された農法であるという考えである。

この問題を考古学的に見るならば、縄文時代後晩期に並行する朝鮮半島の諸遺跡で、この三沢蓬ヶ浦遺跡の形状と同じ畠が存在するので、そちらのほうに系譜を求めれば、すでに縄文時代後晩期に北部九州にその農法が伝播していても不思議ではないという結論になる。

実際、朝倉市（旧杷木町）クリナラ遺跡では縄文時代晩期黒川式段階の畠状遺構が検出されている。また、当時の前期無文土器の影響が日本にも現われていることは前述のとおりである。そうすると、日本における第一段階の農耕を縄文時代後晩期の畠作農耕とする広瀬和雄氏の、あるいは佐々木高明氏の言うところの畠状遺構の系譜を引くものであろうか。

著者も縄文時代後晩期の畠作農耕はもはや認めざるを得ないと考えているが、三沢蓬ヶ浦遺跡のような水田遺構と併用される畠は、水田稲作農耕民が水田と併用しながら、定住もしくは数十年の単位で長期間滞在する住居群の周囲に作った常畠と考えている。都出比呂志氏は弥生時代の初期に水田稲作技術に伴って畑作技術が伝来し、最初の段階から「水田・畑結合型」の農業が存在したとしている（註7）。その考えに賛成したい。

水田と畠の併用は地理的環境の違いによって、どちらかがその比重を高めていく。小野忠凞氏は島田川流域の弥生時代集落の拡大を水田稲作耕地を離れて畠作を主体とする集落の分村化の流れととらえた（註8）。

三国丘陵における丘陵地への進出が、集落の分村化に連動している限り、集落が持つ新たな食料資源確保という問題とは切り離すことはできない。水田稲作農耕導入時の初期に力武遺跡群で主たる生業をになっていた水田稲作農耕は、その後に谷水田の開拓で得られた耕地よりも、より水田としての体裁を整え、集落も水田から収穫された米に食糧を依存する割合が高かったものと考えられる。かえって、時代がくだった段階の丘陵地の水田は、三沢公家隈遺跡に見るように、湧き水を温めながら水田に引き入れるような小規模で、設備も貧弱なものであった。だからこそ、水田だけに依存できずに住居の周囲に畠をこしらえ、そこに稲を栽培していたと考えられる。

大陸から伝播した農耕はもともと畠が水田とセットになっていたことが考えられるだろう。もし、宇田津徹朗氏が指摘するように三沢蓬ヶ浦遺跡の畠と三沢公家隈遺跡の水田のイネが、検出されたプラントオパールの形状の類似により、同じ品種で栽培されていて、しかも種籾まで同一だとすれば、両者が同時並存したことの有力な証拠になる。クリナラ遺跡のように縄文時代にまでさかのぼる畝立てをした畠があったことは否定できないが、常畠の本格的な導入は、完成された木器体系の導入を見ても、水田稲作農耕と平行して導入され、同時に採用されたものと思われる。

縄文時代と弥生時代の畠作は、そこに労働を投下し、集約的な耕作を長年にわたって続けるという点で大きな違いがある。

縄文時代晩期には、三国丘陵で畠作農耕、それも常畠でなく焼畑農耕が行なわれていた可能性を示唆する。焼畑による農耕を前近代的で粗放的な農法と言う考えは早くからなされてきたが、合理的な畠作の一種であるという観点でとらえようとする考えがある。つまり焼畑を行なった後にそこを常畠化せずに土地を休ませ、森を再生させ、長い年月が経過した後に再び肥沃な耕作土を甦えらせるために、そこを移動するという考えである。したがって、近年、英語では焼畑を Slash and Burn（伐採して焼く）Agriculture から、Shifting（移転する）Cultivation という言葉で表現される機会が増えている。焼畑の単位面積当たりの収穫量は常畠と比較しても劣るものでないことは、今までの統計資料を見ても明らかである。焼畑から常畠への移行が進化かというとそうではない。もともと焼畑と常畠とは異種の農法である。現在、焼畑を行なっているところでも、なぜそこを常畠にしないのかという問題には、あえて常畠化する必要に迫られないという答えが報告されている（註9）。山をなん十町も持っている人の特権のようにも見られるが、これを人口圧の低い縄文時代の北部九州に置き換えてみると、当時でも同じような答えになって返ってくるのではないだろうか。

このように、焼畑を生業として営む集団において、植生の回復のために広大な山林を有していなければならず、同時に狩猟・採集に労働を投下する土地は、その人口に対してそれなりに飽和状態にあった。弥生時代のように限られた土地に長い期間にわたって労働を投下しつづけるような生業形態の畠作とは違っていた。

畠の文化と日本文化の基層

柳田民俗学の最大の成果は、稲作文化が日本文化の根底にあるという考えを前提として、さまざまな年中行事・通過儀礼・民間伝承などの民俗が意義づけられたことである。人間の一生にある通過儀礼は毎年の稲作の周期に対応され、民間信仰は祖霊・稲霊と結びついて解釈されてきた。

考古学の世界でも、現代につながる日本文化の基本は弥生文化にあって、それは稲作文化が基本になっているという考えが強い。とくに弥生時代を縄文時代と分離する要素の大多数もしくはすべてが水田稲作農耕の開始と捉えられている。これは研究史上の定義であるから、その規定に従えば、すでに提起されてから一〇年以上になる「弥生時代早期論」を提唱する研究者が出てきて、それが徐々に支持者を増やしていく状況は当然のことといえるだろう。農耕文化全体の中で、とくに水田稲作農耕文化に高い評価を与えた結果である。

しかし、弥生文化を総合的に扱ったいくつかのシリーズ本の項目を見ると、かつての弥生文化研究のように新来の水田稲作文化ばかりを重視し、そこから始まる文化を現代文化につながる最初の文化ととらえる考えばかりでなくなっている。

三沢蓬ヶ浦遺跡の畠のように、水田の不測の事態を補完するために陸稲を栽培している畠などが、その段階の小規模な水田稲作農耕とどれほど違うものか、その差を認めることはできない。畠も新来の農耕文化を基礎から支える生業形態であった。したがって、縄文時代晩期から弥生時代を通して形成され、その後の日本文化に続いていく基盤文化という観点からは水田稲作文化だけを重視するわけにはいかない。

佐々木高明氏は水田稲作農耕導入に先立つ縄文時代前期に、アジア大陸から伝来したナラ林文化や照葉樹林文化にその系譜をたどることができる畠作農耕文化が日本に広まっていて、稲作農耕文化を構成する基層にそうした文化があったとする考えを述べた。「畑作文化と稲作文化の間には、対立・対抗しながら重層・同化するプロセスが歴史的にくり返されてきたものと考えられる。」と評価する（註10）。民俗学の立場からも坪井洋文氏は、稲作文化が一般生産者の意図とは別に権力掌握者側の収奪手段を円滑に行なうために稲作農耕へと変えられて、非稲作文化が支配者のために徐々に非稲作農耕の実質的な割合を減少し、日本文化の中の非稲作文化を基層とする伝承も薄れていったとしている。現在の水田稲作にもとづく文化体系に変わったもので、もともとは畠作文化も稲作文化と併せた亜文化類型であるという考えを提示した。「日本の歴史書にあらわれてくるのが稲作であり、他は記録に見ることが稀だという現象上の理由によって、稲作を日本文化形成の単一母胎とみるのは、文化の表層と深層の関係の構造をわきまえぬ者の判断である」（註11）。畠作を弥生時代の生業体系の一つとして見直すだけでなく、後世の農耕文化全体に与えた要素の一つとして評価しなおす時期にきている。

3　稲作をもたらした人々

渡来人と縄文人

考古学的資料では水田稲作農耕の直接の主体がもはや朝鮮半島からの渡来人であることは疑いえなくなってきた。それでは、朝鮮半島からの渡来人がどのように狩猟・採集文化から農耕文化への転換に関わったのであろうか。

藤尾慎一郎氏は、弥生時代前期初頭における縄文土器系統の凸帯文土器と新しい土器の板付Ⅰ式土器の二系統の土器の組成比に注目して、縄文人が主体的にどのように農耕文化を受容し変化したのかを論じている（註12）。藤尾氏は福岡平野における狩猟採集民が農耕民化する過程に言及し、それは、（一）縄文時代にあまり開発されていない潜在的耕作地を渡来人が在来縄文人と一緒になって耕地を開発する過程、（二）こうして形成された農耕集落が、農耕社会化する中で、（板付遺跡のように）環濠集落を形成して地域の拠点となっていったり、（那珂遺跡のように）拠点とはなりえずに廃絶あるいは、拠点集落に依存して存続する過程、（三）（四箇遺跡のように）一連の農耕化に遅れて、狩猟採集民の領域に進出する過程があったとしている。ここでは当初から灌漑農法を会得する渡来人が狩猟採集民を駆逐したり、従属させるせめぎあいがあったのではなく、双方が相互依存して一つの集団を形成していったと考えている。

また松本直子氏は、縄文（文化）から弥生（文化）への転換を人種の転換としてでなく、変換の主体者たる人間が新しい弥生文化とそれ以前の文化的差異を認識し、渡来人が少数派であっても意図的な文化的転換を図る契機をもったのではないかという考えをエスニシティーの概念をもって論じている。朝鮮半島からの縄文時代晩期（弥生時代早期）の渡来人を「ある程度の政治的・宗教的権威に対する北部九州集団からの要請もあったのではないか」とし、そう考えることによって、まだ縄文的要素を残しながらも墓制、住居・集落構造、生活用具などが弥生時代にはいって短期間のうちに劇的な変化を遂げる理由を説明しようとしている（註13）。

両者のシミュレーションは、たぶんにそういう事例もあったであろうと納得させられるものがある反面、そうすると何ゆえこの地域において渡来系弥生人という形質が優勢になってくるのかという点にはなお疑問を残す。

多数派になった渡来系弥生人

弥生時代中期段階で渡来系弥生人が縄文系弥生人を人口の上で凌駕している点は、甕棺出土人骨の検討によって早くから人類学分野から指摘されてきたところである。

この問題を解決する案のひとつが多量の渡来人を想定することである。人類学から提示された最も多い見積もりは縄文時代晩期から七世紀までの間に渡来人の総数を三〇〇万人にも及ぶという考古学者が驚くべきものもある。その後の修正により、弥生時代開始期から一〇〇〇年の間に毎年平均一、五〇〇人、合計で一五〇万人の渡来人があった（註14）とされるが、いずれにしても考古学のほうからはあまり好意的な反応はみられなかった。

もともと考古学研究者には、弥生文化開始の契機を外圧に求める意見もあった（註15）が、近年それは少数派になって、弥生文化も縄文時代文化の延長であり、その自己変革によって生じたほうに重きをおく考えが根強くなった（註16）。

したがって、渡来人の数を過大評価することなく少数で抑える傾向が強くなるのであるが、そうすると今度は、なぜ少数派の渡来人だけが突然人口増を果たして、今までの縄文時代人の形質を持った人たちはどうなったのかという問題が生じてくる。この点は、弥生時代人の研究の大きなテーマであった。

なぜこの問題が解決できなかったのか、それは考古学的な発掘事例の偏りにも大きな問題があったからである。

鑑定に耐えうる人骨資料は、ほとんどが墓から出土した資料で、しかも風化に耐えるものとなると、人骨が残りやすい砂丘の遺跡や、密閉状態にある甕棺墓の中といういくつかの条件を満たしたものである。したがって、そうした資料となると、ひとつは土井ヶ浜遺跡などに代表される砂丘の遺跡、そしてもうひとつは北部九州で中期を中心に発掘される甕棺墓が対象になる。時期的には中期を中心に、そして地域的には玄海灘・響灘沿岸を中心とした地域になる。甕棺墓の集団墓としての性格もあって、一つの遺跡から出土する埋葬施設の量が多量であることと、先に述べたように、甕棺墓がその構造上中空で密閉されたものであることから、甕棺墓群から出土する人骨資料は、日本原始・古代の多くの墓に比較して、出土遺構数に対する人骨依存率が極めて高い。これでは地域的・時間的に偏りが出てしまう。

最近の縄文時代晩期の良好な資料は、福岡県糸島郡志摩町新町遺跡（註17）や佐賀県大友遺跡（註18）などで発掘されている。これらの資料は支石墓からの出土品ということもあって、新来の渡来人が縄文の伝統にない新墓制に埋葬されたとすれば万事めでたしのストーリーだったのであるが、そうはうまくいかず、出土した人骨は縄文人形質の集団であった。そして、次にまとまった資料が確認されるのが、弥生時代中期以後の甕棺墓に埋葬された人骨である。縄文人形質を持った人間の割合が急激に減少し、渡来系弥生人形質を持った人間の割合が急激に増加する。肝心の弥生時代前期の人骨資料がちょうど抜け落ちているのである。

さらに甕棺墓の問題点としては、その分布地域が限られている点である。時期に差があるものの東は糟屋郡付近まで、西は糸島半島と佐賀平野（筑紫平野西部）まで、南は両筑平野（筑紫平野北部の筑後川中流域）までが基本的な領域である。その周辺地域にあって、西側の遠賀川流域の立岩遺跡や、南側の日田市吹上遺跡のように、甕棺を採用しているところもある。しかし、それは特殊な例であって、それらは質の高い副葬品を持つ甕棺墓であり、甕棺が一般的な墓制になりきっていない。そうしてみると、甕棺墓隆盛地域は限定された範囲にとどまり、それ以外の人骨資料を欠いていると言える。

縄文時代晩期から渡来したと想定される渡来人が、弥生時代中期までの間にどのような過程を経て、それだけの人口増加につながったのか、甕棺墓隆盛地域以外の弥生時代の縄文系弥生人と渡来系弥生人の人口構成比がどのようになっているのか、このような問題が、形質人類学の上からはわからないのである。

先述のような大量の渡来人流入説が提唱される以前にも、土井ヶ浜遺跡の調査などから金関丈夫氏は男性主体の渡来人説を掲げ、縄文人の女性と結婚して混血が進んだと述べた（註19）。これに対しては北部九州を中心とする考古学者からは、北部九州の縄文時代から弥生時代への文化的な連続性が重視され、稲作農耕文化の主体者が大量の渡来人であることはないと反対意見も出された。

渡来集団の持ち込んだ結核などの疫病が免疫のない縄文人の生命に打撃を与えたとする考えもある（註20）が、これを検証することはなかなか難しい。考古学的にはその段階に急激に縄文系弥生人の墓が増加するなどの現象をもってとらえられればその可能性も考えられるが、今のところそうした証拠は認められていない。

弥生系渡来人の急激な人口増加率

北部九州で弥生時代中期にその築造がピークを迎える甕棺墓群は、三国丘陵でも例外ではなく、筑紫野市隈・西小田遺跡では、実に三、〇〇〇基もの甕棺墓群が発見されている（註21）。そうした甕棺墓群は三国丘陵における人口の動きを推定する材料になる。中橋孝博氏は隈・西小田遺跡の資料を用いて、三国丘陵における弥生時代中期における急激な人口の増加を想定し、中期中葉の一時点におけるその数を二五〇〜四〇〇人、およそ三〇〇人と想定した（註22）。

中橋氏はその後、飯塚勝氏との共著で、弥生時代中期に渡来系弥生人が圧倒的な割合を占めるにいたるための人口増加率を計算している。両氏は縄文系弥生人を一定程度取り込んでも、主体となる渡来系弥生人集団が年率一〜三%の高い人口増加率を達成すれば、全人口に対する渡来系弥生人の形質が八〇〜九〇%という大勢を占めることは可能であると説いた（註23）。

中橋氏が描いた渡来系弥生人形質の増加モデルについてまとめたものをここに書き抜いておこう。

「狩猟・採集生活から農耕への転換によって人口が急増する現象は広く世界各地で報告されている。他方、ある一定領域内で暮らせる狩猟・採集民の数にはかなりの制約があり、その人口増加率が年率〇・一パーセント以上に達することは殆どなく、通常はそれよりずっと低い水準で推移することが知られている。(中略) 土着系住民の人口増加率をかなり高めに見つもって年率〇・一パーセントと設定し、弥生初期の土着住民に対する渡来人の比率を最高一〇パーセント、最低で〇・一パーセント、弥生時代の始まりから中期までの年代を一〇〇年とした場合、渡来系集団がどれくらいの増加率で増えれば、唯一判明している弥生中期の人口比(渡来系が八〇パーセントを占める) に達するかを見たものである。これを見ると、例えば渡来人の最初の比率が一〇パーセントの場合は、年率一・三パーセント、最初が〇・一パーセントの場合は二・九パーセントで増えれば、三〇〇年後に人口比の八〇パーセントにまでに急増することがわかる」(註24)。

前述したとおり、弥生時代前期を通してこの三国丘陵では急激な開発が行なわれ、その遺跡の急増の主体が水田稲作農耕をもたらした渡来系弥生人の集落だけであれば、すくなくとも三国丘陵における、①年率一%以上の高い人口増加率、②渡来系弥生人の形質が八〇%という大勢を占めるという二つの問題が一気に解決することになる。

田中良之氏は、今回の主要フィールドとした三国丘陵の人口増加について次のように述べている。「農耕開始期の夜臼・板付Ⅰ式期の遺跡が七ヶ所であったのに対し、前期後半には一五ヶ所、前期末には三四ヶ所に増えている。遺跡数の増加は人口の増加を反映していると考えられる」。そして、これを埴原氏が用いた人口増加率の計算式に当てはめて計算したところ、前期初頭から前期後半までの一〇〇年間に〇・七六二%、前期後半から前期末までの一〇〇年間に〇・九七三%としている。遺跡数から見ると、その人口の増加率が高くなる可能性を示している(註25)。こうした人口増加率をもってすれば、大量の渡来を考える必要がないというのが田中氏の結論である。導き出された数字は中橋・飯塚氏に近いものになっている。もちろんこの数字は、遺跡数だけで出されたラフなもので、遺跡の大小や質などは勘案されていないために、参考程度にとどまるが、この点は前のシュミレーション同様に精度を上げてさらに分析する必要があるだろう。

渡来系弥生人だけが人口増を果たすためには、渡来系弥生人が主体を占める集落だけが増加するという前提がある。この点では中橋氏のシュミレーションでは渡来系弥生人と縄文人の人口増加率に差をつけるという問題解決の一方向を示してくれた。今回縄文系集落として取り上げた遺跡が、一定期間はそのまま渡来系弥生集落と同化せずに独自性を保っていたことを証明しなければ、渡来系弥生人だけが極端な人口増を果たしたことを証明できないであろう。そこで、縄文系集落の営みが渡来系弥生集落と比較して、生業にどのような違いがあるのか、そしてその集落構成はどのように違っていたのかを見ていかなければならない。

初期移住者の数と性格

三国丘陵に水田稲作農耕を携えて定着した集団は、力武遺跡群をみてもそれほど多数であったとは考えにくい。住居だけを見ると直径一〇・六mを計る大規模なものであるので、一軒に五人程度が居住するという単純な計算にはならないが、それでも集落規模も小さく、その後の爆発的な集落増加と比較すれば、初期の移住者はごく少数であったことは疑いえない。

そもそも日本に水田稲作農耕を携えてきた渡来人はどの程度の規模だったのであろうか。佐藤洋一郎氏はイネのDNAに散在するSSRの多型性の調査で、日本の温帯ジャポニカ品種は、中国にある八型式中二型式しか存在しないことから、日本の温帯ジャポニカ品種が、極めて小さな集団から出発したとして、このことが「渡来した集団が極めて小さな集団であった場合などに起きる」と述べている（註26）。同様に、その集団からさらに分岐した集団も少数であるが、そこで一定程度成長し、再び分岐するというその繰り返しによってイネが運ばれたのであろう。そうすると最初のイネキャリアーはやはり少数の渡来人であったし、北部九州各地に進出したイネキャリアーもまた渡来人の系譜を引く人間だったのであろう。

埴原氏の言うように日本史上、渡来人の累積数は膨大な数に及ぶかもしれないが、稲作農耕文化を携えた集団の規模はそれほど大きくはなかったのではないだろうか。急激に増加する住居跡数は、三国丘陵で力武遺跡群に移住した人間が、その後三〇〇年のうちにおよそ三国丘陵のほとんどの集落のもとになったという図式で見ると、最初は十数人であってもそれだけの拡大が可能であることを示している（註27）。

縄文時代晩期のある段階、おそらく曲り田遺跡よりもう少し古い段階で、松浦半島などより朝鮮半島に近い部分で渡来人だけの（未発見）集落が生まれ、まずそこで稲作農耕の開始があり人口の急激な増加が見られる。そこで生まれた稲作農耕民は一方ではその地域を中心に分村を、もう一方では他所への移住に向かう。そして次の段階は糸島半島を中心とした地域で開発がはじまり、同じような経過をたどる。そして早良平野、福岡平野へと進出するが、その拡大は一定のスピードで同心円状に広がりを見せると考えられる。その時期は、たとえば糸島半島周辺では橋口氏の曲り田（古）式段階（註1）であっただろうし、福岡平野では山崎純男氏の夜臼Ⅰ式段階（註28）であって、そして三国丘陵ではさらに遅れて前期Ⅰ期（板付Ⅰ式）段階ということになる。そこには若干の時間傾斜が見られる。曲り田（古）式段階からすでに一五〇年近くは経過している。その間、各地域（平野）ではすでに縄文人を圧倒する渡来系弥生人の急激な人口増加が達成されつつあったのかもしれない。もし曲り田（古）段階から前期Ⅰ期までの時間幅がもう少し長くなれば、さらにこの人口増加は説明しやすくなるだろう。

それぞれ各地域（平野）で最初の段階の水田が、その水田経営の施設面において整備された状態であるのは、最初に移住してきた集落が、そうした高度な技術を保持していたからである。各地域（平野）で分村や他所への移住を促進するもとになる集落が、分村などに比べて在来の生業的要素、たとえば狩猟や採集に依存する機会が少なかったからであろう。そうした集落に住む人間の性質としては、在来縄文人との接触があまりなく、生業経営に独自の方法をもち、家族や親族制度に水田稲作農耕民として独自の文化・伝統を有し、より純度の高い渡来人的形質の強い集団であった。そうした集団の中からさらに他所へ移住するものが生まれ、それを繰り返すことになる。

各地域において、その開発の核となる集落から人口増加が始まり、それからの発展の仕方には地域ごとのバリエーションがあってしかるべきであろう。在来縄文人との接触機会の有無もあったであろうし、地形に制約された生業形態の違いや集団規模の大小もあったであろう。そうして地域性が生まれ、人間の形質も微妙に違ってくる。

中橋氏によれば、三国丘陵の筑紫野市隈・西小田遺跡群の甕棺墓から出土した四二九個体もの人骨は、金隈遺跡など玄海灘沿岸部の遺跡から出土した渡来系弥生人の人骨よりもさらに縄文人との形質的差異が大きくなって渡来人的形質が強くなっているという(註29)。興味ある指摘である。渡来系弥生人と縄文人との接触に地域的な違いがあったからこそ、中橋氏が指摘したように、同じ渡来系弥生人でも三国丘陵と福岡平野では違ってくるのであろう。そうした弥生人のもとをたどれば、一握りの渡来人集団ではなかっただろうか。

三国丘陵開発の主体者

小野忠凞氏は、弥生時代に宅地の私的占有形態の発生について、縄文時代に存在しない土地の所有形態が稲作農耕とともに始まったという事実が、稲作技術やそれに付随する文化が単に伝播してきたというものではなく、大陸からそうした所有形態を持った稲作民の移住とその社会の移植が弥生時代の生産様式や生産手段の変革をもたらしたと述べている(註30)。

三国丘陵の急激な弥生集落の増加を考えるとこの視点はきわめて重要に思われる。

新町遺跡や大友遺跡では支石墓に縄文人形質の被葬者が認められている。保守的な墓制にあっても、旧来の縄文社会では新しい大陸文化の一つである支石墓の採用をためらっていない。しかし、新しい土地所有形態、生産手段の分有など社会構造を受容することが可能だったのであろうか。縄文人主体の社会の中でも渡来社会を受け入れて、新しい社会構造へ変化するところでは、人口扶養力が増加し、分村化、そしてそこでのさらなる人口の増加を生み出す。遠く離れた関東地方の宮の台期に急成長する集落の担い手が渡来系弥生人でないことは疑いえない。

従来、北部九州の弥生時代前期の遺跡数増加＝人口増は、大陸からの新たな農耕技術の伝播と採用が、社会に安定をもたらし、高出生率を促したと考えられていた。そこには移民もあっただろうが、その数をどのように捉えるのかは、前述のように見積もりに高低があって結論づけられていない。現状では水田稲作農耕文化の担い手は縄文系弥生人であるという意見のほうが強い。少数の渡来人がもたらした水田稲作農耕文化に触発された狩猟採集民が、当然のごとく農耕社会に移行して、縄文社会の内部に質的変化を見出すという意見である。

それならば移民に頼らない人口増加の主体者が縄文人であったとすれば、縄文人的形質の占める人口割合がどうしてここまで落ち込むのかを説明しなければならない。最初は縄文人が水田稲作農耕を受容し、拡散させて、その後に渡来系弥生人が急激に増加するということなのであろうか。かなり苦しい説明である。最初から水田稲作農耕民としての生産様式や生産手段をもった渡来系弥生人こそが、ある段階までは間違いなく人口を加速度的に押し上げた主体者と見ることができるのではないだろうか。

縄文時代よりも多くの人口が丘陵地に進出しても、その人口圧に耐えられるものが何だったのか。それはいうまでもなく農耕への依存割合の増加であろう。今まではそれは水田稲作が最重要に考えられてきた。しかし、三国丘陵だけでなく、どちらかというと広大な水田を擁す平地でなく、ちょっと水を汲みに下まで降りていくのに不便な丘陵地帯に、弥生時代前期中頃から急激に遺跡の増加が認められる。それは三国丘陵だけの現象でなく、橋口達也氏が言うように筑豊地方では彼岸原台地や京築地方では下稗田遺跡周辺、下関市では綾羅木郷台地など各地域で認められる。水田稲作農耕も行なわれていたことは事実であるが、こうした立地環境にあって、農耕民として丘陵部へ拡散する中で水田以上に重視されたのは常畠であり、動植物資源ではなかっただろうか。潜在的耕地は何も水田ばかりでなく畠も対象となったであろう。

三国丘陵を含めてその丘陵部は、基本的に縄文時代の遺跡がないか、あるいはわずかであって、縄文時代には焼畑か狩猟以外には立ち入らない場所であった。ところが、弥生時代になるとその一部は農耕地として利用されるのである。このような潜在的耕地を抱えた集落は、それが人口を維持できる限り農耕地としての開発を持続させる。

力武遺跡群のような河川後背地に水田を営む技術には習熟している移住民でも、丘陵地に入り込んで谷水田や傾斜地の畠作地を経営しなければならない状況になったとき、最初からそうした農耕技術に習熟したエキスパートであったかというとそうではない。力武遺跡群の周囲に広がる水田稲作適応地は限られた面積での生産性を高く上げられるが、条件のよくない谷水田と丘陵常畠だけでは生産力に限りがあり、それを補完する里山の資源も必要であるため、一集落あたりが占有する領域は水田稲作農耕に多くを依存する集落よりも広くなる。

いっぽう、従来から三国丘陵に生活してきた人々は、まさに縄文時代以来の伝統的な生活習慣を身につけた人間であっただろう。彼らが行なう農耕というのは、粗放的な農耕であって、土地生産性を追い求めたものではない。しかし、やがて一部の縄文系弥生人は移住民との接触によってあらたな生産手段を習得すると、一定の耕地に労働を集約させて土地生産性を高めることになる。そうなると彼らも潜在的耕地を開拓することを担うようになる。

高い人口増加率を支えるために粗放耕地の開拓が進んで、潜在的耕地の開発に限界が見えてもその人口圧力を維持するために、限られた土地への高い労働集約が行なわれるはずである。しかし、これもやがて限界を見ることは明らかである。今まで三国丘陵は急激な遺跡の増加が問題にされたことはあったが、どうして突如として、弥生時代中期初頭に遺跡数が激減するのかという問題を明快に述べたものはなかった。三国丘陵における食糧生産形態が、その後の経営形態の中心をなしていく、固定された耕地に労働を集約して集落の人口維持を果たす農業形態に簡単には移行できない地形的な制約があったためであろう。

4　環濠の新解釈

一九九〇年代初めまで農耕文化伝来の祖地である朝鮮半島では、環濠の存在は確認されていなかった。そのため日本の環濠の起源は、朝鮮半島を通り越して中国大陸に求められることもあった。中国の新石器時代初頭の著名な西安半坡遺跡や姜寨《きょうさい》遺跡がその祖形に求められたが、北部九州における環濠出現時期との時間的・空間的格差は埋めがたく、参考意見程度の扱いに甘んじてきた。それでも原口正三氏のようにその形態の類似性などを強調する立場を取ってきた研究者もいた（註31）。

折りしも一九九〇年に朝鮮半島南部で環濠に関する画期的な調査が釜山大学校博物館によって実施された。蔚山に近い慶尚南道蔚州郡熊村面の丘陵地で完全な形で環濠が発掘されたのである。その検丹里遺跡環濠集落は、日本における弥生時代環濠集落に直接的につながるものとして注目された。検丹里遺跡は無文土器時代前期末から中期にかけての時期に当たり、日本では縄文時代晩期に並行することから、日本への環濠の伝播に時間的な整合も認められた。環濠は丘陵の北側に傾斜した緩斜面を楕円形に取り囲むように掘られている。大きさは長軸長が一一九m、短軸長が七〇mを測り、環濠内部に住居跡が三七軒作られているが、環濠の外にも住居がある（註32）。

検丹里遺跡の発掘以後朝鮮半島では環濠の発見が続き、李盛周氏は青銅器時代を中心に新石器時代から三国時代までの一七遺跡を集成し、韓国における環濠集落の分析を行なった（註33）。このなかで、とくに日本の環濠との関係について言及し、日本の環濠の祖形は朝鮮半島南部地方で初期形の延長である検丹里式の環濠段階以後に確認できると述べている。

この発掘調査によって、日本の環濠の起源も一気に朝鮮半島に求める動きが加速し、農耕集落として著名な松菊里遺跡も環濠が巡る可能性が指摘されるようになった。

日本の環濠の系譜を朝鮮半島南部に求める意見は徐々にその支持を高めつつあるが、中国東北部の夏家店下層文化期赤峰市大甸子遺跡や黄河流域の陝西省姜寨遺跡、西安半坡遺跡、長江流域の湖南省彭頭山文化期彭頭山遺跡や屈家嶺文化期湖南省城頭山遺跡など、環濠の系譜を多次元的に求めようとする意見もある（註34）。

現段階で明らかに環濠になることが証明されている遺跡の最も古い例は板付遺跡であるが、那珂遺跡の二条の溝は、縄文時代晩期（弥生早期）に属し、円形に周回して環濠になる可能性が高い。一九九二年のA区と翌一九九三年のB区の二ヵ所にわたって調査された。A区・B区は隣接していない。

調査で全周が確認されたわけではないが、環濠は二重にめぐり、外弧と内弧がほぼ五〜六mの間隔を保ってほぼ同心円に周回しているらしい。内濠の外周の直径が約一五〇mに、環濠内部直径が約一二五mに復元される。外濠は幅四〜

五m、深さ一・六〜二・一m、内濠は、幅一・四〜二・〇m、深さ〇・六〜〇・八mであるが、昔の地形図との比較から上面の削平が著しいことが知られた。調査を担当した吉留秀敏氏は削平以前の地形を勘案して、外濠が幅約六〜七m、深さ約四m、内濠が幅約三・五m、深さ約二・三〜二・五mに復元されるとしている。環濠から出土した土器から縄文時代晩期後半（弥生時代早期）のものとされる。環濠内部の構造は不明である（註35）。

糟屋郡粕屋町江辻遺跡も環濠の可能性が指摘されたことがあった。当初は環濠集落と考えられていたが、溝自体は集落を囲繞しないことがわかった。しかし、溝で住居跡領域が隔てられるところの評価を変えているものではない（註36）。私は板付遺跡のように完全に周回する（陸橋や絶壁に近い斜面利用を除いて）タイプのものを環濠としてとらえているので、江辻遺跡例は環濠に含めない方がよいと思っている。

板付遺跡は前述のように衆目一致した環濠である。その規模は南北一一〇m、東西八五mの楕円形をした環濠で、その時期は板付Ⅰ式段階である。山崎純男氏によると前期の住居跡が検出されていないのは中央部が削平を受けているためで本来は中央部に住居があったであろうとしている。また環濠の内側に弦状溝があってこの内側に貯蔵穴が集中しているが、ここが次段階で貯蔵穴だけを囲む環濠へと発展する可能性が高いとしている（註37）。

現在板付遺跡は復元整備がなされている（口絵8－下）。そしてその環濠の内側には先年不審火で火災に見舞われた復元住居も設置されている。住居跡が復元された根拠は、環濠内部が削られて、弥生時代住居跡の床面の高さ以下にまで削平が及んだために、住居跡が本来あったはずだというものであった（註38）。

しかし私はそれに疑問を持っている。環濠内部の発掘調査では貯蔵穴は確認されているが、住居跡は斜面の弥生時代後期だけの住居跡が残って前期のものは確認されていない状況である。弥生時代前期の住居だけがなくなることがあるのだろうか。後述するように、北部九州の前期環濠に限ってであるが、環濠が機能している段階で環濠内部に住居跡が営まれる「環濠集落」は現段階では皆無であると考えている。

貯蔵穴だけを囲む性格を持つ環濠の存在は早くから指摘されていた。苅田町葛川遺跡の調査担当者である酒井仁夫氏

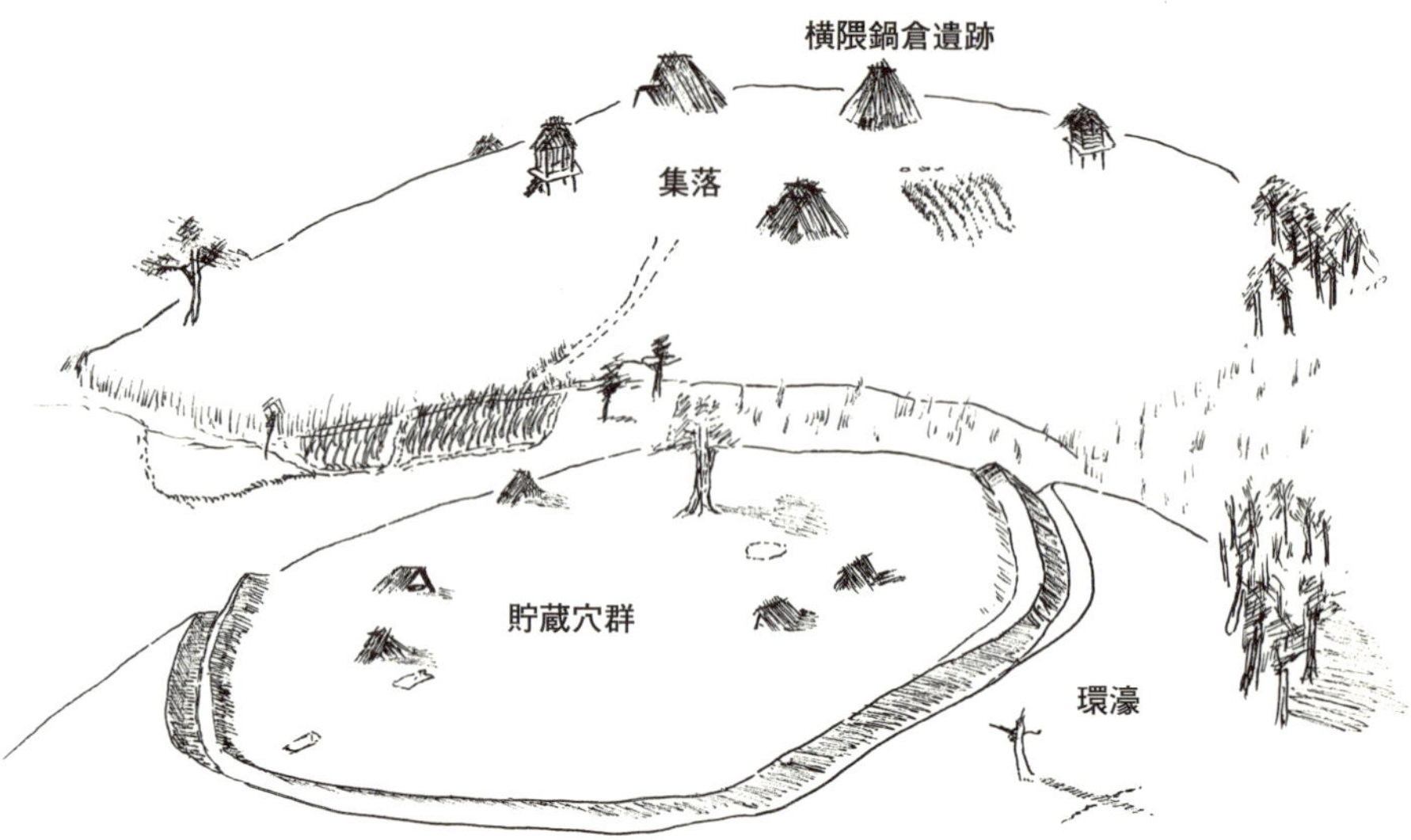

図46　横隈北田遺跡想像図（原画は筆者による）
奥の丘陵部にある横隈鍋倉遺跡は住居や倉庫などがあって通常人が生活する舞台となっている。同規模の丘陵であるが、手前の横隈北田遺跡は貯蔵穴だけがあってその貯蔵穴群は環濠にとり囲まれていて、住居跡などはない。日常的に人が生活した痕跡はない。両方の丘陵は独立していてその間には小さな谷が入り込む。

は、葛川遺跡が貯蔵穴だけを囲む環濠であることを個別に指摘していたが、本論で数多くあげている三国丘陵の各環濠や宗像市光岡遺跡などの調査例からは、住居が環濠内部に営まれる例はない。先に述べたように山崎純男氏は、板付遺跡の環濠と弦状溝に囲まれた部分に貯蔵穴が営まれることから、貯蔵穴を囲む環濠はそうした機能を受け継いだものとし（註37）、禰冝田佳男氏はそうした環濠を「貯蔵穴専用環濠」と類型化した（註39）。

現段階で北部九州の弥生前期の環濠を「貯蔵穴専用環濠」だけしかないととらえる意見はないと思う。しかし、私は弥生前期の環濠が、住居を囲まず貯蔵穴だけを囲んでいることに弥生社会発展の一段階をうかがう鍵があり、環濠の歴史的な意義があると考えているので、あえて北部九州弥生時代前期環濠は住居を囲んだものはないという視点で環濠を意義づけておきたい。

著者が本論で扱う環濠は弥生時代前期を対象とするのでその時期に限って述べておく。というのは弥生時代中期以後になると環濠の機能は明らかに異なるからである。もちろん弥生時代前期環濠の系譜も引いているであろうが、その時期になると外部との抗争激化が必然的に環濠を外敵から守るという明確な内的要求の上に作るという面もあり、吉野ヶ里遺跡北内郭の構造のように中国大陸の環濠集落の影響があるという意見（註40）もあって、その系譜は複雑に絡んでいる。

弥生時代前期の環濠を無条件で人間の戦闘行為による産物ととらえる向きがある。つまり人口増加がもたらす新たな可耕地への進出が分村化に拍車をかけ、稲作開始当初には低地の可耕地への進出が中心に行なわれ、その段階では要求を満たす耕作地・水資源が充足されたが、やがてそれが飽和状態になり、不足すると食料獲得をめぐる争いが発生し、まさにその食料とそれを防御する人間を他集団から守るための施設としての意義づけが環濠に求められたのである。この考えは今まで多くの支持を得てきた。

弥生時代の対人防御用環濠論については、すでに多くの研究がある。対人防御説を採る多くの説については本論では概観するにとどめ、ここではそうではない、対人防御とは限らないという説を強調しておきたい。

著者はかねてから北部九州に弥生時代前期に出現する環濠はその中に住居を含んだ例がなく、削られて確認できないとする考えに対しては多くの疑問を提唱していた（註41）。ここで、整理しておかなければならないことは、著者が主張するのは、あくまでも環濠が最初に作られ始める弥生時代前期の北部九州に限った環濠についてで、必ずしもこれが地域と空間を越えて普遍的に通用する機能論ではないということである。

森岡秀人氏も環濠に関する一連の論述の中で、佐原真氏の論を受けて、農耕社会に入った段階で出揃う、周りに濠や垣・土塁などの防御施設を備えたムラや見通しの利く丘の上のムラの存在から、本格的な戦争の存在を提唱している（註42）。やはり、ここでも環濠の機能はすべて総括的に扱われ、それも前提が戦争という視点からは脱却することはない。しかし、近年佐原真氏はその考えに異論があることを取り上げ（註43）、戦争を前提とした環濠機能論も見直しが迫られている。

北部九州の弥生前期という一部地域の一時期の環濠を戦争以外の視点から捉える考えはまだ定説としての評価を得る

にいたってはいないが、それが稲作農耕開始段階の北部九州であるという点は、その後の日本各地に波及する環濠の意味を考えていくうえで注意すべきところであることに違いない。

また前述した武末純一氏も新しい著作の中では、北部九州の弥生時代前期中頃から後半に出現する環溝（環濠のこと＝著者）には貯蔵穴だけを囲む環濠があったことを認める（註36）。

環濠像は、神奈川県大塚遺跡で住居跡を囲んだ姿と愛知県朝日遺跡で逆茂木を連ねた姿から、対人防御という固定観念が、日本全国で弥生時代全体を通してのすべての環濠に当てはめられてしまったところに反省点がある。弥生時代前期に北部九州に出現する環濠の機能は、決して対人防御ではないということをまずここで主張し確認しておきたい。

三国丘陵の発掘に携わってすでに二五年が経過したが、バブル経済の崩壊とともに、この二〇年間続いてきた大規模開発に伴う発掘調査も一段落した。これからは、これまでの成果をいよいよまとめる段階に入ってきた。そうした意味で、まずいちばん量も多い弥生時代の集落についてまとめたものがこの文章である。次に墓制、祭祀、そして弥生時代だけでなく縄文時代・古墳時代もまとめていかなければならない。日本全体から見れば小さな地域である三国丘陵ではあっても、今まで述べてきたとおり、そこで調査された膨大な考古資料は、西日本でも有数である。恵まれたフィールドを持ちながら、まとめる作業が遅れてしまったが、遅まきながら今からでも他の分野の遅れも取り返すよう努力していきたい。

註

（1）橋口達也「日本における稲作の開始と発展」『石崎曲り田遺跡』Ⅲ、一九八五年
（2）橋口達也「聚落立地の変遷と土地開発」『東アジアの考古と歴史』中、一九八七年
（3）橋口達也『弥生文化論―稲作の開始と首長権の展開―』一九九九年
（4）西谷　正「Ⅳ　結語」『福岡県三沢所在遺跡予備調査概要』一九七一年

(5) 西谷　正「10　三沢種畜場遺跡」『小郡市史』第四巻資料編　原始古代、二〇〇一年
渡部忠世「第八章　アジア稲作の〈多様のなかの統一〉」『稲のアジア史　第二巻　アジア稲作文化の展開―多様と統一―』一九八七年
(6) 広瀬和雄「耕地の開発」『古代史の論点』一　環境と食糧生産、二〇〇〇年
(7) 都出比呂志『日本農耕社会の成立過程』一九八九年
(8) 小野忠凞「瀬戸内地方における弥生式高地性集落とその機能」『考古学研究』第二二号、一九五九年
(9) 永松　敦「九州山間部の焼畑耕作」『九州民俗学』第二号、二〇〇二年
(10) 佐々木高明『稲作以前』一九七一年
佐々木高明『縄文文化と日本人―日本基層文化の形成と継承―』一九八六年
佐々木高明「畑作文化と稲作文化」『岩波講座　日本通史』第一巻　日本列島と人類社会、一九九三年
(11) 坪井洋文『稲を選んだ日本人―民俗的思考の世界―』一九八二年
(12) 藤尾慎一郎「水稲農耕と突帯文土器」『日本における初期弥生文化の成立』一九九一年
(13) 松本直子「縄文・弥生変革とエスニシティー」『考古学研究』第四九巻第二号、二〇〇二年
(14) 埴原和郎「渡来人に席巻された古代の日本」『原日本人』朝日ワンテーママガジン一四、一九九三年
(15) 春成秀爾「弥生時代はいかにして始まったか」『考古学研究』第二〇巻第一号、一九七三年
(16) 大阪府立弥生博物館『弥生文化の成立』一九九五年
(17) 中橋孝博・永井昌文「福岡県志摩町新町遺跡出土の縄文・弥生移行期の人骨」『新町遺跡』志摩町文化財調査報告書第七集、一九八七年
(18) 中橋孝博「第五章　大友遺跡第五次発掘調査出土人骨」『佐賀県大友遺跡―弥生墓地の発掘調査―』考古学資料集一六、二〇〇一年

(19) 金関丈夫『日本民族の起源』一九七六年
(20) 鈴木隆雄『骨から見た日本人　古病理学が語る歴史』一九九八年
(21) 筑紫野市教育委員会『隈・西小田遺跡群』筑紫野市文化財調査報告書第三八集、一九九三年
筑紫野市史編纂委員会『筑紫野市史』資料編（上）考古資料、二〇〇一年
(22) 中橋孝博「墓の数で知る人口爆発」『原日本人』朝日ワンテーママガジン第一四集、一九九三年
(23) 中橋孝博・飯塚　勝「北部九州の縄文～弥生移行期に関する人類学的考察」『人類学雑誌』第一〇六巻第一号、一九九八年
(24) 中橋孝博「Ⅵ　倭人の形成」『日本の時代史1　倭国誕生』二〇〇二年
(25) 田中良之「三　弥生人」『古代を考える　稲・金属・戦争―弥生』二〇〇二年
(26) 佐藤洋一郎「DNA考古学からみたイネの起源と日本列島への渡来・展開」『日本の歴史　原始・古代　七稲と金属器』週刊朝日百科三七、二〇〇三年
(27) 飯塚　勝・片岡宏二「発掘住居数を用いて弥生時代前期～中期の人口増加を解析するための数理的方法」『九州歯科大学　一般教育研究紀要』第一〇・一一合併号、二〇〇六年
(28) 山崎純男「弥生文化成立期における土器の編年的研究―板付遺跡を中心としてみた福岡・早良平野の場合」『鏡山猛先生古稀記念　古文化論攷』一九八〇年
(29) 中橋孝博「三　筑紫野市の弥生人骨」『筑紫野市史　資料編（上）考古資料』二〇〇一年
(30) 小野忠凞「弥生時代の共同体」『共同体の研究』〔上巻〕一九五八年
(31) 原口正三「弥生時代と環濠集落」『季刊考古学』第三一号、一九九〇年
(32) 釜山大学校博物館『蔚山検丹里遺蹟』釜山大学校博物館研究叢書第一七輯、一九九五年
(33) 李盛周「韓国の環濠集落」『環濠集落と農耕社会の形成』九州考古学会・嶺南考古学会第三回合同考古学会、一九八八

年
(34) 寺沢　薫「環濠集落の系譜」『古代学研究』第一四六号、一九九九年
(35) 福岡市教育委員会『那珂11—二重環濠集落の調査—』福岡市文化財調査報告書第三六六集、一九九四年
(36) 武末純一『弥生のムラ』日本史リブレット三、二〇〇二年
(37) 山崎純男「環濠集落の地域性　九州地方」『季刊考古学』第三一号、一九九〇年
(38) 福岡市教育委員会『国史跡板付遺跡環濠整備報告書』福岡市文化財調査報告書第三一四集、一九九二年
(39) 禰冝田佳男「環濠集落と環濠の規模」『季刊考古学』第三一号、一九九〇年
(40) 七田忠昭「有明海沿岸地方弥生時代集落に見る大陸的要素（予察）」『佐賀考古』第四号、一九九七年
(41) 片岡宏二「Ⅳ　まとめ　1.弥生時代の遺構と遺物　b遺構について　環濠」『横隈北田遺跡』一九八八年
(42) 森岡秀人「〔2〕古代の戦争（戦い）—高地性集落と環濠村落のすがた—」『日本村落史講座』第四巻政治一、一九九一年
(43) 佐原　真「一　弥生文化の比較考古学—総論」『古代を考える　稲・金属・戦争—弥生』二〇〇二年

あとがき

「はじめに」のところで少し触れたが、この著作は、前作『弥生時代　渡来人の土器・青銅器』の続編とは別にもうひとつの性格がある。この著作『弥生時代　渡来人から倭人社会へ』は学位論文『北部九州弥生社会の研究』の一部である。著者は、前作で発表した諸論文に加え、その後に発表した研究論文と合わせてまとめ、早稲田大学に学位論文を提出し、二〇〇四年一〇月学位を取得した。学位論文そのものは、規定により国立国会図書館・早稲田大学図書館・早稲田大学考古学研究室に入っているが、一般には閲覧しにくいところもあるため、学位論文の公開が求められている。

このため、もっとも好ましいのは、多くの取得者が行なっているように提出学位論文をそのままの形で一冊にまとめて刊行すること、あるいはその要点をまとめて刊行することである。しかし、著者の場合、すでにその一部は前回の著作『弥生時代　渡来人の土器・青銅器』で出版している。その後、学位論文としてまとめるまでの間に出てきた、新しい研究や資料を追加してきたが、それも含めてそのまま公刊するとなると内容が重複してしまう。そこで前回の著作に掲載された以外の論文を割愛・編集して、前回の著作の続編という形で今回刊行することにした。

ところが、そうなると一冊の本としてはその内容構成上、ひとつのテーマを追求するには難しい部分が出てきた。そこで、学位論文から前回の著作を除いたもののすべてを掲載するのではなく、本書の表題である『弥生時代　渡来人から倭人社会へ』のテーマに沿う本の構成を保つためにその一部と新たに書き下ろした文章を追加して、本書に掲載することにした。したがって、前回の著作を除いた学位論文すべてを掲載しているわけではない。今回の著作では割愛している青銅器の問題に関するものと地域文化に関するものなどは、後日新たに筆を起こして公開する予定である点の了承をお願いしたい。

本著書の論文を学位論文においてどういう位置づけで提出したのか、また、同じく前回の著作が学位論文においてどういう位置づけになっているのか、学位論文中どの論文が未刊になっているのか、その関係は次の表のように整理した。

編・章	学位論文の表題	前著作・本著作の表題	原著
第一章	農耕集落の開始と展開 ―三国丘陵を中心として―	本著作　第三章農耕集落の開始と展開 ―三国丘陵を中心として―	註1
第一節	**三国丘陵を取り巻く農耕開始期の研究と現状**	本著作　第一節　農耕開始期の研究と現状	
第二節	**三国丘陵遺跡群の時期別変遷過程**	第二節　時期別変遷過程	
第三節	**三国丘陵集落の視覚的・景観的構造**	第三節　視覚的・景観的構造	
第四節	**三国丘陵ムラ社会の構造**	第四節　ムラ社会の構造	
第五節	**三国丘陵開発の再検討**	第五節　開発の再検討	
第二章	日本出土朝鮮系無文土器の研究		
第一節	日本出土の朝鮮系無文土器概説	前著作　第一節　朝鮮系無文土器とは何か	
第二節	日本出土の孔列文土器	前著作　日本出土の孔列土器	
第三節	**山陰の孔列文土器**	本著作　第二章第四節　山陰への渡来人の足跡の一部	註2
第四節	日本出土の松菊里型土器	前著作　日本出土の松菊里型土器	
第五節	日本出土の後期無文土器	前著作　日本出土の後期無文土器	
第六節	**中・南九州の後期無文土器**	本著作　第二章第二節　中・南九州への渡来人の足跡	註3
第三章	渡来系集落の研究		
第一節	渡来人の集落	前著作　第一節　渡来人の集落	
第二節	渡来文化の弥生化	前著作　第二節　佐賀平野の渡来人集落	
第三節	朝鮮半島へ渡った弥生人	前著作　第三節　土器製作技術の伝承と変化	
第四節	**海峡を往来する人と土器**	本著作　第三章第一節　海峡を往来する人と土器	註4

第四章	青銅器文化の研究		
第一節	青銅器生産概観	前著作　第三章　倭人の青銅器生産 第一節　青銅器生産概観	
第二節	青銅器生産の開始 （有明海沿岸地域の青銅器生産開始）	前著作　第三章　倭人の青銅器生産 第二節　青銅器生産の開始	
第三節	青銅器生産と渡来人	前著作　第三章　倭人の青銅器生産 第三節　青銅器生産と渡来人	
第四節	青銅製鉇	前著作　第三章　倭人の青銅器生産 第四節　青銅製鉇の研究	
第五節	広形銅矛製作の研究	前著作・本著作共未掲載	註5
第六節	天神浦出土銅矛の研究	前著作・本著作共未掲載	註6
第七節	筑後青銅器文化の研究	前著作・本著作共未掲載	註7
第五章	弥生集落・墓制の研究		
第一節	周溝状遺構の研究	前著作・本著作共未掲載	註8
第二節	北部九州弥生墓制の研究	前著作・本著作共未掲載	註9
第三節	小郡市とその周辺の弥生文化	前著作・本著作共未掲載	註10

太字のものが、今回の著作に収録したものである。

（註1）「三国丘陵における農耕文化の開始と定着に関わる諸問題」『三沢北中尾遺跡Ⅰ（環濠）』小郡市文化財調査報告書第一八五集、二〇〇三年を修正して作成した。

（註2）島根県教育委員会『志津見ダム建設予定地内埋蔵文化財発掘調査報告書五　板屋Ⅲ遺跡』一九九八年の「島根県出土の孔列土器について—板屋Ⅲ遺跡出土の孔列土器を中心にして—」を修正して作成した。

（註3）人類史研究会『人類史研究』一一号、二〇〇〇年の「渡来人・渡来文化の南下—熊本・鹿児島出土の朝鮮系無文土器を中心として—」と「⑶朝鮮系無文土器」『新宇土市史基礎資料　第九集　考古』を合せて、修正して作成した。

（註4）『第一一回　人類史研究会発表要旨』一九九九年の「壱岐原の辻遺跡の朝鮮系無文土器にみる日韓交渉」と『山中英彦先生退職記念論文集　勾玉』二〇〇一年の「海峡を往来する人と土器—壱岐原の辻遺跡出土の擬朝鮮系無文土器を中心に—」を合せて、修正して作成した。

（註5）九州考古学会『九州考古学』第六八号、一九九三年の「広形銅矛に残る鋳型の継ぎ目痕跡に関する研究」と九州考古学会『九州考古学』第七〇号、一九九五年の「広形銅矛の鋳造技術に関する二・三の研究—連結式鋳型の製品を中心にして—」を合せて、修正して作成した。

（註6）広川町教育委員会『天神浦出土銅矛　附筑後地方出土の青銅器資料』二〇〇一年の「第一編　天神浦・田代堤から出土した銅矛について」（一頁〜八頁）と「第二編　天神浦・田代堤出土銅矛と筑後出土の同類の銅矛」（九頁〜二〇頁）を修正して作成した。

（註7）広川町教育委員会『天神浦出土銅矛　附筑後地方出土の青銅器資料』二〇〇一年の「第四編　天神浦・田代堤出土銅矛をとりまく筑後の青銅器文化　付、筑後地方青銅器発見地名表」（二一五頁〜三六頁）を修正して作成した。

（註8）福岡考古懇話会『福岡考古』第一四号、一九八九年の「『周溝状遺構』の検討（その一）」、福岡考古懇話会『福岡考古』第一五号、一九九一年の「『周溝状遺構』の検討（その二）」、福岡考古懇話会『福岡考古』第一六号、一九九四年の「『周溝状遺構』の検討（その三）」、福岡考古懇話会『福岡考古』第一七号、一九九六年の「『周溝状遺構』の検討（その四）」を合せて、修正して作成した。

（註9）山岸良二編『原始・古代の墓制』同成社、一九九一年の「九州地方の弥生墓」を修正して作成した。

（註10）小郡市史編さん委員会『小郡市史』地理・原始・古代編、一九九六年の「第二編　原始の小郡　第三章　農耕社会の発展と形成　第一節　農耕社会の成立　一弥生時代の自然環境と集落立地」（二六八頁〜二七八頁）「同章　第二節　一青銅器・鉄器の出現と普及」（四〇八頁〜四三九頁）「同章　同節　四農耕村落の展開」（四八一頁〜五〇八頁）、小郡市教育委員会『三沢ハサコの宮遺跡Ⅲ』小郡市文化財調査報告書第一六一集、二〇〇二年の「第三章　調査のまとめ　二、文様のあ

る甕棺」、小郡市史編さん委員会『小郡市史』地理・原始・古代編、一九九六年の「第二編　原始の小郡　第三章　農耕社会の発展と形成　第一節　農耕社会の成立　三土木・建築技術の成熟」(四六〇頁～四八一頁)と小郡市史編さん委員会『小郡市史』資料編　原始古代、二〇〇一年の「三沢公家隈遺跡」を合せて、修正して作成した。

以上の出典は、学位論文の原典である。この『弥生時代　渡来人から倭人社会へ』では、あらたな書き下ろしとすでに発表しながら、学位論文にははいっていない論文を加えている。

「第一章　渡来文化と渡来人」の「第一節　海から来た人と文化」は書き下ろしである。また「第二節　渡来人と農耕社会の拡散」と「第二章　渡来人の拡散と足跡」の「第三節　瀬戸内への渡来人の足跡」は、いずれも菊池徹夫・岡内三眞編『社会考古学の試み』二〇〇四年に掲載した論文「渡来系集団、移動の足跡(弥生時代)」を分割し、修正を加えて掲載した。

著者は、これまで研究をまとめる際には、遺跡・遺構・遺物などの研究資料を実見し、実測するようにしてきた。いわば現場主義という基本的な姿勢を心がけてきたし、今後もそうありたいと願っている。本論の個々の研究課題は、現場主義による資料の分析から構成されている。併せて、もうひとつ著者がだいじにしたのは、自分のフィールドとする筑紫平野という地域の地理・歴史的背景を重視する地域主義である。筑紫平野は、大局的に見れば北部九州という枠に括られてしまうが、そこには有明海という海があり、福岡平野よりも広い平野があり、九州一流域面積の広い筑後川が流れている。同じ北部九州といわれながら、農耕文化の受容も一段階遅れ、青銅器のきらびやかさは少なく、階層化社会の発展も遅れたこの地は、一方で農耕がしっかり土地に根付き、真の倭的な農耕社会を築き、俗な言い方ではあるが、吉野ヶ里遺跡を生み出した。そうした農耕文化と突然イレギュラーに入ってくる渡来文化のありようを、福岡平野に代表される先進的な渡来文化に対する目でしっかり見ていきたい、そういう思いがある。

本論では、その研究の一つの柱として、前回の著作同様、朝鮮系無文土器の研究に力点を置きながら、土着の農耕文化が渡来人の移住によって始められる過程を述べた。前回の著作では渡来人集団と青銅器生産開始の問題などに、著者のオリジナリティを発揮したいと考えたが、今回は北部九州以外の地に広がる渡来人の動きに注目してみた。引き続いて題材にした朝鮮系無文土器を分析し、その背景にある渡来人そのものの動向の把握に努めた。

そしてもう一つの研究の柱として、弥生文化定着過程を三国丘陵の弥生遺跡を分析して見ていった。弥生文化拡大の担い手が渡来人集団であるという考えを提示したが、この問題はこれからさらに研究を深めていかなければならない。この本に著わした研究が、微力ながら弥生時代研究に寄与できれば幸いである。

今後も、個別の論考を修正・補足しつつ、将来的な学問大系化に向かって努力したい。

平成一八年八月一五日

著　者

弥生時代《やよいじだい》 渡来人《とらいじん》から倭人社会《わじんしゃかい》へ

●考古学選書●

ISBN4-639-00055-3（全）

■著者紹介■

片岡宏二（かたおか こうじ）

1956年福岡県生まれ

1979年早稲田大学第一文学部日本史学専攻卒業

文学博士　現在　小郡市教育委員会技師

主要著作・論文

『弥生時代 渡来人と土器・青銅器』「広形銅矛に残る鋳型の継ぎ目痕跡に関する研究」『九州考古学』68、「広形銅矛の鋳造技術に関する二・三の研究」『九州考古学』70

検印省略

printed in Japan

2006年 9 月10日発行

著　者	片　岡　宏　二
発行者	宮　田　哲　男
印　刷	東洋経済印刷株式会社
製　本	協栄製本株式会社

発行所　株式会社　雄　山　閣

〒102-0071　東京都千代田区富士見 2-6-9

振替 00130-5-1685　　電話 03（3262）3231

ISBN4-639-01944-0　C3321